绿色"一带一路"建设

新结构经济学国际实践手册

Greening the Belt and Road Initiative

International Practice Guide of New Structural Economics

于佳 ◎ 著

北京大学出版社

图书在版编目（CIP）数据

绿色"一带一路"建设：新结构经济学国际实践手册/于佳著.—北京：北京大学出版社，2024.1
（新结构经济学丛书）
ISBN 978-7-301-34628-0

Ⅰ.①绿… Ⅱ.①于… Ⅲ.①结构经济学–手册 Ⅳ.①F019.8-62

中国国家版本馆 CIP 数据核字(2023)第 213693 号

书　　　名	绿色"一带一路"建设：新结构经济学国际实践手册 LÜSE "YIDAI YILU" JIANSHE:XINJIEGOU JINGJIXUE GUOJI SHIJIAN SHOUCE
著作责任者	于　佳　著
策划编辑	张　燕
责任编辑	闫静雅
标准书号	ISBN 978-7-301-34628-0
出版发行	北京大学出版社
地　　　址	北京市海淀区成府路 205 号　100871
网　　　址	http://www.pup.cn
微信公众号	北京大学经管书苑（pupembook）
电子邮箱	编辑部 em@pup.cn　总编室 zpup@pup.cn
电　　　话	邮购部 010-62752015　发行部 010-62750672 编辑部 010-62752926
印　刷　者	北京宏伟双华印刷有限公司
经　销　者	新华书店
	787 毫米×1092 毫米　16 开本　15.5 印张　218 千字 2024 年 1 月第 1 版　2024 年 1 月第 1 次印刷
定　　　价	58.00 元

未经许可，不得以任何方式复制或抄袭本书之部分或全部内容。
版权所有，侵权必究
举报电话：010-62752024　电子邮箱：fd@pup.cn
图书如有印装质量问题，请与出版部联系，电话：010-62756370

序 言
Preface

以可持续发展应对气候变化,推动绿色"一带一路"建设

2015年联合国可持续发展峰会上,193个国家一致通过了2030年可持续发展议程,为消除贫困、促进繁荣和保护环境设定了目标。当前,落实该议程的时间已过半程,但是发展中国家的社会经济状况远不尽如人意。特别是2020年以来,全球受新冠疫情、地区冲突、大国博弈的影响,在粮食、能源、债务等诸多方面的危机同步显现,世界经济复苏日趋艰难,发展中国家实现2030年可持续发展目标面临严峻挑战。2022年11月,习近平主席在二十国集团领导人峰会上指出,当今世界正在经历百年未有之大变局,这是世界之变、时代之变、历史之变。经济全球化遭遇逆风,世界经济面临衰退风险,大家日子都不好过,发展中国家首当其冲。我们要比以往任何时候都更加重视发展问题。

全球面临着日益严重的能源危机、创纪录的温室气体[①]浓度以及日益频繁的极端天气事件,低收入的发展中国家应对海平面上升和极端天气的能力相对比较弱,严重的洪水、干旱和风暴对人民的生活和生计造成的损失越来越

---

① 温室气体是大气中那些能够吸收地表发射的热辐射、对地表有保温作用的气体。直接受人类活动影响的主要温室气体是二氧化碳(CO_2)、甲烷(CH_4)、氧化亚氮(N_2O)、氯氟烃(CFCs)和臭氧(O_3)等。二氧化碳占温室气体比重达到60%以上,主要来自化石燃料的燃烧,包括发电、工业生产、交通等过程,控制二氧化碳的排放可以有效减缓气候变暖。

大。发展是每个人的权利,也是每个国家的权利。应对全球气候变化需要各国一起努力节能减排,但是不能要求发展中国家不再进入工业化阶段,长期停留在低收入、低能耗的农业社会。这样不仅不公平,而且会使全球贫富差距越来越大,进而带来其他一系列更严重的社会问题,由此对人类社会产生的冲击和伤害未必小于气候变化。以非洲地区为例,联合国预计非洲是所有主要地区中人口增长率最高的地区,预计从现在到 2050 年之间,非洲的人口增长将占全球人口增长的一半以上,撒哈拉以南非洲的人口将翻一番。① 在这种情况下,如果非洲国家的经济长期得不到发展,不能进入工业化阶段,人民生活水平得不到提高,就难以维持社会和政治稳定,可能引发更多人道主义危机。当地人口一旦在非洲本土无法生存,必然出现大量向欧洲和其他地区流动的非法移民,引发更大范围内的政治和社会不稳定。不只是非洲,南亚、中亚、拉丁美洲等地区都有同样的问题,因此,在应对气候变化的同时,还要尊重和支持发展中国家经济发展的权利,在两者之间找到平衡。同时,在应对气候变化的问题上,要坚持共同而有区别的责任原则,发达国家有责任率先减少二氧化碳排放并且帮助发展中国家在发展过程中提高能源使用的效率、发展可再生能源供应。

中国改革开放以来的经验证明,发展是硬道理,发展本身就是解决气候和环境问题最有效的手段。不论是为了满足国内人民生活水平增长的需要,还是应对全球气候变化的挑战,都需要在供给侧发挥有为政府的作用,以政策引导能源转型和新技术革命,同时也需要在需求侧更主动、更大力度地推动节能减排,而不是全部依赖于市场自发的力量。

虽然中国还是发展中国家,但在应对全球气候变化问题上可以比其他发展中国家做得更多,成为可持续发展的引领者。第一,我国是疆域辽阔的国家,环境污染或气候变化的后果以我国自己承受为主,外部性相对其他国家

---

① 联合国. 全球议题:人口 [R/OL]. (2022-12-31) [2023-01-19]. https://www.un.org/zh/global-issues/population.

较小。我国要抵御极端天气的冲击，特别是应对东部沿海地区的海平面上升，避免对胡焕庸线①以东的经济发达地区造成严重影响。我国在降低气候变化影响方面对自身的好处远大于一般规模较小的发展中国家对自身的好处，因此，我国有理由承担相对更多的应对气候变化的责任。第二，化解全球气候变化的关键不在于放缓经济发展，而在于低碳和节能减排技术的突破和应用。如果中国率先在低碳和节能减排技术上取得突破，这些新技术和相关产品的生产不仅可以成为我国经济的新增长点，也可能成为新的出口竞争优势。这样，中国可以走出一条以新技术推动经济发展与环境和谐的新道路，通过绿色"一带一路"建设为发展中国家提供切实可行的新技术，帮助它们在发展的过程中不重复发达国家的老路，用更小的环境代价取得社会和经济的进步。

2022年10月，习近平总书记在二十大报告中要求："我们实行更加积极主动的开放战略，构建面向全球的高标准自由贸易区网络，加快推进自由贸易试验区、海南自由贸易港建设，共建'一带一路'成为深受欢迎的国际公共产品和国际合作平台。"遵循二十大报告的精神，实现这样的高标准的新格局，首先需要在理论构建、系统观念等方面有所推进。在绿色"一带一路"建设中，新结构经济学在发展中国家环境保护、气候变化领域有广阔的应用前景。由于环境和气候因素属于公共禀赋，具有外部性和公共品属性，如果单纯依赖于自由市场配置的方式会导致严重的不良后果，例如资源过度消耗、环境污染严重、温室气体排放持续增加等问题，从而会阻碍整体经济系统的结构变迁和运行。因此，需要政府发挥因势利导的作用，消除实现最优环境结构的制约因素，降低环境交易费用，发挥出环境禀赋的比较优势，通过有为政府的政策将"绿水青山"的资源转化为"金山银山"的发展成果与物质财富。

---

① 胡焕庸线是指由我国地理学家胡焕庸（1901—1998）在1935年提出的划分我国人口密度的对比线。这条线从黑龙江省黑河到云南省腾冲，是我国人口发展水平和经济社会格局的分界线，其东侧分布着我国90%以上的人口。

发展是解决一切问题的总钥匙，"一带一路"倡议是实现经济、社会、环境等多领域协同并进的全球发展的必由之路。本书以新结构经济学的基本理论为指导，从新结构经济学在可持续发展和应对气候变化领域的国际应用实践入手，通过大量的国内外案例分析，分六章阐述绿色协调可持续发展的"一带一路"，包括新结构经济学对绿色协调可持续发展的指导、"一带一路"基础设施的进展、多边开发性金融机构绿色标准和项目案例、"一带一路"绿色产业园区、数字化赋能绿色"一带一路"建设、"一带一路"建设对接联合国可持续发展议程以及与发达国家的第三方市场合作等。希望本书能够对参与"一带一路"建设的政府有关部门、"走出去"的企业、金融机构以及学术研究机构有所裨益。

林毅夫
2023 年 10 月

目 录
Contents

第一章 新结构经济学与绿色协调可持续发展 / 1
  第一节 新结构经济学的由来：新在哪里？什么结构？ / 2
  第二节 新结构经济学在环境保护、气候变化领域的应用 / 17
  第三节 以新结构经济学指导应对经济发展与气候环境的双重
     挑战 / 30
  参考文献 / 42

第二章 "一带一路"基础设施建设的进展与挑战 / 45
  第一节 "一带一路"倡议的基本思路 / 46
  第二节 "一带一路"基础设施建设在世界各主要地区的进展 / 58
  第三节 现阶段"一带一路"基础设施建设面临的挑战 / 74
  参考文献 / 80

第三章 多边开发性金融机构的绿色标准与项目案例 / 81
  第一节 世界银行和亚洲开发银行对投资项目融资的环境
     社会风险评估 / 84
  第二节 世界银行和亚洲开发银行关于温室气体排放的规定 / 98
  第三节 绿色低碳和有韧性的基础设施项目案例 / 103
  参考文献 / 112

第四章　"一带一路"绿色产业园区建设　/ 113

第一节　绿色园区的国际评估框架和相关准则　/ 115

第二节　中国绿色产业园区相关机制、政策和框架　/ 127

第三节　"一带一路"制造业产业园区发展情况　/ 132

参考文献　/ 143

第五章　数字化赋能绿色"一带一路"建设　/ 145

第一节　"一带一路"数字化建设相关政策和进展　/ 146

第二节　推进"一带一路"共建国家数字化能源建设　/ 169

第三节　以数字化技术支持"一带一路"生态环保信息共享　/ 175

参考文献　/ 182

第六章　"一带一路"建设对接联合国可持续发展议程　/ 185

第一节　"一带一路"建设对接联合国可持续发展议程　/ 186

第二节　"一带一路"倡议与其他的区域合作倡议对接　/ 207

第三节　"一带一路"建设与发达国家的第三方合作　/ 216

参考文献　/ 223

终　篇　在新形势下"一带一路"可持续发展的新思维　/ 225

后记　/ 233

第一章 新结构经济学与绿色协调可持续发展

第二次世界大战以后,世界上部分国家成为经济上的发达国家,还有一部分在发展过程中落入中等收入陷阱[①],而更多的国家(特别是非洲国家)长期处于贫困落后的欠发达状态。近年来,全球又面临着环境恶化、气候变化的严峻挑战,发展中国家更是首当其冲。本章概要介绍新结构经济学的基本原理,并将其应用于环境保护、气候变化领域,特别强调有为政府和有效市场的作用,促进全球特别是发展中国家的绿色协调可持续发展。

---

① 中等收入陷阱是指一个国家凭借某种优势,实现经济的快速发展,人均收入达到了一定水准,但此后长期停留在该水准的情况。

第一节 新结构经济学的由来:新在哪里?什么结构?

一、历史是面镜子

我们在解读新结构经济学的基本理论之前,先来比较一下 1978 年以来中国、撒哈拉以南非洲国家以及部分拉丁美洲国家的人均国民收入,如表 1.1 所示。

表 1.1 1978—2021 年中国与撒哈拉以南非洲、部分拉丁美洲国家人均国民收入比较

(单位:美元)

年份	撒哈拉以南非洲	南非	阿根廷	巴西	智利	中国
1978	462	1 800	2 190	1 710	1 360	200
1980	644	2 740	2 910	2 180	2 300	220
1985	602	2 350	2 700	1 450	1 430	290
1990	661	3 130	3 190	2 200	2 350	330
1995	602	4 010	7 360	3 430	4 420	540
1996	619	4 050	7 740	4 410	5 080	650
2000	581	3 420	7 470	3 940	5 080	940
2005	581	5 610	4 260	4 000	6 260	940
2010	953	6 880	9 270	9 640	10 790	1 760
2015	1 761	6 610	12 600	10 170	14 130	7 890
2020	1 500	6 010	9 080	7 800	13 120	10 530
2021	1 578	6 440	10 050	7 720	15 000	11 890

注:表中数字为以阿特拉斯方法①计算的人均国民总收入(GNI)(以当年美元计)。
资料来源:世界银行数据库。

---

① 阿特拉斯方法是指,一个国家的国民总收入在当地(国家)的货币转换成美元时,采用三年移动的平均美元汇率。使用此法得出的结果,在进行跨国比较时可以减少汇率波动造成的影响。

◆ **中国与撒哈拉以南非洲的比较**

由表 1.1 可见，1978 年当中国开始改革开放的时候，撒哈拉以南非洲国家的人均国民收入为 462 美元，而中国仅为 200 美元，前者是后者的 2 倍以上。1978 年，撒哈拉以南非洲国家中最富裕的南非的人均收入达到 1 800 美元，是中国的 9 倍。随着改革开放政策的实施和进展，中国与撒哈拉以南非洲的人均收入差距逐步缩小，到 1996 年中国人均国民收入达到 650 美元，首次超过撒哈拉以南非洲国家。此后，中国经济发展进一步加速，到 2021 年中国人均国民收入达到 11 890 美元，已经是撒哈拉以南非洲国家人均国民收入的约 7.5 倍，是南非人均国民收入的约 1.8 倍。

此外，中国与撒哈拉以南非洲国家的经济结构比较详见表 1.2。1981 年撒哈拉以南非洲国家的制造业在 GDP（国内生产总值）中的比例为 18.4%，此后逐年下降。2000 年该地区制造业占 GDP 比例降至 13.9%，2010 年降至最低点（9.8%），2021 年回升至 11.5%。类似地，在撒哈拉以南非洲国家中工业化水平最高的南非，1981 年制造业占 GDP 比例达到 24.8%，但是到 2021 年降至 11.7%。相比之下，中国的制造业占 GDP 比例一直处于较高的水平，2005 年为 32.1%。此后随着服务业的发展，制造业占比有所下降，但是仍然保持在 28% 以上。

为了推动非洲大陆的工业化进程，联合国大会通过决议，自 1990 年起，将每年的 11 月 20 日定为"非洲工业化日"。但是，自 1990 年以来，非洲工业化不仅没有进展，反而每况愈下。回顾欧美发达国家的经济发展和转型的历程，一般来说人均国民收入在达到 15 000 美元以上开始去工业化过程，制造业在 GDP 中的比例开始从高点下降，服务业占比逐步上升。但是在撒哈拉以南非洲国家，20 世纪 60 年代独立以后曾大力发展本土工业，在人均国民收入 700 美元上下时工业增加值占比就达到了峰值，过早地进入了去工业化过程（premature deindustrialization）。

表 1.2 1981—2021 年中国、撒哈拉以南非洲、拉丁美洲部分国家制造业占 GDP 比例

(单位：%)

年份	撒哈拉以南非洲	南非	阿根廷	巴西	智利	中国
1981	18.4	24.8	28.8	30.2	22.0	—
1985	16.2	22.2	29.6	32.5	21.9	—
1990	16.1	23.7	26.8	22.8	18.5	—
1995	16.5	21.2	17.2	14.5	19.3	—
1996	15.6	20.3	17.5	13.1	15.2	—
2000	13.9	18.9	16.5	13.1	15.2	—
2005	12.3	17.4	18.3	14.7	12.8	32.1
2010	9.8	13.8	15.8	12.7	9.9	31.6
2015	10.1	12.5	14.2	10.5	10.4	28.9
2020	11.1	11.7	15.4	9.7	8.9	28.1
2021	11.5	11.7	16.6	9.6	8.6	28.1

资料来源：世界银行数据库。

在非洲去工业化的过程中，城市贫困人口不断增加，形成了畸形的过早城市化（premature urbanization）的现象。每个去过非洲的人都会对街头的小商小贩和城内外的棚户区印象深刻。这样，过早的去工业化加上畸形的城市化就成为典型的非洲式"阿佛利加陷阱"（Africa Trap）。

◆ **中国与部分拉丁美洲国家的比较**

接下来我们比较中国与拉丁美洲"ABC 三国"①，"ABC 三国"都是 20 世纪 70—80 年代的新兴工业国，一度被视为拉美地区的"小龙"。1978 年，拉美"ABC 三国"的人均国民收入约在 1 300～2 200 美元，远远高于中国。此后拉美"ABC 三国"的经济起起落落，尤其是阿根廷和巴西落入典型的"中等收入陷阱"。到 2021 年，中国的人均国民收入已经超过阿根廷和巴西。

---

① "ABC 三国"是指南美洲三个经济实力较强的国家——阿根廷（Argentina）、巴西（Brazil）与智利（Chile）。

"ABC三国"也与非洲其他国家一样经历了制造业占GDP比例持续下降的过程。以巴西为例，1981年制造业占比还在30.2%，2000年为13.1%，到2021年仅为9.6%。中国的人均国民收入虽然目前仍低于智利，但是智利也过早地经历了去工业化过程，2021年智利的制造业仅占当年GDP的8.6%。

那么，为什么撒哈拉以南非洲会出现过早去工业化的现象？为什么拉美部分国家会落入中等收入陷阱？与国际货币基金组织、世界银行等国际金融机构开的"药方"有没有关系？因此，下一部分介绍国际货币基金组织、世界银行等国际金融机构用于指导发展中国家经济治理的发展经济学理念和实践。

二、新自由主义原则

发展经济学是经济学的一个分支，主要针对中低收入国家，研究促进经济发展和结构变革的方法。学界一般认为，发展经济学的开端是在第二次世界大战之后，当时国际社会的主要目标是帮助战后获得独立的殖民地或半殖民地国家进行经济恢复和发展建设。此时，学界相应出现了第一波发展经济学思潮——结构主义（structuralism）。基于发达国家走过的路径，结构主义当时给发展中国家开出的"药方"是：政府积极主导和调配资源，发展资本、技术密集型产业，通过进口替代政策大力发展本国的现代化工业。然而，那些采纳结构主义建议的国家在经历了一段时间由政府大规模投资拉动的较高速度的增长后，大部分遭遇了经济危机，其中一些国家陷入长时间的增长停滞。因此，经济学界对于第一波发展经济学在各国的实践的基本评价是"普遍失败"。

此后，西方主流经济学家将结构主义在实践中的失败归咎于"市场失灵"。到了20世纪80年代，发展经济学迎来了第二波思潮——新自由主义（neo-liberalism）。为了缩小发展中国家和发达国家的收入差距，新自由主义给出的解决方案是建立完善的市场机制。这一学派诞生的背景是发达国家市场机制比较完善，政府对经济活动的干预较少；相比之下，发展中国家普遍存在政府对经济活动的干预，同时存在寻租现象，导致腐败猖獗、资源配置低效。因此，新自由主义反对政府对经济的不必要干预，特别强调自由市场的重要性。新自由主义认为，由政府来指导经济、调节分配，会压制经济自由，扼杀市场参与者的积极性，应该放手让市场机制充分发挥作用，才能提高生产率，推动国家社会经济的发展。新自由主义还认为，私有化是保证市场机制充分发挥作用的基础，而私有企业一般是最有效率的企业，所以主张对竞争行业的国有企业进行私有化，对公共资源实行私有化改革。在对外贸易政策方面，新自由主义主张开放国际市场，支持全球性的自由贸易和国际分工，反对贸易保护主义。

20世纪80年代，陷于债务危机的拉美国家急需进行国内经济改革。1989年11月，美国国际经济研究所邀请国际货币基金组织、世界银行、美洲开发银行和美国财政部的经济学家以及拉美国家政府代表在华盛顿召开专题研讨会，旨在为拉美国家经济改革提供可行方案和对策。会议系统地提出了指导拉美国家经济改革的各项政策主张，包括实行紧缩政策防止通货膨胀、削减公共福利开支、金融和贸易自由化、单一汇率、取消对外资自由流动的各种障碍以及国有企业私有化、取消政府对企业的管制等内容。由于相关国际金融机构的总部和美国财政部都在华盛顿，加之会议在华盛顿召开，因此这次会议的10点建议被称作"华盛顿共识"[①]（参见专栏1-1）。

专栏1-1　"华盛顿共识"提出的10项政策改革建议

1. 减少国家预算赤字

20世纪80年代，大量的预算赤字导致了拉丁美洲通货膨胀率高而不稳定。政策制定者应严格财政纪律，通过增加税收和削减国内支出，减少政府借

[①] "华盛顿共识"由曾任职于世界银行的美国彼得森国际经济研究所的经济学家约翰·威廉姆森（John Williamson）执笔。

贷需求，恢复国民经济的稳定。

2. 将支出从政治热门领域转向有较高经济回报但被忽视的领域

对国有企业或食品、燃料消费的公共支出补贴导致了经济扭曲，有利于较富裕的城市人口，而不利于农村的贫困人口。减少对与政治相关的经济部门的补贴可能会给一些部门带来负面影响，但整体会释放出更多资源，支持基本社会服务、教育和基础设施的支出。

3. 税制改革

税制改革应该扩大税基，取消对一些与政治有关联的纳税人和组织的纳税豁免。扩大和简化税收机制，提高效率，减少逃税。

4. 以市场决定的利率为目标，使金融部门自由化

政府对利率和信贷配给的控制往往会阻碍投资，同时抑制金融发展，滋生腐败。以市场决定的利率促进储蓄，并确保由银行或金融市场而不是政府和政客决定信贷分配。

5. 采用具有竞争力的单一汇率

本国货币相对于美元过高的汇率会阻碍出口，而市场驱动的有竞争性的汇率可以促进出口导向的经济增长，恢复国际收支平衡。

6. 减少贸易限制

政府应该减少对国际贸易的限制，逐步降低关税，推动国内企业调整并适应国际市场，并为政府带来收入。

7. 取消外国直接投资壁垒

禁止或限制外国投资会导致国内企业垄断并减少竞争。外国投资可以创造就业机会和培养技能，同时使国内企业面临更大的竞争，有助于促进知识产权创新。

8. 国有企业私有化

国有企业往往效率低下，依靠政府补贴扩大国家财政赤字才能生存。私有化可能会导致一些失业，但有可能提高企业的效率和盈利能力，提高国家生

产力,促进增长。

9. 废除限制市场竞争的政策

消除阻碍新创公司进入市场的法规和政策障碍,刺激竞争、效率和经济增长。

10. 提供安全、负担得起的产权制度

建立保护财产权利的法律制度,包括保护从事非正规工作的人的权利。私人资产可以扩大经济和政府的税收基础。

资料来源:John Williamson. The Washington Consensus as Policy Prescription for Development [EB/OL]. (2004-01-13) [2023-01-19]. https://www.piie.com/commentary/speeches-papers/washington-consensus-policy-prescription-development.

国际货币基金组织、世界银行以及地区性开发银行对发展中国家的贷款项目往往包含了上述"华盛顿共识"的基本原则和政策条件。然而,实施"华盛顿共识"的发展中国家最后都出现了不同程度的经济崩溃、发展停滞和危机不断的情况。20世纪90年代,推行新自由主义市场化改革的发展中国家相比20世纪60—70年代结构主义的"进口替代战略"时期,平均经济增长速度更慢,危机发生的频率更高。所以,有些经济学家把20世纪80—90年代新自由主义主导下的这二十年称为发展中国家"迷失的二十年"。在这期间,发展中国家和发达国家的收入差距不但没有缩小,反而是进一步扩大了。

举例来说,阿根廷是拉丁美洲受"华盛顿共识"影响最大的国家,率先实施"华盛顿共识"所提出的市场开放及私有化政策,进行了大规模的新自由主义经济改革,采取了开放市场、拍卖国有企业等一系列措施,对本国金融、贸易等领域实行全面对外开放。当时阿根廷所有行业的重要企业几乎全部私有化,其中部分被外国资本所控制。政府的作用被弱化,失去了调控经济的能力。阿根廷实施"华盛顿共识"的这一系列政策之后,虽然成功地压低了通货膨胀,但国家制造业增加值一直在急剧下降。阿根廷在"去工业化"之后回到了农业时代，2021年阿根廷81.8%的出口是初级产品。在阿根廷出口的十种主要产品中，只有两种是工业产品——多功能货车和生物柴油（源自豆油），分别排名第四和第八。前十名中其他产品类别主要是面粉、豆油、玉米和葡萄酒。①

三、新结构经济学

习近平总书记2015年10月在中央政治局第二十七次集体学习中指出，"要推动全球治理理念创新发展，积极发掘中华文化中积极的处世之道和治理理念同当今时代的共鸣点，继续丰富打造人类命运共同体等主张，弘扬共商共建共享的全球治理理念"；同年11月在中央政治局第二十八次集体学习中指出，"我们要坚持辩证法、两点论，继续在社会主义基本制度与市场经济的结合上下功夫，把两方面优势都发挥好，既要'有效的市场'，也要'有为的政府'，努力在实践中破解这道经济学上的世界性难题"。

纵观二战结束以来的世界经济，全球近200个低收入经济体中，只有13个经济体实现了从中低收入进入高收入类别的发展。其中，除了8个起始阶段已经比较接近高收入国家的欧洲国家和石油生产国，其余的5个经济体为日本和"亚洲四小龙"②。而余下的180多个经济体至今不是仍然徘徊在低收入水平，就是长期陷入了中等收入陷阱。针对这一现象，林毅夫教授指出，"思路决定出路"，照搬西方的经济理论并不能解决发展中国家的问题，因为理论的适用性取决于条件的相似性。因此，世界急需推动一个由中国和其他发展中国家自身发展经验总结而来的发展经济学理论创新，新结构经济学就是在这个方向上所做努力的成果。

---

① The Observatory of Economic Complexity [DB/OL]. (2022-12-31) [2023-01-19]. https://oec.world/en/profile/country/arg.

② "亚洲四小龙"指自20世纪60年代末至90年代，亚洲四个发展迅速的经济体，即韩国、新加坡、中国台湾地区和中国香港地区。

林毅夫教授倡导的"新结构经济学"（New Structural Economics）是发展经济学的第三波理论。2009年6月，林毅夫教授于其出任世界银行高级副行长兼首席经济学家一周年的研讨会上，以他1994年与蔡昉、李周合著的《中国的奇迹：发展战略与经济改革》和2007年的马歇尔讲座①的理论框架为基础，反思了二战以后发展经济学成为现代经济学的一门子学科以来的理论进展和发展中国家发展与转型的成败经验，指出发展经济学第一波理论结构主义主张建设和发达国家相同的产业结构，重视政府的作用而忽视市场的作用；发展经济学的第二波理论新自由主义主张采取和发达国家相同的市场制度安排，重视市场的作用而忽视政府的作用。林毅夫教授提出以"新结构经济学"作为发展经济学的第三波理论，强调经济发展是一个产业、技术、基础设施、制度结构不断变迁的过程，在这个过程中既要有"有效的市场"，也要有"有为的政府"。

要理解"新结构经济学"究竟"新"在何处，首先要明确的是以往的经济学理论失败的原因。结构主义经济学的倡导者建议政府优先发展资本密集的先进产业，而这些产业相对于发展中国家的发展水平来说太过超前，与这些国家自身的比较优势背道而驰。在这种情况下，相关企业在开放竞争的市场中缺乏自生能力，需要政府的政策支持来完成初期投资和持续运营，也导致了资源的低效配置和寻租、腐败行为。与结构主义一样，1989年出现的"华盛顿共识"也在实践中被证实是失败的。因为"华盛顿共识"建议政府立刻消除所有的市场扭曲，反对政府发挥因势利导作用，以有为的政策帮助符合该国比较优势的产业发展。特别是中西亚前苏联国家实行休克疗法，多陷于大幅度的倒退。反而是拒绝"华盛顿共识"的乌兹别克斯坦，以渐进改革的"乌兹别克斯坦模式"，实现了经济上相对平稳的转型（参见专栏1-2）。

---

① 马歇尔讲座（Marshall Lectures）久负盛名，被誉为世界顶级经济学讲坛。它以英国著名经济学家、英国剑桥学派的创立者、新古典经济学体系的奠基者和集大成者阿尔弗雷德·马歇尔（Alfred Marshall）的名字命名。

专栏 1-2　乌兹别克斯坦的发展模式

苏联解体后,乌兹别克斯坦、哈萨克斯坦、吉尔吉斯斯坦、塔吉克斯坦等所有中亚共和国的GDP都在1991年急剧下降。如表1.3所示,从1991年到1995年,塔吉克斯坦的GDP下降了59.2%,哈萨克斯坦下降了31.0%,吉尔吉斯斯坦下降了44.9%,乌兹别克斯坦下降了18.5%。

表 1.3　1991—2021年中亚国家GDP

（单位：亿美元，2015年不变价）

国家	1991年	1995年	2000年	2010年	2016年	2020年	2021年
乌兹别克斯坦	319.5	260.4	314.7	608.8	913.1	1 081.6	1 161.9
哈萨克斯坦	848.4	585.3	661.8	1 465.6	1 864.2	2 058.3	2 140.6
吉尔吉斯斯坦	48.6	26.8	35.2	52.6	69.7	72.6	75.2
塔吉克斯坦	65.9	26.9	27.0	59.0	88.4	114.3	124.8

资料来源：世界银行数据库。

在此背景下,乌兹别克斯坦在建立市场经济框架和体制方面比其他转型经济体更加谨慎。卡里莫夫是独立的乌兹别克斯坦的第一任总统,他拒绝世界银行开出的"休克疗法"药方。卡里莫夫总统领导下的乌兹别克斯坦更倾向于在政策改革中采取循序渐进的方式,由政府引导在过渡期间实现公共部门和私营部门的平衡增长。卡里莫夫总统提出的增长框架被称为"乌兹别克斯坦模式",即"面向社会的自由市场经济"。简而言之,乌兹别克斯坦模式基于以下五项原则：(1) 经济优先于政治；(2) 将国家作为改革的主要推动力；(3) 社会各个领域的法治；(4) 强有力的社会政策和对弱势人群的保护；(5) 分阶段和渐进的市场经济转型。

到2000年,乌兹别克斯坦的GDP（以不变美元计算）已恢复到1991年水平的98%,而哈萨克斯坦为78%,吉尔吉斯斯坦为72%,塔吉克斯坦为41%。在2010—2016年的7年中,乌兹别克斯坦保持了年均7.0%的高速增长,此后在2016—2021年,增长速度放缓至4.9%。

新结构经济学的理论框架由三大基石组成：（1）要素禀赋，在新古典理性选择的范式下，新结构经济学从国家的禀赋结构约束出发，将最优产业结构内生化，考察经济增长过程中的各种结构变化过程；（2）有效市场，市场在新结构经济学中的作用是确保准确的价格机制，以实现最优资源配置结构；（3）有为政府，政府在产业结构变迁中应做到因势利导，帮助企业克服外部性及协调问题。

根据新结构经济学的原理，国家的社会经济发展要通过产业结构和技术结构不断升级来实现。而实现产业和技术结构升级，必须先改变要素禀赋结构。在每个时点上都根据要素禀赋所决定的比较优势来选择产业和技术，这是发展经济最适当和合理的方式。新结构经济学承认不同发展阶段的国家由禀赋结构所决定的比较优势存在差异，各自的最优产业结构会有所不同；在任何特定发展阶段，市场对资源配置都起基础性作用；政府在产业升级和结构转型过程中需要发挥因势利导的作用。只有当产业与由经济禀赋结构所决定的比较优势一致时，这一产业中的企业才会在开放、竞争的市场中具有活力和竞争力。

新结构经济学以唯物辩证主义和历史唯物主义为指导，将结构重新带回经济发展、转型和运行的研究，强调经济结构内生性、动态性和差异性，强调有效市场和有为政府在促进经济发展过程中所发挥的重要作用，倡导用新古典的方法研究经济结构及其变迁的决定因素。新结构经济学坚持"一个中心，三个基本点"的认识论——以与一个国家的发展阶段对应的要素禀赋结构作为分析的起点，强调结构的内生性、扭曲的内生性及在各个内生结构上经济运行的内生性；"一分析，三归纳"的方法论——分析真实世界现象的本质并以历史纵向、当代横向和多现象综合的方法来认识现象的本质，并检验对本质的分析所得到的真实世界现象的根本决定因素和关键机制。

在产业发展的路径上，新结构经济学根据现有产业和国际前沿的差距，将中等偏上的发展中国家制造业产业分成五种不同类型——追赶型、领先型、转进型、换道超车型和战略型。

第一种类型——追赶型。例如装备制造业。中国是世界装备制造业大国，德国也是世界装备制造业大国。中国制造的装备在成本上虽然具有优势，但在技术水平和质量上还低于德国，仍处于追赶阶段。

第二种类型——领先型。这种产业已经在国际上处于相对领先地位，比如我国的高铁以及家电产业中的电视机、电冰箱、洗衣机、空调机等，已经具备全球最先进的技术水平。

第三种类型——转进型。这类产业是建立在曾经符合自身比较优势的基础上的，例如纺织服装产业。但是随着经济的发展，这类产业逐渐失去比较优势，国际竞争力正在丧失，需要转移到更具备相应比较优势的国家和地区。

第四种类型——换道超车型。这类产业往往是全新的产业，例如互联网平台、移动通信等。从要素禀赋结构来看，这类产业周期短，主要以人力资本投入为主，中国与发达国家相比并没有明显的比较劣势，可以与发达国家直接竞争，甚至换道超车。中国拥有巨大的国内市场，新发明创造出来的产品或技术在国内可以迅速获得规模化的应用场景。同时，中国是各种部件制造业配套最齐全的国家，可以满足相关的互联网平台的硬件产品需要，所以中国在换道超车型产业上的创新也具备比较优势。

第五种类型——战略型。这类产业的创新方式与换道超车型产业的方式正好相反，虽然也需要很高的人力资本投入，但研发周期很长（十年甚至二十年以上），需要大量的金融和物质资本的支持。如果单纯从当前要素禀赋所决定的比较优势来看，中国在这方面还不具有比较优势，但是涉及国防安全的产品无法从国外购入，没有它们就无法保障国防安全。所以，在这种情况下中国必须支持这类产业的发展。另外，还有些战略型新兴产业，尽管未必和国防安全有关，但是如果一个新的产业方向已经非常明确，中国因不具备比较优势而放弃在这方面的研发，导致战略制高点被其他国家占领，那么未来可能很多技术都无法引进，或是需要更高的引进成本。所以，即使现在不具有比较优势，从长期来看也需要加大当下的投入，以避免未来面临更大的进入成本和风险（参见专栏1-3）。

专栏1-3　清洁能源制造业领域的五种产业类型

根据新结构经济学理论，我国清洁能源制造领域的产业可以分为以下五类：

第一类——追赶型。即在市场上有比较优势，但是产品性能仍不如发达国家，或产品关键材料、部件仍受制于人的产业。化学储能电池、第三代核电、可持续航空燃料以及光热发电技术就比较接近这一类型。

第二类——领先型。即我国的技术已经在世界的最前沿，而且需要继续保持这种领先地位的产业。比如水电设备、陆上风电、特高压输电设备就属于这种类型。

第三类——转进型。通常是劳动力比较密集的产业，在世界领先，但是由于成本上涨非常快，我国在这类产业逐渐失去比较优势。例如光伏组件的生产已经呈现出部分转进型产业的特征，部分产能已经开始向劳动力成本较低的国家转移，未来5~10年产业转移速度可能会加快。

第四类——换道超车型。这类产业的技术研发周期相对较短，最重要的投入是高科技人才和数字技术应用。例如我国电动汽车、燃料电池产业就比较接近换道超车型。

第五类——战略型。这种产业的产品研发周期特别长，需要高额金融资本投入，例如海上风电、第四代核电、海洋能、碳捕集利用和封存技术等。

总而言之，追赶型产业的创新主要是以引进、消化、吸收为主；领先型、换道超车型和战略型新兴产业的创新主要靠自主研发。转进型产业的创新方式可以是进入附加价值高的"微笑曲线"[①] 两端，包括经营品牌、产品设计、

[①] "微笑曲线"理论由中国台湾企业家施振荣提出，以两端朝上的微笑嘴型的曲线表示在产业链中，附加值更多体现在两端，即设计和销售，而处于中间环节的制造的附加值最低。

营销渠道管理等，需要产品研发或管理方式的创新；也可以是把失掉比较优势的生产部分转移到国内或者海外工资水平比较低的地方，这需要根据产地的情况进行管理方面的创新。不同的产业应该用不同的创新方式才能够得到最高的效率。目前，我国的钢铁、水泥、平板玻璃等建筑材料和施工产业，以及家电、高铁、移动通信、光伏等产业在国际上处于领先地位，需要"走出去"在国际上进行产能合作，扩大海外市场。而对于转进型产业，随着我国劳动力成本的不断升高，很多劳动密集型产业在国内已经不符合发展的比较优势，需要我们主动地引导其到要素禀赋更适合的国家或地区发展。

"新结构经济学"的名称和理论框架自林毅夫教授在世界银行首席经济学家任上提出以来，获得了约瑟夫·E. 斯蒂格利茨（Joseph E. Stiglitz，2001年获诺贝尔经济学奖）、迈克尔·斯宾塞（Michael Spence，2001年获诺贝尔经济学奖）等十余位经济学家的认可，特别是获得了非洲国家领导人的高度评价（参见专栏1-4）。新结构经济学旨在汲取中国改革开放实践和其他发展中国家发展的经验，构建一套反映人类社会经济发展普遍规律以及发展中国家经济基础和结构特征的理论体系，摆脱基于发达国家经验的主流理论的束缚，探索适合发展中国家自身特点的现代化之路。新结构经济学纠正了结构主义经济学违背经济发展实际的问题，也克服了"华盛顿共识"的种种弊端和漏洞，真正从发展中国家自身的经济现状出发，为指导发展中国家的未来道路提供了新的和切实可行的选项。

专栏1-4　非洲国家领导人如何评价新结构经济学

2018年12月北京大学新结构经济学研究院正式成立，贝宁、塞内加尔两国元首给林毅夫教授发来贺信。

贝宁总统帕特里斯·塔隆（Patrice Talon）的贺信这样写道：

亲爱的林教授：

在北京大学新结构经济学研究院成立之际，我向您致以最诚挚的祝贺！

长期以来，您一直是贝宁共和国的支持者，您所从事的工作证明了您对我国发展所做出的持久贡献。为给世界经济带来积极改变，您不仅在发展经济学中建立了新结构经济学这一新框架，还建立了新结构经济学研究院这一致力于促进世界变革的研究机构。通过您和您的同事们的工作，新结构经济学研究院成为一个独特的集学术研究、政策实践和教育培训于一体的机构。您吸取了中国和其他发展中国家的工业化和现代化经验，建立了新结构经济学这一理论体系，新结构经济学研究院正是致力于引进、深化、倡导和运用这一理论体系。对我国而言，您建议利用我国的比较优势，调动我国的基础设施、经济特区和工业园区建设方面的资源，来实现经济结构的转型。您的建议为我国吸引大量投资、在未来取得成功做出了贡献。我们期待继续与您合作，听取您在新结构经济学方面的高见，来促进我国实现包容性、可持续的经济增长。

我期待看到您和新结构经济学研究院为贝宁和世界做出更多的贡献。

塞内加尔总统马基·萨勒（Macky Sall）的贺信这样写道：
亲爱的林教授：

我谨代表塞内加尔共和国，对北京大学新结构经济学研究院的成立致以我最热烈的祝贺。

这一美好创举是您多年来为发展中国家所做的研究和努力的延续，是新结构经济学这一创新理论的延伸，为未来经济崛起奠定了理论基础。

我很欣喜地看到，贵学院的成立将切实强化这一动力，为经济和社会的发展提供新思路。

我想借此机会，对您就我国的发展及深化中塞合作所提出的意见和建议表示赞赏和感谢。

> 埃塞俄比亚总理特别顾问阿尔卡贝·奥克贝（Arkebe Oqubay）在新结构经济学研究院成立大会上致辞时也表示：非洲不需要那些告诉我们非洲没有希望的经济学家，非洲需要林毅夫教授这样的乐观进取的经济学家。林毅夫教授创立的新结构经济学是基于中国和其他发展中国家实际发展经验的理论，为非洲发展中国家提供了崭新的发展思路。理论一定要契合政策制定的角度，才能对实际产生影响和作用。新结构经济学不仅是创新的理论，而且致力于推动投资项目的落地，因而受到许多非洲国家领导人的重视，对这些国家的政策产生了重要的影响。
>
> 资料来源：北京大学新结构经济学研究院举行成立大会［EB/OL］.（2018-12-15）［2023-01-19］. https://www.nse.pku.edu.cn/sylm/xwsd/244937.htm.

第二节　新结构经济学在环境保护、气候变化领域的应用

2013年9月，出访哈萨克斯坦的习近平主席首次在国际场合提出保护与发展相协调的"两山论"："我们既要绿水青山，也要金山银山。宁要绿水青山，不要金山银山，而且绿水青山就是金山银山。"2021年10月，习近平主席在《生物多样性公约》第十五次缔约方大会领导人峰会上发言指出，"良好生态环境既是自然财富，也是经济财富，关系经济社会发展潜力和后劲。我们要加快形成绿色发展方式，促进经济发展和环境保护双赢，构建经济与环境协同共进的地球家园"。新结构经济学在发展中国家环境保护、气候变化领域也有广阔的应用前景。

一、"公地悲剧"与气候变化

在环境领域，如果以新自由主义原则发展经济，单纯依赖自由市场的配

置方式必然会导致"公地悲剧"（tragedy of the commons）。"公地悲剧"指个人利益与公共利益在资源分配方面的内在矛盾。1968 年，美国生态学家加勒特·哈丁（Garrett Hardin）在《科学》杂志发表文章诠释了"公地悲剧"的概念。他在文章中举了这样一个例子：公共草地上有一群牧羊人放牧，每一个牧羊人都想要多养一些羊以便获利多一些。当每一个牧民都这样做的时候，草场持续退化直至无法继续放牧养羊，最终所有的牧民都会破产，这种现象被称为"公地悲剧"。其本质在于公共资源的属性是公有而非私有。"公地"作为一项资源有许多利益相关方，他们中的每一方都有资源的使用权，但没有权利阻止其他人使用。当利益相关方的每一个人都只计算自己的收益，而不顾及整个社会的成本而过度消耗公共资源时，就会导致资源的枯竭或者环境的恶化。

现代社会中，森林的过度砍伐、渔业资源的过度捕捞以及土地、河流和空气的严重污染，都是"公地悲剧"的例子。事实上，全球气候变化问题是更典型的"公地悲剧"。人类活动释放的二氧化碳总量与地球表面变暖程度之间存在直接的关系。排放一吨二氧化碳的具体时间对其最终造成的变暖量影响有限，也就是说，当前的变暖是由一段时间内二氧化碳排放的累积总量决定的，数百年前的二氧化碳排放在继续导致地球变暖。自 1850 年至 2021 年，人类总共向大气中排放了约 2.5 万亿吨二氧化碳，这些累积的二氧化碳排放量对应于约 1.2 摄氏度的温升（相对于工业化以前的水平）。[①]

发达国家在早期工业化时的经济发展模式都是高耗能、高碳排放的，百年来将各种"公地"资源过度使用，大量温室气体排入大气层导致全球气候变暖，终于酿成全球性的"公地悲剧"。数据显示，自 1850 年以来，美国累计的二氧化碳排放量始终处于全球第一位。美国经济的发展建立在煤炭、石

---

① Simon Evans. Analysis：Which Countries Are Historically Responsible for Climate Change？[R/OL]. (2021 - 10 - 05) [2023 - 01 - 19]. https://www.carbonbrief.org/analysis-which-countries-are-historically-responsible-for-climate-change/.

油和天然气等化石能源的广泛使用上,特别是汽车的出现更加速了石油的消费量。到2021年年底,美国已经累计排放了超过5 090亿吨二氧化碳,在全球各国历史累计排放量中占最大份额,约占全球总量的20%。中国排在第二位,占11%,其次是俄罗斯(7%)、巴西(5%)和印度尼西亚(4%)。由于来自其土地利用变化的二氧化碳排放,巴西和印度尼西亚这两个发展中国家也跻身于历史上最大的10个排放国之列。德国和英国这两个欧洲大国的排放量分别占全球累计排放总量的4%和3%。①

如果按照《巴黎协定》(参见专栏1-5)的目标将工业革命以来的温升限制在1.5摄氏度以下,全球只剩下不到5 000亿吨二氧化碳的碳排放预算。随着排放量的增加,全球碳排放预算正在加速消耗,仅在过去40年中就释放了1850年以来累计排放总量的一半。从2022年开始,如果全球年排放量保持在当前水平和趋势,剩余的1.5摄氏度预算很可能在10年内用完。②

专栏1-5　　　　关于气候变化的《巴黎协定》

为应对气候变化,全世界197个国家于2015年12月12日在巴黎召开的《联合国气候变化框架公约》缔约方会议第二十一届会议上通过了《巴黎协定》。各方将加强对气候变化威胁的全球应对,大幅减少全球温室气体排放,把全球平均气温控制在较工业化前水平升高2摄氏度之内,并为把温升控制在1.5摄氏度之内而努力。全球将尽快实现温室气体排放达峰,21世纪下半叶实现温室气体净零排放。

《巴黎协定》于2016年11月4日正式生效,是具有法律约束力的国际条约。目前,共有194个缔约方(193个国家加上欧盟)加入了《巴黎协定》。

---

① Simon Evans. Analysis: Which Countries Are Historically Responsible for Climate Change? [R/OL]. (2021-10-05) [2023-01-19]. https://www.carbonbrief.org/analysis-which-countries-are-historically-responsible-for-climate-change/.

② Ibid.

> 2016年9月3日，全国人民代表大会常务委员会批准中国加入《巴黎气候变化协定》，成为完成了批准协定的缔约方之一。2017年6月，美国时任总统特朗普宣布美国退出《巴黎协定》，称该协定给美国带来"苛刻财政和经济负担"。2020年11月4日，美国正式退出该协定。此举遭到美国国内和国际社会的广泛批评。2021年1月20日，美国总统拜登就任总统首日签署行政令，宣布美国重新加入应对气候变化的《巴黎协定》。
>
> 《巴黎协定》包括所有国家对减排和共同努力适应气候变化的承诺，并呼吁各国逐步加强气候行动的雄心。协定为发达国家提供了协助发展中国家减缓和适应气候变化的方法，同时建立了透明监测和报告各国气候目标的体系。
>
> 《巴黎协定》为应对气候变化提供了持久的框架，为未来几十年的全世界气候行动指明了方向，为推动减排和建设气候适应能力的气候行动提供了路线图。《巴黎协定》的实施对于实现可持续发展目标至关重要，标志着向低碳社会转型的开始。各国需要提高自主减排力度，最终实现碳中和的目标，以遏制气候变化。
>
> 资料来源：United Nations. The Paris Agreement. What is the Paris Agreement? [EB/OL]．(2016-11-04)[2023-01-19]．https：//unfccc.int/process-and-meetings/the-paris-agreement/the-paris-agreement.

二、"资源诅咒"与"荷兰病"

在面临主要是发达国家造成的"公地悲剧"的同时，发展中国家还可能面临自身的"资源诅咒"（resource curse）。"资源诅咒"有时也被称作"富足的矛盾"（paradox of plenty）。"资源诅咒"的概念最早由英国经济学家理查德·M. 奥梯（Richard M. Auty）提出，在1993年出版的《矿产经济的可持续发展：资源诅咒论》（*Sustaining Development in Mineral Economies：The*

Resource Curse Thesis）一书中，他指出"丰裕的自然资源并没有成为一些国家经济增长的有利条件，反而成为一种制约因素"。很多矿产和能源资源丰富的国家，主要是非洲和拉丁美洲的一些国家，面临着经济发展的停滞或衰退；而一些资源贫瘠的国家和地区，如日本、韩国、新加坡、中国香港地区、中国台湾地区，则出现了经济快速发展的局面。

以非洲为例，非洲大陆资源丰富，拥有世界约 30% 的矿产储量、世界 8% 的天然气和世界 12% 的石油储量；拥有全世界 40% 的黄金、90% 的铬和铂；世界上最大的钴、钻石、铂和铀储量在非洲；非洲拥有全世界 65% 的耕地和全球 10% 的可再生内陆淡水资源。非洲自然资源如此丰富，但是社会经济的发展水平却长期处于落后状态。①

根据世界银行 2022 年 7 月发布的经济体分类的人均国民收入最新标准②，全球有 28 个低收入经济体、54 个中低收入经济体、54 个中高收入经济体和 81 个高收入经济体。在 28 个低收入经济体中，除阿富汗、朝鲜、叙利亚以外，其余 25 个都是撒哈拉以南的非洲国家③。在 54 个中低收入经济体中有 22 个非洲国家④。在 54 个中高收入经济体中有 7 个非洲国家（纳米比亚、加蓬、南非、博茨瓦纳、利比亚、毛里求斯、赤道几内亚）。在 81 个高收入经济体中，只有一个非洲国家——塞舌尔。2021 年撒哈拉以南非洲国家出口产品中有 86.4% 是初级产品，仅有 13.6% 为工业制成品。相比之下，2021 年中国出

---

① UN Environment Programme. Our Work in Africa [EB/OL]. (2022-12-31) [2023-01-19]. https://www.unep.org/regions/africa/our-work-africa.

② 世界银行将全球 217 个经济体按照人均国民收入分为低收入经济体、中低收入经济体、中高收入经济体、高收入经济体。这里的人均国民收入以阿特拉斯方法（采用三年移动平均的美元汇率来平滑汇率波动的影响）折算的美元来表示。根据 2022 年的标准，人均国民收入低于 1 085 美元的为低收入经济体，1 086~4 255 美元的为中低收入经济体，4 256~13 205 美元的为中高收入经济体，高于 13 205 美元的为高收入经济体（资料来源：世界银行数据库）。

③ 几内亚比绍、索马里、布基纳法索、南苏丹、布隆迪、利比里亚、苏丹、中非共和国、马达加斯加、乍得、马拉维、多哥、刚果民主共和国、马里、乌干达、厄立特里亚、莫桑比克、也门、埃塞俄比亚、尼日尔、赞比亚、冈比亚、卢旺达、几内亚、塞拉利昂。

④ 安哥拉、阿尔及利亚、圣多美和普林西比、贝宁、肯尼亚、塞内加尔、坦桑尼亚、佛得角、喀麦隆、莱索托、科摩罗、毛里塔尼亚、突尼斯、刚果共和国、科特迪瓦、吉布提、摩洛哥、埃及、斯威士兰、津巴布韦、加纳、尼日利亚。

口产品中只有 5.6% 是初级产品，94.4% 是工业制成品。①

"资源诅咒"的困局与"荷兰病"密切相关。"荷兰病"（the Dutch disease），是指一个国家的经济结构中初级产品（特别是能源、资源）独大，而其他领域得不到发展甚至衰落的现象。20 世纪 60 年代，已是工业制成品主要出口国的荷兰发现了大量石油和天然气资源，于是荷兰政府大力发展石油、天然气工业，经济显现繁荣景象。可是，蓬勃发展的油气工业却严重挤压了荷兰的其他工业部门，削弱了国际竞争力。到 20 世纪 70 年代初期，荷兰饱受通货膨胀上升、制成品出口下降、收入增长率降低、失业率增加的多重困扰，由此出现了"荷兰病"之说。

从理论角度来看，"荷兰病"解释了资源部门的扩张对制造业部门的"挤出效应"（crowding out effect）。当某种自然资源被发现或自然资源价格快速上升时，劳动力和资本会被吸引到这一资源的生产部门，而其他制造业部门必须花费更大的成本才能吸引到劳动力，也难以获得资金投入。同时，由于自然资源出口带来的收入增加，本国人民收入增加，对制造业的产品需求上升，但由于本国制造业无法满足这样快速增长的需求，只能通过进口外国制成品满足。国家过分依赖资源生产导致经济结构单一，制造业发展缓慢，一旦国际市场自然资源出口价格下跌，国家的出口收入会大幅减少，用来进口制造业产品的可支配收入锐减，国民福利下降，极端情况下甚至会带来国家经济破产的风险。

林毅夫教授在《从"资源诅咒"到"资源祝福"：新结构经济学的视角》一文中认为，出现"资源诅咒"现象的一个重要原因是资源丰富的国家容易把从资源出口中赚来的收入，投资到那些没有比较优势、赶超型的先进产业。一个发展中国家在经济发展过程当中经常会有快速追赶发达国家的良好愿望。要赶上发达国家，就需要有和发达国家一样先进的产业。这种产业看起来很先进，可是却违反了这个国家的比较优势，即使在政府的支持下能把它建立

---

① 数据来源：联合国贸易和发展会议数据库。

起来,这个产业中的企业在开放竞争的市场中也没有自生能力,要让它们继续经营下去则需要靠政府不断保护、补贴。当然有这样的先进产业令国民自豪,但是它的经营效率低,靠保护补贴生存,无助于国民收入水平的提高和人民生活福利的改善。而且,补贴容易造成寻租、腐败,以及政府被利益集团绑架的问题。资源越丰富的国家和地区,对这种产业投资的冲动、涉及的范围、支撑的力度会越大,持续的时间会越长。同时,资源价格波动非常大。当价格高的时候,政府的财政收入多,很容易造成政府支出大手大脚,有的在福利的开支上特别多,有的在各种建设上到处铺摊子。建设摊子铺得太大,一旦资源价格下跌,就会出现大量的"烂尾"工程,浪费巨大。

如何把资源从经济发展的"诅咒"变为经济发展的有利条件?新结构经济学主张,第一,发展非资源型产业必须符合该经济体要素禀赋结构所决定的比较优势,这样才会有最低的要素生产成本。第二,在竞争的市场中,有为政府动用资源收益中的一部分来消除限制具有比较优势的非资源型产业发展的软硬基础设施的瓶颈,以降低交易费用,使符合比较优势的产业能够迅速变成具备竞争优势的产业。至于如何选择具有比较优势的非资源型产业,以及如何针对不同的产业发挥有为政府因势利导的作用,则可以根据新结构经济学中"增长甄别和因势利导"的框架(见专栏1-6)来进行。这样的话,资源型的城市、地区和国家可用来完善软硬基础设施的资源会比资源短缺的城市、地区和国家更多,力度可以更大,经济发展转型的速度可以更快。资源就会从经济发展的"诅咒"变为经济发展的"祝福"。

专栏 1-6　"增长甄别和因势利导"的六步骤框架

新结构经济学主张,政府应发挥因势利导作用,促进产业的潜在比较优势变成竞争优势。所谓潜在比较优势,是指这个产业的要素生产成本在国内、国际市场上具有优势,这种成本优势是由要素禀赋结构(即比较优势)决定的。但是,由于软硬基础设施尚未完善,这个产业的交易成本过高,在国内、国际市场尚无竞争力。政府的作用就在于鼓励先行企业进入潜在比较优势产业，并帮助其降低交易费用，使潜在比较优势变为现实竞争优势。对此，新结构经济学提出了一个"增长甄别和因势利导"的六步骤框架。

第一，对过去二三十年经济发展较快而且人均收入比自身高1~2倍的其他经济体的各种可贸易产品和服务做出甄别。选取产品和服务在国内、国际市场上有需求，而自己生产成本较低，因而具有潜在比较优势的产业。

第二，分析在上述产业中本地的哪些产业比较活跃，查找可能阻碍它们提升产品质量、降低交易费用的障碍，以及阻碍企业进入的基础设施或制度环境障碍。政府可以采取政策措施消除这些障碍，以帮助产业做大做强。

第三，对本地企业尚未进入的新产业，政府可以到上述第一步确认的经济体中招商引资，鼓励外地企业前来投资，并消除这些新产业发展的软性和硬性条件约束，培育新的增长点。

第四，充分利用本地的资源禀赋或全球范围内的技术突破带来的机遇，密切关注本地企业展现出获利能力的新产业，帮助这些"星星之火"成为"燎原"之势。

第五，在基础设施落后、企业经营环境不佳的地方，政府可以设立经济特区或产业园区，改善基础设施和经营环境，鼓励企业投资于具有潜在比较优势的产业。建立产业园区或经济特区还有利于促进产业集群的形成，提高产业竞争力。

第六，给予目标产业的先行企业一定时限的税收优惠或信贷担保，以补偿其风险。

根据这样的步骤甄选出来的目标产业符合本地比较优势，企业具有自生能力。

三、应对气候变化：新结构经济学的视角

如何应对"公地悲剧"带来的环境污染和气候变化？如何把丰富的自然

资源从经济发展的"诅咒"变为经济健康发展的有利条件？我们结合经济学研究成果，从新结构经济学的角度做一个初步分析。

（一）"庇古税"和科斯定理

与环境污染的外部性类似，由于温室气体排放者没有考虑排放产生的温室效应，因而温室气体排放具有经济学意义上典型的外部性特征。1920年，英国经济学家阿瑟·C. 庇古（Arthur C. Pigou）出版了著作《福利经济学》，论证了环境问题的重要经济根源是外部性。庇古提出对环境污染者课以补偿性的税收，增加其私人边际成本以使其与社会边际成本相当。在市场经济条件下，私人部门不会自发地减少产量或进行污染治理，因此庇古建议政府通过税收推动私人部门实现外部成本内部化。此后，这样的环境税也被称为"庇古税"。

西方发达国家从20世纪70年代开始把"庇古税"引入税收制度中，并且很快取得了明显的效果，环境污染开始得到控制。在我国，2018年1月1日《中华人民共和国环境保护税法》施行，全文共5章、28条，5章分别为总则、计税依据和应纳税额、税收减免、征收管理、附则，被称为"中国的庇古税"。当气候变化这一议题被各国普遍重视之后，用"庇古税"的概念来解决温室气体排放也成为一个选项，"碳税"很快成为解决温室气体排放的主流思路。截至2023年6月，全球有30个国家不同程度实施了碳税机制。①

解决环境污染和气候变化的另一种思路是科斯的产权界定理论。1991年诺贝尔经济学奖获得者、美国经济学家罗纳德·H. 科斯（Ronald H. Coase）认为，在交易成本为零的前提下，只要资源的产权明晰并且允许交易，市场都可以自动实现有效率的资源配置，让资源流向价值最高的用途。1968年，美国经济学家约翰·H. 戴尔斯（John H. Dales）首次提出了针对排污权的

---

① 加拿大、墨西哥、哥伦比亚、阿根廷、智利、乌拉圭、西班牙、法国、荷兰、瑞士、冰岛、爱尔兰、葡萄牙、挪威、丹麦、瑞典、英国、波兰、乌克兰、芬兰、爱沙尼亚、拉脱维亚、南非、日本、列支敦士登、新加坡、卢森堡、比利时、捷克、德国。

明确的政策方案,通过法律体系将排污的权利规定为一种产权——利用环境容量,让市场对排污权定价,并对排污权进行有效率的配置。这一制度首先被美国国家环境保护局付诸实施,而后德国、澳大利亚、英国等国也相继进行了排污权交易实践。2007 年以来,我国积极开展排污权有偿使用和交易试点工作。2014 年,国务院办公厅印发《国务院办公厅关于进一步推进排污权有偿使用和交易试点工作的指导意见》,部署建立排污权有偿使用和交易制度试点工作,取得了较好的效果。

排污权的理论也适用于对温室气体排放的控制。到 2022 年 6 月,已经有 9 个国家[①]和欧盟建立了碳交易市场。在 8 个地方碳排放权交易试点的基础上[②],中国的全国性碳市场于 2021 年 7 月 16 日正式启动,是落实"2030 年碳达峰、2060 年碳中和"(参见专栏 1-7)目标的重要政策工具,是推动绿色低碳发展的重要引擎。全国碳市场第一个履约周期共纳入发电行业重点排放单位 2 162 家,年覆盖二氧化碳排放量约 45 亿吨,是全球覆盖排放量规模最大的碳市场。全国碳市场正式运行以来,对于碳排放的约束作用初步显现,通过市场机制首次在全国范围内将碳减排责任落实到企业,增强了企业"排碳有成本、减碳有收益"的低碳发展意识。全国碳市场不仅是中国控制温室气体排放的政策工具,也为广大发展中国家建立碳市场提供了借鉴,受到国际社会广泛关注和赞誉。

> **专栏 1-7　我国 2030 年碳达峰、2060 年碳中和目标**
>
> 　　2020 年 9 月 22 日,习近平主席在第七十五届联合国大会一般性辩论上向全世界宣布,"中国将提高国家自主贡献力度,采取更加有力的政策和措施,二氧化碳排放力争于 2030 年前达到峰值,努力争取 2060 年前实现碳中和"。2021 年 9 月 22 日,中共中央、国务院发布《中共中央 国务院关于完整准确全

---

① 中国、美国、加拿大、墨西哥、英国、瑞士、哈萨克斯坦、韩国、新西兰。
② 从 2011 年年底开始,中国先后在部分省市(深圳、上海、北京、广东、天津、湖北、重庆和福建)启动了 8 个地方碳排放权交易试点,为中央政府推出全国碳交易机制提供了宝贵经验。

面贯彻新发展理念做好碳达峰碳中和工作的意见》，对努力推动实现碳达峰、碳中和目标进行全面部署。

实现"双碳"目标要以习近平新时代中国特色社会主义思想为指导，深入贯彻习近平生态文明思想，立足新发展阶段，贯彻新发展理念，构建新发展格局，坚持系统观念，处理好发展和减排、整体和局部、短期和中长期的关系，把碳达峰、碳中和纳入经济社会发展全局，以经济社会发展全面绿色转型为引领，以能源绿色低碳发展为关键，加快形成节约资源和保护环境的产业结构、生产方式、生活方式、空间格局，坚定不移走生态优先、绿色低碳的高质量发展道路，确保如期实现碳达峰、碳中和。

实现碳达峰、碳中和目标，要坚持"全国统筹、节约优先、双轮驱动、内外畅通、防范风险"原则。

——全国统筹。全国一盘棋，强化顶层设计，发挥制度优势，实行党政同责，压实各方责任。根据各地实际分类施策，鼓励主动作为、率先达峰。

——节约优先。把节约能源资源放在首位，实行全面节约战略，持续降低单位产出能源资源消耗和碳排放，提高投入产出效率，倡导简约适度、绿色低碳生活方式，从源头和入口形成有效的碳排放控制阀门。

——双轮驱动。政府和市场两手发力，构建新型举国体制，强化科技和制度创新，加快绿色低碳科技革命。深化能源和相关领域改革，发挥市场机制作用，形成有效激励约束机制。

——内外畅通。立足国情实际，统筹国内国际能源资源，推广先进绿色低碳技术和经验。统筹做好应对气候变化对外斗争与合作，不断增强国际影响力和话语权，坚决维护我国发展权益。

——防范风险。处理好减污降碳和能源安全、产业链供应链安全、粮食安全、群众正常生活的关系，有效应对绿色低碳转型可能伴随的经济、金融、社会风险，防止过度反应，确保安全降碳。

资料来源：中共中央 国务院关于完整准确全面贯彻新发展理念做好碳达峰碳中和工作的意见［EB/OL］．（2021-10-24）［2023-01-19］．http：//www.gov.cn/zhengce/2021-10/24/content_5644613.htm．

尽管"庇古税"和科斯定理通过市场机制在解决环境污染方面发挥了积极作用，但是在应对气候变化方面的作用是有局限性的。举例来说，二氧化硫这样的空气污染物的排放范围、数量可以得到精准的实时在线监测，所以环境税和排放权交易可以通过市场机制充分发挥作用。相比之下，二氧化碳的排放主要是根据各类能源的排放因子①计算所得，误差和不确定性较大。各国的环境容量与减排能力等相关信息也不完全，市场机制难以充分发挥作用。在这种情况下，各国政府应该通过法律、法规和政策措施发挥更大作用。特别是在发展中国家，市场机制本身还不完善，低效运转的市场不足以支撑排放权交易机制的完美运行。而且，温室气体的排放所造成的影响超越国境，而不局限于排放的国家。同时，要衡量各国实施承诺和减排量的"可信度"也有困难，所以需要有约束力的国际公约和相应的国际、国内机制保障。

（二）新结构经济学的视角

由于环境和气候禀赋属于公共禀赋，具有外部性和公共品属性，单纯依赖自由市场配置方式会导致严重的不良后果，如资源过度消耗、环境污染严重、碳排放持续增加等问题，从而会阻碍整个经济系统的结构变迁和运行。因此，环境、气候领域相关禀赋的有效配置方式广泛地涉及政府作用的问题，新结构经济学关于环境结构变迁中政府作用的一般原理包括了政府因势利导原理和政府最优环境治理原理两个方面。

根据新结构经济学的政府因势利导原理，除了对环境结构有决定性作用的环境禀赋结构和生产结构，还有其他一些制约最优环境结构形成的因素，而这些因素又不是环境主体所能够解决的，从而无法实现仅由要素禀赋结构和环境禀赋结构所决定的最优环境结构，这种情况称为环境禀赋具有的潜在比较优势。因此，就需要政府发挥因势利导作用，来消除实现最优环境结构

---

① 排放因子指单位生产或消费活动量的温室气体排放量，如每单位化石燃料消耗所对应的二氧化碳排放量。

的制约因素，降低环境交易费用，发挥出环境禀赋的比较优势。例如，一个自然资源丰富的地区如何发挥出"资源祝福"以及如何避免"资源诅咒"，如何因势利导地将一个地区的"绿水青山"变为"金山银山"，以及如何将资源型城市成功地转型升级，都需要发挥政府因势利导的作用。同样，符合环境禀赋比较优势的企业在降低能耗和排放时也可能面临一些自身无法克服的障碍，更需要政府发挥因势利导作用。

林毅夫、付才辉、郑洁在《新结构环境经济学：一个理论框架初探》一文中指出，政府最优环境治理原理指的是环境结构变迁与转型中政府最优的环境治理强度和结构是其边际收益与边际成本权衡取舍的结果。例如，环境治理强度过大，则可能抑制经济增长、阻碍经济结构变迁，反而使得环境问题得不到解决；若环境治理强度过低，则导致资源过度开发、环境污染加剧。因此，最优的环境治理强度应该是边际收益与边际成本均衡的结果。且在不同的发展阶段，由于生产结构的环境特征不同，最优环境治理强度也需要动态调整。同时，不同的生产结构环境特征对应的最优环境治理结构也不同。例如，有些产业和技术适合命令控制型环境治理工具，有些产业和技术适合市场型环境治理工具，其中命令控制型和市场型环境治理工具又可以进一步细分为更加具体的环境治理政策。动态来看，不同的发展阶段有生产结构变迁，最优环境治理结构也会随之变迁。

从企业的角度来看，至少在短期内，政府实行的资源环境管制措施一般会增加企业的内部成本。企业必须有能力消化这样的成本，并且不使其竞争力受到难以承受的不利影响，才能生存下去。而企业以及相关产业是否有能力消化资源和环境成本的上升，既受资源环境管制成本上升所产生的压力的影响，又取决于企业竞争力的强弱。一般来说，当政府实施一项资源环境管制措施时，例如，提高环境保护标准或者增加资源和环境税，竞争力较强的企业不仅在短期内可以承受成本的提高，而且有能力尽快实现技术和管理调整，以适应高标准的管制要求。但竞争力较弱的企业就可能因难以承受成本提高的冲击而难以为继。所以，资源环境管制强度的提高，特别是环境保护标准的提高，对产业和企业群体会产生优胜劣汰的作用。具有自生能力的企业在面临环境约束时，尽管总成本上升，在短期可能会亏损，甚至部分企业会被淘汰，但长期来看，这些具有自生能力的企业有能力采用绿色环保的生产要素（例如调整能源消费结构）和节能减排技术，这有助于提升绿色技术创新能力和环境治理水平，从而降低环境污染排放水平，实现企业的环境自生能力，获得"绿色比较优势"。相反，如果实际生产结构偏离要素禀赋结构所决定的最优生产结构，使得其中的企业缺乏自生能力，而政府为了使这些缺乏自生能力的企业得到投资、继续经营而造成内生的系统性扭曲，不仅会阻碍发展，而且会使得环境结构更加扭曲。

2022年以来的俄乌战争导致欧洲严重的能源供应危机、能源价格飙升。为了保证所有公民和企业的能源基本需求，政府的作用就更为重要。欧洲一些国家针对发电企业征收"暴利税"，并返还给弱势群体，部分地把能源市场的竞争定价机制改为政府监管的定价机制，这是新形势下有为政府的一个最新案例。纯粹的市场机制不仅不能应对和解决危机，而且扩大了危机的负面影响，有为政府才是解决和应对气候和能源危机的第一责任者。

第三节 以新结构经济学指导应对经济发展与气候环境的双重挑战

一、能源贫困与气候正义

电力已成为人们现代生活的核心和不可或缺的因素，没有电就没有照明、电视、风扇，也没有冰箱、空调、互联网和手机。可以说，有电是脱离极端贫困的一个重要标志，让人人用上电是发展中国家最有效的脱贫途径之一。

自2010年以来，撒哈拉以南非洲地区、南亚、拉美和加勒比地区的电力可及性稳步提高。由表1.4可见，2020年撒哈拉以南非洲地区的用电人口比例为48.4%，而南亚为95.8%，拉美和加勒比海地区达到98.5%。但是，2020年新型冠状病毒大流行暂时逆转了这一趋势，2021年撒哈拉以南非洲地区无电人口数量比疫情前增加了约4%，无电人口达到近6亿人。同时，2022年年初以来俄乌战争导致的燃料和食品价格的上涨对发展中国家也造成了不同程度的伤害，越来越多的人丧失了可靠的和负担得起的能源供应。

表1.4　发展中国家的电力可及性*

地区	2000年	2010年	2020年
撒哈拉以南非洲地区	25.6%	33.3%	48.4%
南亚	56.2%	73.2%	95.8%
拉丁美洲和加勒比地区	91.7%	95.9%	98.5%

* 电力可及性指用电人口占总人口的比例。
资料来源：世界银行数据库。

联合国可持续发展目标（Sustainable Development Goals，缩写为SDG）[①]子目标7（SDG7）要求"人人获得负担得起的、可靠和可持续的现代能源"。然而，联合国的电力消费指标是每年人均至少50千瓦时，这个电量仅是居民日常生活的低水平需要，根本不足以支撑经济发展，也不能为人民创造就业。各国经济发展的历史证明，一个国家要摆脱贫穷、达到中高收入水平，就需要更高水平的电力消费。

国际智库"能源促进增长中心"（Energy For Growth Hub）定义了"最低现代能源需求"（Modern Energy Minimum，缩写为MEM）的概念，建议一个国家的MEM为平均每人每年1 000千瓦时的电量，其中包括300千瓦时的家庭用电量和700千瓦时的社会（工业、商业、农业）用电量。这个新指

---

① 详见本书第六章介绍。

标更符合发展中国家在就业、更高收入和经济增长方面的实际需要。①

"能源促进增长中心"提出的 MEM 是基于以下五个事实：

第一，全球没有一个高收入国家是低电耗的。高收入国家每年人均消费电量超过 3 000 千瓦时。

第二，从历史上看，所有国家人均国民收入的增长和人均用电量增长呈正相关的关系。1 000 千瓦时的年人均消费量，与人均收入状况相关，即人均每年约 2 500 美元或人均每天约 6.85 美元。

第三，联合国可持续发展目标要求的人均每年 50 千瓦时的目标仅够每天为几个灯泡供电几小时、给手机充电以及偶尔运行电风扇。这个标准其实是能源贫困线，对应每天 1.90 美元的收入水平。

第四，在全球范围内，平均 70% 的电力用于工业、商业、农业、交通或公共服务。

第五，充足的电力供应是经济活动的必要投入，缺电成为许多国家经济发展的瓶颈。

按照人均每年电力消耗 1 000 千瓦时的标准，到 2021 年全球仍有 81 个国家的 36 亿人没有达标。而这 36 亿人可分为三个类别：最贫困的群体有近 8 亿人，他们没有任何电力供应，其中约 6 亿人生活在撒哈拉以南非洲；还有 15 亿人用电不可靠（不可靠性定义为每月停电超过 12 小时）；而另外约 13 亿人虽然有可靠的电力供应，但他们的电力消耗水平仍然非常低。

气候变化已成为全球自然生态环境和社会经济发展的重大挑战。在应对气候变化的挑战时，必须确保"气候正义"，即要公平和公正地承担气候变化的影响和责任。从这个角度出发，可以根据气候变化的责任将世界各国分为三大类：

——低责任国家：主要是 81 个"能源低消费"的低收入的亚非拉发展中

---

① Energy for Growth Hub［EB/OL］.（2022 - 12 - 31）［2023 - 01 - 19］. https：//www.energyforgrowth.org/issue/metrics-goals/.

国家，每年人均电力消耗低于 1 000 千瓦时。

——中等责任国家：这是一个由大约 70 个国家组成的庞大而多样的群体，可以进一步细分为两类。第一类，经济发展水平显著，每年人均电力消耗超过 2 500 千瓦时，主要包括一些大型新兴经济体，如中国、巴西、阿根廷、俄罗斯和马来西亚等。第二类，其每年人均电力消费在 1 000 千瓦时至 2 500 千瓦时，这些国家已经摆脱能源贫困，但经济发展和生产性电力消费水平仍然不高，比如泰国、越南、埃及、阿尔及利亚、突尼斯、塞尔维亚、亚美尼亚、摩尔多瓦、哥伦比亚和墨西哥等。

——高责任国家：所有高收入国家。这些国家都是最早实现工业化的国家，每年人均用电水平较高，被视为发达经济体。

历史上大气中二氧化碳的累积排放导致全球变暖和当前的各种极端天气事件，亚非拉低责任国家仅占总排放量的 8%，整个非洲占不到 3%。相比之下，高责任国家排放占到大气二氧化碳总量的近 60%。[①]

"气候正义"还需要考虑各国对气候影响的抵御能力。气候变化对各国的影响差异很大，尽管低收入国家的温室气体排放量很小，但承受气温上升的不利后果首当其冲，因为它们往往位于地球上最热的地区，应对气候变化的准备程度较低，往往遭受气候变化的损失更大，这些国家属于"气候脆弱国家"。它们面临洪水、风暴、热浪、干旱、海平面上升的威胁，这些气候异常影响粮食、水、环境和生态系统以及基础设施，但是这些国家缺乏资金、经验和政府能力应对这些气候风险。

国际货币基金组织对过去 65 年内 180 个国家的研究[②]证实，在气候相对

---

① Mimi Alemayehou, et al. Reframing Climate Justice for Development [EB/OL]. (2021-10-01) [2023-01-19]. https://www.energyforgrowth.org/wp-content/uploads/2021/09/FINAL_Reframing-Climate-Justice-for-Development.pdf.

② Sebastian Acevedo. The Unequal Burden of Rising Temperatures: How Can Low-Income Countries Cope? [EB/OL]. (2017-09-27) [2023-01-19]. https://www.imf.org/en/Blogs/Articles/2017/09/27/the-unequal-burden-of-rising-temperatures-how-can-low-income-countries-cope.

炎热的国家，例如大多数低收入国家，气温升高会在长期中降低人均产出。一个年平均气温为25℃的国家，例如孟加拉国、海地、加蓬等国家，如果气温升高1℃，人均产出将下降1.5%，这种损失至少会持续7年。如果全球不努力遏制排放，与温度不变的情况相比，预计到21世纪末，气温升高将使中低收入国家的人均产出减少近十分之一。气候灾害造成的"损失和损害"包括受损的基础设施和财产，以及难以评估的自然生态系统或文化资产的破坏。2022年6月，"易受气候影响脆弱国家论坛"（参见专栏1-8）发表了一份报告，称过去20年中，相关国家与气候相关的损失总计约为5 250亿美元，约占其GDP总量的20%。到2030年，此类损失可能达到每年5 800亿美元。举一个新的例子，2022年夏天，巴基斯坦遭受了严重的洪灾，全国三分之一的地区被淹，导致1 500多人死亡，造成300亿美元的损失。

专栏1-8　易受气候影响脆弱国家论坛

易受气候影响脆弱国家论坛（Climate Vulnerable Forum，缩写为CVF）是一个由高度易受气候变化威胁的国家组成的国际伙伴关系，于2009年11月在马尔代夫首都马累成立。在论坛成立时发布的宣言指出，"气候变化将威胁到可持续发展，并最终威胁到所有国家和人民的生存。最脆弱者的命运将是世界的命运。我们宣布，作为极易受气候变化影响的低排放国家，我们决心通过行动和语言，在气候变化问题上展现道德领导力"。

CVF是一个南南合作平台，由来自非洲、亚洲、加勒比地区、拉丁美洲和太平洋地区的60名成员组成，代表着全世界约14亿人。截至2022年年底，CVF的成员国包括：

——非洲和中东地区27个国家：

布基纳法索、乍得、科摩罗、科特迪瓦、刚果民主共和国、埃塞俄比亚、冈比亚、加纳、肯尼亚、黎巴嫩、马达加斯加、马拉维、摩洛哥、尼日尔、巴勒斯坦、卢旺达、塞内加尔、南苏丹、苏丹、坦桑尼亚、突尼斯、也门、乌干达、利比里亚、几内亚、斯威士兰、贝宁。

——亚洲及太平洋地区22个国家：

阿富汗、孟加拉国、不丹、柬埔寨、斐济、基里巴斯、吉尔吉斯斯坦、马尔代夫、马绍尔群岛、蒙古国、尼泊尔、帕劳、巴基斯坦、汤加、巴布亚新几内亚、菲律宾、萨摩亚、斯里兰卡、东帝汶、图瓦卢、瓦努阿图、越南。

——拉丁美洲和加勒比地区11个国家：

巴巴多斯、哥斯达黎加、多米尼克、危地马拉、圭亚那、海地、洪都拉斯、格林纳达、尼加拉瓜、圣卢西亚、哥伦比亚。

这些国家目前遭受气候变化的威胁，如超级风暴、干旱等极端气候导致的粮食短缺、停电、山洪、泥石流、荒漠化、热浪、淡水资源减少等严重问题。CVF的成立是为了向工业化国家施压，要求它们对全球气候变化的后果负责。同时，参加CVF的各国政府也致力于低碳发展和自身的碳中和。

资料来源：易受气候影响脆弱国家论坛网站（https://thecvf.org/），访问日期2023年1月19日。

国际社会必须加大力度支持低收入国家应对气候变化的努力。发达经济体和新兴市场经济体对全球变暖影响最大，因此，帮助低收入国家应对气候变化既是一项道义责任，也是合理的全球经济政策，有助于将温室气体排放成本内部化。多年来，发展中国家一直在向发达国家提出诉求，要求它们为干旱、野火、洪水和其他不断升级的气候影响提供某种形式的补偿，因为这些气候影响主要源于发达国家的碳排放。2022年11月，在埃及沙姆沙伊赫举行的《联合国气候变化框架公约》第二十七次缔约方大会上达成了一项历史性协议，设立一个"损失和损害"基金，帮助贫穷、脆弱的国家应对因发达国家排放的污染而加剧的气候灾难。这一决定意味着发展中国家长达数十年的斗争取得了进展。

二、绿色发展已经成为各国共识

2015年《巴黎协定》通过以来，绿色发展成为各国共识。如表1.5所示，截至2022年12月，全球已经有78个国家明确制定了碳中和（13）、净零排放（53）或气候中性（12）目标①，其中欧洲27个、亚太地区25个、非洲10个、美洲16个。其中16个国家（主要是欧盟国家和加拿大）以法律形式确认了其目标，其他62个国家是以本国政府政策文件或政府承诺（如联合国大会发言）的形式确认的。实现目标的年份最早的是2030年（南苏丹、马尔代夫），最晚的是2070年（印度），其他国家的净零排放目标大部分设在2050—2060年。

表1.5 已经设立碳中和（净零排放、气候中性）气候目标的国家名单

	目标	目标年	承诺方式
欧洲			
奥地利	气候中性	2050	政策文件
比利时	碳中和	2050	政策文件
德国	气候中性	2045	法律
丹麦	净零排放	2050	法律
西班牙	气候中性	2050	法律
爱沙尼亚	气候中性	2050	政府承诺
芬兰	气候中性	2035	政策文件
法国	净零排放	2050	法律
英国	净零排放	2050	法律

---

① 碳中和（二氧化碳净零排放）指在尽最大可能采取减排措施后，对于少量难以避免的二氧化碳排放，通过二氧化碳吸收实现等量平衡；净零排放指一个组织一年内所有温室气体排放与人为吸收之间达到平衡；气候中性指人类活动对气候系统不造成净影响的一种状态。也就是说，碳中和仅考虑二氧化碳，净零排放涵盖所有温室气体，气候中性除了考虑温室气体净零排放，还考虑辐射效应等其他影响，三者有依次递进关系。

（续表）

	目标	目标年	承诺方式
希腊	气候中性	2050	政策文件
克罗地亚	净零排放	2050	政策文件
匈牙利	净零排放	2050	法律
爱尔兰	净零排放	2050	法律
冰岛	碳中和	2040	政策文件
意大利	气候中性	2050	政策文件
立陶宛	净零排放	2050	政策文件
卢森堡	净零排放	2050	法律
拉脱维亚	净零排放	2050	政策文件
摩纳哥	净零排放	2050	政策文件
马耳他	气候中性	2050	政策文件
葡萄牙	碳中和	2050	法律
斯洛文尼亚	气候中性	2050	政策文件
瑞典	净零排放	2045	法律
安道尔	碳中和	2050	政府承诺
罗马尼亚	气候中性	2050	政策文件
俄罗斯	碳中和	2060	法律
乌克兰	碳中和	2060	政策文件
欧盟	气候中性	2050	法律
亚洲、太平洋			
亚美尼亚	净零排放	2050	政策文件
不丹	碳中和	已经实现	政府宣布
中国	碳中和	2060	政策文件
斐济	净零排放	2050	政策文件
日本	净零排放	2050	法律
柬埔寨	净零排放	已经实现	政府宣布
韩国	净零排放	2050	法律
老挝	净零排放	2050	政策文件

（续表）

	目标	目标年	承诺方式
印度	净零排放	2070	政府承诺
马尔代夫	净零排放	2030	政策文件
马绍尔群岛	净零排放	2050	政策文件
尼泊尔	净零排放	2045	政策文件
新西兰	净零排放	2050	法律
澳大利亚	净零排放	2050	政策文件
以色列	净零排放	2050	政府承诺
阿联酋	净零排放	2050	政府承诺
巴林	净零排放	2060	政府承诺
哈萨克斯坦	净零排放	2060	政府承诺
斯里兰卡	碳中和	2060	政策文件
马来西亚	碳中和	2050	政府承诺
沙特阿拉伯	净零排放	2060	政策文件
泰国	净零排放	2050	政府承诺
土耳其	净零排放	2053	政策文件
越南	净零排放	2050	政府承诺
新加坡	净零排放	2050	政策文件
非洲			
贝宁	净零排放	已经实现	政府宣布
科摩罗	净零排放	已经实现	政府宣布
佛得角	净零排放	2050	政策文件
利比里亚	净零排放	2050	政策文件
马达加斯加	净零排放	已经实现	政府宣布
马拉维	净零排放	2050	政策文件
塞舌尔	净零排放	2050	政策文件
南苏丹	净零排放	2030	政策文件
南非	净零排放	2050	政府承诺
尼日利亚	净零排放	2060	政府承诺

(续表)

	目标	目标年	承诺方式
美洲			
阿根廷	净零排放	2050	政府承诺
安提瓜和百慕大	净零排放	2040	政策文件
伯利兹	净零排放	2050	政策文件
加拿大	净零排放	2050	法律
智利	碳中和	2050	政策文件
哥伦比亚	碳中和	2050	政府承诺
哥斯达黎加	净零排放	2050	政策文件
厄瓜多尔	碳中和	2050	政策文件
圭亚那	净零排放	已经实现	政府宣布
圣基茨和尼维斯	气候中性	2050	政策文件
秘鲁	净零排放	2050	政策文件
苏里南	净零排放	已经实现	政府宣布
乌拉圭	净零排放	2050	政策文件
美国	净零排放	2050	政策文件
巴西	碳中和	2050	政府承诺
巴拿马	净零排放	2050	政策文件

资料来源：https://zerotracker.net/，访问日期：2023年8月10日。

特别值得注意的是，在这78个国家中，已经有7个发展中国家宣布实现净零排放（当然这些国家也承诺在2050年依然保持碳中和），其中包括亚洲的不丹、柬埔寨和非洲的贝宁、科摩罗、马达加斯加。表1.6显示了这些已经实现净零排放的亚洲和非洲国家、中国、印度、经济合作与发展组织国家[①]以及全

---

① 经济合作与发展组织（Organization for Economic Co-operation and Development，OECD），简称经合组织，是由38个经济发达国家组成的政府间国际经济组织。其中包括1961年的20个创始成员国，它们是：美国、英国、法国、德国、意大利、加拿大、爱尔兰、荷兰、比利时、卢森堡、奥地利、瑞士、挪威、冰岛、丹麦、瑞典、西班牙、葡萄牙、希腊、土耳其；18个后来加入的成员，它们是：日本（1964）、芬兰（1969）、澳大利亚（1971）、新西兰（1973）、墨西哥（1994）、捷克（1995）、匈牙利（1996）、波兰（1996）、韩国（1996）、斯洛伐克（2000）、智利（2010）、斯洛文尼亚（2010）、爱沙尼亚（2010）、以色列（2010）、拉脱维亚（2016）、立陶宛（2018）、哥伦比亚（2020）、哥斯达黎加（2021）。

球社会经济发展数据的比较。从表 1.6 中可见,已实现目标的这 2 个亚洲国家、3 个非洲国家的净零排放实际上是建立在极低的社会经济发展水平之上,其 2021 年人类发展指数①在全球 191 个国家和地区中落后,不丹排在 127 位、柬埔寨 146 位、科摩罗 156 位、贝宁 166 位、马达加斯加 173 位。以马达加斯加为例,2020 年使用清洁能源做饭的比例仅为 1%,居民仍使用传统的木材等生物质能源做饭;2019 年人均碳排放仅为 0.2 吨/年。在撒哈拉以南非洲国家,2019 年人均碳排放仅为 0.7 吨,不仅大大低于经合组织国家(人均碳排放达到 8.5 吨),也低于全球平均水平(4.5 吨)。

表 1.6 部分国家经济社会发展数据的比较

	人类发展指数排序(2021)	人均国民收入(2021)(美元)	人均碳排放(2019)(吨)	居民通电率(2020)	清洁能源炊事比例(2020)
不丹	127	2 840	1.4	100%	80%
柬埔寨	146	1 550	1.0	86.4%	37%
贝宁	166	1 370	0.6	41.4%	4%
科摩罗	156	1 460	0.4	86.7%	8%
马达加斯加	173	500	0.2	33.7%	1%
撒哈拉以南国家	—	1 578	0.7	48.4%	18%
印度	132	2 170	1.8	99%	68%
中国	79	11 890	7.6	100%	79%
经合组织国家	—	41 095	8.5	100%	98%
全球平均	—	12 070	4.5	90.5%	70%

数据来源:世界银行数据库。

---

① 人类发展指数(Human Development Index,简称 HDI)是由联合国开发计划署(UNDP)提出,以"预期寿命、教育水平和生活质量"三个变量为基础,按照一定的权重计算得出的综合指标,用以衡量联合国各成员国经济社会发展水平,是对传统 GDP 指标的充实与丰富。

三、应对全球气候变化，中国要勇于承担更多国际责任

气候变暖和环境污染的主要原因是二氧化碳等温室气体的排放。解决全球气候变暖的途径关键在于能源转型，从高排放的化石能源转向零排放的可再生能源以及核能。因此，在能源供给侧，应该转变现有的以煤炭、石油为主的高排放能源结构，在推进相对低碳的天然气①的同时，加速发展各类可再生能源，包括水电、太阳能、风能、生物质、地热、海洋能，同时继续推动核能发展。在能源需求侧，应该在工业、农业、交通、建筑等领域大力推广节能技术。在这个过程中，在供给侧可以通过税收、产业发展基金等手段来促进能源革命、技术革命，支持新能源技术或加大新节能减排技术的创新研究。在需求侧可以用税收或者碳交易等手段让排放污染方付出代价，让节能减排更有收益，以鼓励企业与家庭更多地使用清洁能源，更积极主动地参与节能减排。

经济发展本身就是解决气候环境挑战的基础，因此，我们不能把经济发展与应对气候变化对立起来。无论是提高人民生活水平，还是应对全球气候变化的挑战，各国都需要在供给侧发挥有为政府的作用，以政策引导新能源革命和新技术革命，同时也需要在需求侧更主动、更大力度地推动节能减排，而不是全部依赖于市场自发的力量。

中国是发展中国家，但在应对全球气候变暖问题上可以成为一个全球引领者。第一，我国每年的碳排放总量已经是全球第一，历史累计排放全球第二，人均碳排放（2019年为7.5吨）也已经超过全球平均水平（人均4.5吨）。②因此，相比于国际社会对其他发展中国家的要求，我国应承担更多的责任。

---

① 虽然天然气也是化石能源，但使用天然气比使用石油减少排放约34%，比使用煤炭减排约54%。
② 世界银行数据库[DB/OL].[2023-01-19]. https://data.worldbank.org.

第二,化解全球气候变暖的关键不在于放缓经济发展,而在于清洁能源、节能减排的技术突破,应使其成为我国经济的新增长点,甚至成为能够出口的竞争优势。如果中国能走出一条以新技术推动经济发展与环境和谐的新道路,作为一个大国,就可以站在全球社会经济发展的前沿,为其他发展中国家实现发展和应对气候变化提供新经验、新技术,帮助他们在发展的过程中不重复发达国家的老路。中国积极开展应对气候变化的南南合作,2016年起在发展中国家启动10个低碳示范区、100个减缓和适应气候变化项目、1 000个应对气候变化培训名额的合作项目,实施了200多个应对气候变化的援外项目。①

2021年9月21日,国家主席习近平在第七十六届联合国大会一般性辩论发言时表示,中国将大力支持发展中国家能源绿色低碳发展,不再新建境外煤电项目。2022年3月,国家发展和改革委员会等四部委联合发布《国家发展改革委等部门关于推进共建"一带一路"绿色发展的意见》落实习近平主席的指示,要求有关的部门和企业"全面停止新建境外煤电项目,稳慎推进在建境外煤电项目",推动绿色低碳发展。中国的决定再次展现了中国在应对气候变化方面负责任的态度。作为传统的煤电建设大国和主要的资金及技术提供方,中国的决定对其自身和广大发展中国家的低碳发展和能源转型路径有着极其深远的影响。

参考文献

林毅夫,蔡昉,李周. 中国的奇迹:发展战略与经济改革(增订版)[M]. 上海:格致出版社,2014.

林毅夫. 发展与转型:思潮、战略和自生能力[M]. 北京:北京大学出

---

① 国务院新闻办公室. 新时代的中国绿色发展白皮书[R/OL]. (2023-01-19)[2023-01-19]. http://www.news.cn/politics/2023-01/19/c_1129299266.htm.

版社，2010.

林毅夫. 华盛顿共识的重新审视——新结构经济学视角［J］. 经济政策改革杂志，2014，18（2）：96-113.

林毅夫，付才辉，郑洁. 新结构环境经济学：一个理论框架初探［J］. 南昌大学学报（人文社会科学版），2021，52（05）：25-43.

林毅夫，付才辉，郑洁. 新结构环境经济学初探：理论、实证与政策［M］. 北京：北京大学出版社，2022.

林毅夫，付才辉. 新结构经济学导论［M］. 北京：高等教育出版社，2019.

林毅夫：从"资源诅咒"到"资源祝福"：新结构经济学的视角［EB/OL］. (2017-03-01)［2022-12-30］. https：//www.nse.pku.edu.cn/sylm/xwsd/244870.htm.

王勇，华秀萍. 详论新结构经济学中"有为政府"的内涵［J］. 经济评论，2017（03）：17-30.

信佳. 基于"公地悲剧"和"反公地悲剧"解析气候变暖和低碳技术壁垒［J］. 北方环境，2011，23（03）：47-49.

袁巍，王冬. 国际碳排放贸易的经济学解释［J］. 经济研究导刊，2011（01）：182-183+207.

郑闻天，申晓若. 非洲经济发展中的"资源诅咒论"及启示［J］. 北华大学学报（社会科学版），2019，20（02）：135-140.

翟永平，王文. 迈向绿色发展之路［M］. 北京：人民出版社，2021.

Aciek A G C. 自然资源诅咒与否：对撒哈拉以南非洲国家的调查［D］. 南昌：江西财经大学，2019.

Auty R M. Sustaining Development in Mineral Economies：The Resource Curse Thesis［M］. London：Routledge，1993.

第二章 "一带一路"基础设施建设的进展与挑战

习近平主席在2013年提出建设"丝绸之路经济带"和"21世纪海上丝绸之路"("一带一路")的合作倡议,借用古代丝绸之路的历史符号,积极发展与共建国家的经济合作伙伴关系,共同打造政治互信、经济融合、文化包容的利益共同体、命运共同体和责任共同体。正如2017年5月习近平主席在首届"一带一路"国际合作高峰论坛致辞时所说,"在各国彼此依存、全球性挑战此起彼伏的今天,仅凭单个国家的力量难以独善其身,也无法解决世界面临的问题。""我们完全可以从古丝绸之路中汲取智慧和力量,本着和平合作、开放包容、互学互鉴、互利共赢的丝路精神推进合作,共同开辟更加光明的前景。"本章着重介绍"一带一路"倡议的基本思路,通过传播中国的理念和经验,推动基础设施的互联互通,助力更多国家走上可持续发展道路,并梳理"一带一路"基础设施建设的进展和建设过程中面临的主要问题。

第一节　"一带一路"倡议的基本思路

与传统意义上的国际组织或倡议不同，"一带一路"倡议本质上是一种新型的国际合作机制和平台，旨在增进各国人民彼此的合作和了解，汇集彼此的资金、资源、智慧和能力，促进共同发展、共同繁荣，因而具有国际公共品的性质。

一、"一带一路"倡议为解决世界发展难题贡献中国智慧

从新结构经济学理论角度来看，发展中国家的比较优势普遍集中于充足的劳动力和较为低廉的生产要素，"雁行理论"（参见专栏2-1）中第三梯队的后发工业国家利用第二梯队的产业转移，可以有效地将潜在比较优势转变为竞争优势，通过产业园区集中有限资源满足产业的落地需求，迅速产生"滚雪球"效应，逐步形成集群优势。

专栏 2-1　"雁行理论"

"雁行理论"于 1935 年由日本学者赤松要（Kaname Akamatsu）首次提出。发展中国家在工业化进程中，由于比较优势和成本结构的变化，首先是出口初级产品和进口工业制品；随着本国工业的发展，产生进口替代效应，工业制品的进口逐步减少；此后随着本国工业制品的比较优势增大，转向出口工业制品。将上述变化过程展示在坐标图上，从出口初级产品和进口工业制品、进口替代，到本国工业制品的大量出口，其变化走向宛如列队飞行的鸿雁，故取名"雁行理论"。

发展经济学学者研究第二次世界大战后东亚经济体的经济及产业结构变迁，

> 认为东亚经济体是"雁行理论"的经济发展形态：以日本为雁头，其次为"亚洲四小龙"（包含韩国、中国台湾地区、中国香港地区、新加坡），其后是中国内地与东盟各国（包含印度尼西亚、马来西亚、菲律宾、泰国等）。二战后，日本率先承接了从美国和德国转移的劳动密集型制造业，为日本创造了大量就业机会的同时，积累了资本，日本的中产阶级迅速发展起来。进入20世纪60年代，由于日本国内劳动力生产成本的提高，劳动密集型制造业的竞争力逐步转弱。接着相关产业逐步转移至"亚洲四小龙"，与此同时，日本产业结构升级到另一个新的层次。同样地，当"亚洲四小龙"在相关产业发展成熟后，它们又转移到具备劳动密集型生产优势的经济体发展。"亚洲四小龙"的产业结构也得到相应升级，呈现出有先后次序的发展。

自二战结束以来，国际上已经发生过三波比较清晰的产业转移。第一波是20世纪50—60年代，美国的钢铁、纺织等传统产业向日本、德国转移，推动日本和德国经济开始起飞。第二波是20世纪70—80年代，德国和日本的低端制造业向其他国家和地区特别是亚洲发展中国家和地区转移，亚洲涌现出"四小龙"。第三波是20世纪90年代以来，美国、欧洲、日本等发达国家的低端产业向中国内地以及东南亚国家和地区转移。中国成功利用了全球化带来的历史发展机遇，在全球化过程中抓住了发达经济体劳动成本上涨、产业结构调整的窗口机遇期，通过发展经济特区和工业园区，以点带面，大力发展劳动密集型加工业，并不断推动产业升级，实现了从一个贫穷落后的农业经济体向现代化制造业强国的飞跃，发展成为世界的工厂、最大的出口国。

冷战结束以来，经济全球化迅猛发展，极大促进了商品和资本流动、科技和文明进步，产业链、价值链、供应链①不断延伸和拓展，带动了生产要素

---

① 产业链是指从原材料一直到终端产品制造的各生产部门的完整链条，可向上游延伸到基础产业环节和技术研发环节，向下游拓展到市场营销环节。供应链是从单个企业出发，涉及的是企业产品的上下游关系。而价值链是指企业在一个特定产业内的各种活动的组合，反映企业各项活动本身的经济收益。

全球流动,助力各国各地区经济发展。全球化推动了国际贸易的迅速发展,为各国经济发挥比较优势提供了发展空间。随着中国经济的快速发展和占世界经济比重的不断提升,中国要对世界承担的责任也越来越大。对于有相似命运的发展中国家,中国理应有新时代的大国担当。

今天随着国内工资水平的不断上升,劳动密集型加工业逐渐失去比较优势,需要转移到工资水平较低的国家。"一带一路"沿线大多数国家的人均GDP水平不及中国的一半,可以承接部分中国劳动密集型产业的转移。通过"一带一路"的基础设施建设,帮助这些国家承接劳动密集型产业,能够为发展中国家创造就业、增加出口。二战后的经验表明,只要抓住劳动密集型产业国际转移的窗口机遇期,就能取得二十年以上的快速发展,摆脱贫困,进入中等收入甚至是高收入国家的行列。反过来,二战后取得快速发展的发展中国家也为发达国家带来了不断扩大的市场。20世纪60年代,日本的劳动密集型产业向海外转移时,其制造业雇用人数的总体规模是970万人。20世纪80年代,"亚洲四小龙"的劳动密集型加工产业向外转移时,韩国整个制造业雇用人数的规模是230万人,中国台湾地区是150万人,中国香港地区不到100万人,新加坡是50万人。按照第三次工业普查数据,中国内地制造业雇用人数则高达1.25亿人,其中劳动密集型产业就达8500万人,有些经济学家认为,这能够有充足的机会让"一带一路"沿线的所有发展中国家同时实现工业化和现代化。[①] 同时,中国有强大的基础设施建设实力。中国在基础设施建设所需的钢铁、水泥等材料上的产能超过世界的一半;中国拥有技术雄厚的基础设施建设施工队伍和大型基础设施的建设经验,可以在"一带一路"共建国家高质量地建设能源、交通、通信等各类基础设施。

自2008年国际金融危机爆发以来,部分西方国家保护主义抬头,无视世界贸易组织规则,挑起贸易摩擦,世界经济进入中低速增长轨道,国际贸易

---

① 林毅夫.中国"一带一路"倡议对世界的影响[J].探索与争鸣,2018(01):30-33+141.

和投资增长乏力，国际金融和大宗商品市场频繁动荡。还有些国家和利益群体把收入分配不均、贫富分化加剧的问题错误地归咎于全球化，世界上出现了一股"逆全球化"的潮流。2020年以来由于新冠疫情反复延宕，加上2022年俄乌战争爆发，世界经济脆弱性更加突出，粮食和能源等多重危机叠加，人类发展面临重大挑战。

面对更加复杂严峻的外部环境，中国始终保持战略定力，加快推进改革开放，通过持续推进"一带一路"建设，助力世界的可持续协调发展。"一带一路"倡议是以中国经济实力和发展成功经验为基础的全球化方案，不是地缘战略工具，支持各国根据本国国情制定和实施政策，为共建国家经济繁荣、地区互联互通注入活力，受到全世界越来越多国家的认可和参与。

更重要的是，中国通过自身改革开放和经济建设形成了成熟的发展理念，可以为其他发展中国家提供参考和借鉴。目前的主流发展经济学理论一般都来自发达国家的经验，通常以发达国家为参照系，照搬发达国家的做法。由于未考虑发展中国家的自身条件，如发展阶段、自然资源、劳动力、资金条件等，实际的效果往往比较差，甚至适得其反。林毅夫教授倡导的新结构经济学就是在反思结构主义和新自由主义的弊端，总结中国及其他发展中国家经济发展转型成败经验的基础上，提出的新一波发展经济学理论。从新结构经济学的视角看，中国道路成功的秘诀在于有效市场和有为政府的有机统一。

因此，中国提出"一带一路"倡议以共商、共建、共享为原则，顺应并助推经济全球化、世界多极化、文化多样化与各国互联互通、包容互鉴、互利共赢的时代潮流，为解决世界发展难题贡献中国智慧、中国方案，成为维护和推进全球化的正能量，彰显中国的大国担当，是打造人类命运共同体的创举。"一带一路"倡议提出以来至2022年年底，中国已经同150个国家和32个国际组织签署200余份共建"一带一路"合作文件，建立了90多个双边合作机制。① 中国"一带一路"倡导的合作理念和主张写入了联合国、二十国集团、亚太经济合作组织、上海合作组织等重要国际机制的成果文件。

二、"一带一路"基础设施建设是破除发展瓶颈的必由之路

"一带一路"倡议内涵丰富、外延宽广,但其核心内容可以归结为互联互通,具体说就是五通,即"政策沟通、设施联通、贸易畅通、资金融通、民心相通"。其中基础设施的建设和通达是各国经济社会活动正常有序进行的必要条件。只有公路、铁路、航空和航海线路、输电线路、油气管道、信息通信网络等沟通渠道的联通,各类生产要素(原材料、劳动力、信息、技术等)和商品货物才能实现顺畅流动、优化配置,并创造新的更大价值。在很多情况下,生产要素的流动速度也影响价值的创造速度。考虑到基础设施的战略性和先导性作用,往往还应该坚持"适度超前"的建设原则,"要想富,先修路;要快富,修高速"是中国人民对改革开放实践的朴素总结。我国经济社会的快速发展过程也是我国基础设施不断完善的历程。据交通运输部的数据,截至2021年年底,我国公路总里程达到528万公里,建成高速公路11.7万公里,普通国道通车里程25.77万公里,农村公路总里程达到446.6万公里,路网规模居世界前列,高速公路里程位列全球第一。我国的高铁运营里程从2012年的9 356公里增长到2021年年底的超4万公里,同样位居世界第一。我国机场总数目前达到250个,全国机场的总设计容量超14亿人次。② 规模庞大的交通运输网极大地便利了人流、物流和资金的流动,既带来了经济增长的动能,又释放了经济社会发展的潜能,中国发展成为世界上以购买力平价③

---

① 国家发展和改革委:高质量共建"一带一路"取得新进展[EB/OL].(2023-01-18)[2023-01-19]. https://www.yidaiyilu.gov.cn/xwzx/bwdt/302972.htm.
② 世界第一,3.79万公里高铁里程五年倍增[EB/OL].(2021-01-24)[2023-01-19]. http://www.gov.cn/xinwen/2021-01/24/content_5582203.htm.
③ 购买力平价(Purchasing Power Parity,简称为PPP),是根据各国不同的价格水平计算出来的货币之间的等值系数,目的是对各国的GDP进行合理比较。

计算排名第一、以名义GDP①计算排名第二的经济体。

在全球范围内，我们看到许多国家和地区长期发展动力不足，经济社会发展在低水平徘徊，其重要原因之一就是基础设施存在短板，这成为阻碍其更好参与全球贸易、更深融入全球产业链的瓶颈。以非洲为例，薄弱的基础设施是阻碍非洲贸易特别是非洲大陆内部贸易的非常重要的因素。非洲拥有广袤的土地，其面积相当于中国、印度、美国和欧洲大部分地区面积之和，铁路网长度却不及法国和德国两国之和。除了缺乏可靠的现代交通基础设施，非洲国家贸易商和物流企业之间的信息不畅导致无法优化资源配置，凸显了数字基础设施的匮乏。据《经济学人》杂志报道②，在一些非洲国家，货车司机无法确定回程会不会空载，因此会双倍收费，或者有时会等待数周时间直到有足够的货物运单支付回程费用才会启程，超载又会对卡车和公路造成损坏，进一步妨碍物流的畅通。举例来说，一个集装箱从中国运到莫桑比克贝拉港的费用为2 000美元，但抵达非洲大陆后到马拉维的500公里的内陆运输成本竟高达5 000美元，可见改善交通运输基础设施对于非洲的迫切性。非洲现有的物流成本导致商品在市场上销售价格增加了75%，基础设施的落后和物流成本的高企导致非洲广大人民无法充分享受自由贸易和全球化带来的裨益。

世界银行研究报告③显示，"一带一路"倡议的交通基础设施项目如得以实施，走廊沿线经济体的平均运输时间将缩短3.2%，单个经济走廊沿线的运输时间平均缩短8.5%，最高可缩短12%。运输时间的减少带来的是贸易成本的降低。走廊沿线经济体之间的贸易成本可降低3.5%，与世界其他地区的

---

① 名义GDP是一个国家用生产物品和劳务的当年价格计算的全部最终产品的市场价值。
② Why It Costs So Much to Move Goods around Africa [J/OL]. The Economist，2022-03-26 [2023-01-19]. https://www.economist.com/middle-east-and-africa/2022/03/26/why-it-costs-so-much-to-move-goods-around-africa.
③ 世界银行. 一带一路经济学：交通走廊的机遇与风险 [R/OL]. (2021-10-15) [2023-01-23]. https://documents1.worldbank.org/curated/fr/448361569922674511/pdf/Main-Report.pdf.

贸易成本平均降低2.8%，中国—中亚—西亚经济走廊沿线的贸易成本甚至可以降低10%。同时，"一带一路"国家改善的基础设施网络对非洲国家在运输时间和贸易成本方面也会带来溢出效应，使世界所有国家间的运输时间平均缩短2.5%，贸易成本降低2.2%。由此可见，通过"一带一路"倡议，助力各类基础设施的建设和完善，打造畅通的物流和信息网络，是发展中国家破除发展瓶颈的有效途径。

"一带一路"框架下的基础设施建设首先是通过公路、铁路、港口、机场等对经济社会发展具有基础性作用的设施的"硬联通"来畅通商流、物流、人流、信息流、资金流，实现生产要素在更大范围、更宽领域、更高层次上的有序流动、优化配置和高效利用，构建规模更大的区域和全球市场，在全球范围内优化产业链和价值链的布局。其本质是要素结构的一个优化过程，对发展中地区克服阻碍其要素禀赋得到充分发挥的制约因素有着特殊的意义。推进"一带一路"建设，陆上依托国际大通道，以沿线中心城市为支撑，共同打造国际经济合作走廊；海上以重点港口为节点，共同建设通畅、安全、高效的运输大通道。为此，我国提出"六廊六路多国多港"的建设框架思路。"六廊六路多国多港"是共建"一带一路"的主体框架。其中，"六廊"是指新亚欧大陆桥、中蒙俄、中国—中亚—西亚、中国—中南半岛、中巴和孟中印缅等六大国际经济合作走廊。"六路"是指铁路、公路、航运、航空、管道和空间综合信息网络。"多国"是指一批先期合作国家。"多港"是指若干保障海上运输大通道安全畅通的合作港口。

基础设施投资必然会带来巨额的资金投入，在项目的设计、建设和运营过程中又会带动上下游从水泥、钢铁等材料到信号设备、成套装备等产业的发展，创造大量工作岗位，改善收入水平，从生产端和消费端共同创造需求，对经济的拉动效应十分明显。每一个大型的"一带一路"项目都给当地创造了成千上万个工作机会，对员工个人及其家庭意义重大，也为项目所在国培育了相关领域的技术人才，引入了先进的管理经验。此外，改善的基础设施还可以帮助发展中国家更好地将本国的原材料和工业制成品运输到国外，赚取国家发展急需的外汇。从出口这一维度看，基础设施建设也能对项目所在国的经济发展起到积极作用。

其次，基础设施建设又不仅仅局限于物质资源的"硬联通"。优质高效的跨国跨境互联互通对于标准、规则、法律法规、多边协调机制等"软件"提出了更高要求。"硬联通"需要"软联通"，"软联通"助力"硬联通"，两者是相辅相成、协同推进的关系。在非洲，许多国家之间的过境点没有一站式窗口，导致卡车司机需要在移民、海关、汽车税和新冠病毒检测等窗口分别排队，增加了时间成本，甚至出现即便提前已经提交清关文件但因司机排队时排在未递交文件的人的后面而需要额外支付免于排队的费用的情况，进一步增加了跨境运输的成本。由此可见，优良的软性制度环境对于硬件基础设施充分发挥效能也具有关键作用。"一带一路"基础设施建设的目的就是希望通过软硬基础设施的完善和协同来实现全球范围内资源要素的有效整合和配置，将长期处在全球化边缘的发展中国家和地区纳入全球产业链，发挥自身比较优势，为"一带一路"共建国家提供新的发展机遇，为当地人民带来更多切实的益处。

新冠疫情给人类带来苦难和伤痛的同时，也使人们意识到公共卫生领域更紧密的国际合作势在必行。新的形势给"一带一路"建设提出了新的要求，"健康一带一路"呼之欲出。"一带一路"基础设施建设也不仅仅局限于传统的铁路、公路、能源项目，在未来会有更多的"数字一带一路"项目通过改善项目所在国的信息通信基础设施，以跨境光缆保证稳定高速通畅的信息网络，为远程医疗提供技术保障；会有更多的类似中非友好医院、非洲疾控中心总部的医疗建筑拔地而起，守护当地人民的生命健康。新冠疫情冲击下，我国在统筹疫情防控和经济发展方面取得的成绩获得国际社会公认，与31个合作伙伴共同发起"一带一路"疫苗合作伙伴关系倡议，积极开展抗疫援助，引领抗疫国际合作。2020年，我国向150个国家和13个国际组织提供防护服、口罩、呼吸机等大批防疫物资，向34个国家派遣37个医疗专家组。截至2021年年末，我国已累计向120多个国家和国际组织提供超过20亿剂新冠疫苗，其中很大一部分面向"一带一路"共建国家。①

三、"一带一路"建设践行绿色发展理念

"一带一路"不仅是各国经济繁荣之路，也是绿色发展之路。2016年6月，习近平主席访问乌兹别克斯坦期间在最高会议立法院的演讲中提出，"要着力深化环保合作，践行绿色发展理念，加大生态环境保护力度，携手打造'绿色丝绸之路'"。2017年5月，习近平主席在首届"一带一路"国际合作高峰论坛上强调，"要践行绿色发展的新理念，倡导绿色、低碳、循环、可持续的生产生活方式，加强生态环保合作，建设生态文明，共同实现2030年可持续发展目标"。

2019年4月，习近平主席在第二届"一带一路"国际合作高峰论坛上再次强调，"要坚持开放、绿色、廉洁理念，不搞封闭排他的小圈子，把绿色作为底色，推动绿色基础设施建设、绿色投资、绿色金融，保护好我们赖以生存的共同家园"。在第二届"一带一路"国际合作高峰论坛成功举行后，生态环境部指导成立"一带一路"绿色发展国际联盟。"一带一路"绿色发展国际联盟的主要目标是：促进国际社会为实现"一带一路"绿色发展达成共识、增进理解、开展合作、共同行动，共同努力将可持续理念融入"一带一路"发展，促进"一带一路"共建国实现与环境和发展相关的可持续发展目标。联盟向政府部门、地方和国际组织、智库、私营部门利益相关者、民间社会组织开放，截至2023年6月，联盟约有国内外近200家正式成员和伙伴机构。②

---

① 我国已向120多个国家和国际组织提供超20亿剂新冠疫苗［EB/OL］. (2022-01-17) ［2023-01-21］. https://world.gmw.cn/2022-01/17/content_35453556.htm.
② "一带一路"绿色发展国际联盟官网［EB/OL］. ［2023-01-23］. http://www.brigc.net/.

应该看到,"一带一路"基础设施建设的潜在环境影响中积极方面和消极方面并存。积极影响包括电气化铁路等大容量公共交通工具的使用可以减少卡车方式的货物运输和个人的燃油车出行,减少空气污染物和温室气体排放。消极的影响包括在工程建设过程中可能带来的毁林、动植物栖息地改变以至破坏生物多样性等,以及生产、建设过程中的碳排放。针对这样的问题,2022年3月,生态环境部、外交部、国家发展和改革委员会、商务部四部委联合印发《国家发展改革委等部门关于推进共建"一带一路"绿色发展的意见》(以下简称《意见》)。作为绿色丝绸之路建设的顶层设计,《意见》对于践行绿色发展理念、推进生态文明建设、积极应对气候变化具有重要意义。为让绿色切实成为共建"一带一路"的底色,《意见》围绕推进绿色发展重点领域合作、推进境外项目绿色发展、完善绿色发展支撑保障体系三个板块,具体覆盖绿色基础设施互联互通、绿色能源、绿色交通、绿色产业、绿色贸易、绿色金融、绿色科技、绿色标准、应对气候变化等重点领域。《意见》再次明确我国全面停止新建境外煤电项目,稳慎推进在建境外煤电项目。推动建成境外煤电项目绿色低碳发展,鼓励相关企业加强煤炭清洁高效利用,采用高效脱硫、脱硝、除尘以及二氧化碳捕集利用与封存等先进技术,升级节能环保设施。《意见》提出要压实企业境外环境行为主体责任,指导企业严格遵守东道国生态环保相关法律法规和标准规范,高度重视当地民众绿色发展和生态环保诉求。指导企业提高环境风险意识,加强境外项目环境管理,做好境外项目投资建设前的环境影响评价,及时识别和防范环境风险,采取有效的生态环保措施。

建设绿色"一带一路"重在落实。近年来,我国很多企业在建设"一带一路"项目的过程中积极采取多种方式保护生态环境,落实当地环保要求,促进低碳转型。以蒙内铁路为例,该铁路线穿越内罗毕国家公园、察沃国家公园等野生动物保护区。为最小化对生态环境和野生动物的影响,中国路桥公司在充分调研野生动物生活习性和迁徙路径的基础上,在铁路全线设置了

79 座桥梁和 14 个大型野生动物通道。为方便大象和长颈鹿等大型动物通行，所有桥梁的动物通道净高都在 6.5 米以上。线路两侧还设置了隔离栅栏以减少动物与列车相撞的几率。尽管不少企业对环境、社会和健康领域的意识逐渐提高，或为了满足当地环保法规的要求，积极采取建设生态廊道等多种方式保护当地生态环境，避免对原有生态系统造成冲击，但是目前还欠缺成体系的可操作性强的应对基础设施项目建设全过程可能导致的环境、社会和健康风险的工具。多边金融机构如世界银行和亚洲开发银行已经具有成熟的相关机制和工具，但在中国政策性银行进行融资的项目中还欠缺对此类工具的落地执行，绿色"一带一路"建设需要进一步系统化、机制化，形成可操作的标准和工具。2022 年 1 月生态环境部联合商务部印发了《对外投资合作建设项目生态环境保护指南》（见专栏 2-2）。

专栏 2-2　《对外投资合作建设项目生态环境保护指南》

2022 年 1 月生态环境部联合商务部印发《对外投资合作建设项目生态环境保护指南》（以下简称《指南》），这是中国企业在境外开展投资建设的新建（含改建、扩建）类项目、收购并购类项目以及承包工程项目涉及生态环境管理工作时具有可操作性的生态环境管理指引。生态环境管理包括污染防治、应对气候变化、生态系统和生物多样性保护等方面。

《指南》对项目开展全生命周期生态环境管理做出规定，在项目建设运行的主要环节规定了生态环境管理的相关要求：

（1）在项目建设或收购并购前，企业应开展环境尽职调查、本底监测和环境影响评价等工作。

（2）在施工期，企业应加强施工期生态环境保护工作。

（3）在运营期，企业应保证污染防治设施正常运行，做好生态环境监测与调查、固废管理、环境风险防控等工作。

（4）在项目关闭、退出时，企业应做好退役、拆除、关闭期的生态环境保护工作。

《指南》对开展境外能源、石油化工、矿山开采、交通基础设施等项目提出了具体的规定：

（1）针对能源项目，优先考虑可再生能源项目，在实施水利水电项目时避免占用自然保护区和重要生物栖息地，合理采取水生生物和野生动植物保护措施，开展生态流量泄放等。

（2）针对石油化工项目，加强污染治理设施建设和运维，控制污染物和温室气体排放，加强环境风险防控等措施。

（3）针对矿山开采项目，控制重金属等污染物排放，加强固体废物综合利用，做好固体废物贮存场所的加固和防渗，减少生态破坏和土地占用，开展生态修复和生物多样性保护等要求。

（4）针对交通基础设施项目，合理选线选址，采取无害化穿越、建设野生生物通道等减缓或补偿措施，加强施工期环境管理，及时开展生态环境恢复等措施。

为进一步提高境外项目环境管理水平，《指南》鼓励项目采用国际通行标准或中国的更严标准开展生态环境保护相关工作，主要体现在以下几个方面：

（1）在实施对外投资合作建设项目时，如果东道国（地区）没有相关标准或标准要求偏低的，在生态环境保护许可的基础上，鼓励采用国际通行规则标准或中国的更严格标准。

（2）在企业制定生态环境保护战略时，建议参照国际通行做法。

（3）在对区域开展生态环境调查时，建议将本地值与当地标准以及国际通行标准或国内质量标准进行对比，并将对比结论纳入选址的考量中。

（4）在开展环境影响评价工作时，东道国（地区）缺乏环境影响评价要求的，建议参照国际通行规则标准或中国标准要求组织开展环境影响评价工作。

（5）在项目退役、拆除、关闭期，建议依法或按照国际惯例做好相关生态环境保护工作。

资料来源：对外投资合作建设项目生态环境保护指南［EB/OL］．（2022-01-11）［2023-01-21］．https：//www.mee.gov.cn/ywdt/xwfb/202201/t20220111_966728.shtml．

第二节 "一带一路"基础设施建设在世界各主要地区的进展

一、亚洲地区

（一）中巴经济走廊

中巴经济走廊北起中国新疆喀什，南至巴基斯坦瓜达尔港，是"一带一路六廊六路多国多港"互联互通架构中的重要一"廊"，最早于2013年5月时任总理李克强访问巴基斯坦时提出，因而也被誉为"一带一路"的先行和标志性项目。第一阶段合作的重点是重大能源工程和交通基础设施建设，以走廊建设为中心，以瓜达尔港、能源、基础设施建设、产业合作为重点的"1+4"合作布局。自启动以来，中巴经济走廊为巴基斯坦经济增长和民生改善发挥了重要作用。一系列发电、输电项目极大程度上改善了巴基斯坦电力供应短缺的状况，目前巴基斯坦发电总装机容量已基本满足国内需求。其中，巴基斯坦大沃风电项目是中巴经济走廊建设中首批14个优先发展的能源项目之一，也是走廊框架下首个完成融资闭合并实现商业运行的中方投资项目。该项目于2015年3月30日开工建设，2017年4月4日投入商业运营。每年生产1.3亿度电，可满足10万个巴基斯坦家庭的日常使用，缓解了巴基斯坦供电困难的问题。同时该风电站生产的清洁电力相比火力发电而言可以有效地减少空气污染物和温室气体排放，给当地环境带来有利影响，促进社会可持续发展。①

同时，喀喇昆仑公路升级改造二期项目、白沙瓦至卡拉奇高速公路项目提升了中巴两国间及巴基斯坦国内道路交通主干道的通行能力。这些项目改变了能源、交通两大短板对巴基斯坦经济增长的制约。瓜达尔港建设不断取得进展，港口已具备全作业能力并启动商业化运营，港口自由区引资落户，正朝着物流枢纽和产业基地的战略目标扎实迈进。拉沙卡伊、塔贝吉等"特别经济区"进入建设阶段，将为巴基斯坦的工业化发展提供动力。

通过水电站、输电线路、公路、城铁各类工程，中巴经济走廊显著缓解了巴基斯坦能源短缺的局面，极大地改善了当地的交通状况，为巴基斯坦经济社会的进一步发展奠定了良好基础，同时也创造了大量就业机会。在就业方面，中巴经济走廊建设已经为巴基斯坦创造了超过7万个工作岗位，未来还将直接或间接创造50万个工作岗位。②中巴博爱医疗急救中心、瓜达尔海水淡化厂、法曲尔中学、瓜达尔职业技术学校等一系列民生项目落地，在用水、医疗、教育和就业技能培训等方面切实为当地造福。中巴经济走廊建设在基础设施建设领域取得成就的基础上，将迈入以产能合作、农业、社会民生等领域为重点的高质量发展新阶段。

（二）东盟地区③

我国从2002年起便开始推动与东盟的自贸区建设，这是我国对外商谈的首个也是最大的自贸区，于2010年1月全面启动。近年来，中国与东盟的关系更加密切，在"一带一路"倡议的引领下驶入更快的发展轨道，合作成果丰硕。2019年，中国—东盟自贸区推出2.0版的"升级版"，双方90%以上

---

① 中巴经济走廊建设成为巴基斯坦经济发展的新动力［EB/OL］.（2017-08-25）［2023-01-21］. http://ydyl.china.com.cn/2017-08/25/content_41474288.htm.
② 中巴经济走廊展现"一带一路"活力［EB/OL］.（2022-09-26）［2023-01-21］. http://world.people.com.cn/n1/2022/0926/c1002-32533961.html.
③ 东南亚国家联盟10个成员国包括：文莱、柬埔寨、印度尼西亚、老挝、马来西亚、菲律宾、新加坡、泰国、缅甸、越南。

2022年8月作者调研南欧江水电站

（约7 000种）商品可享受零关税待遇。① 由于与中国的地理位置较为接近、政局稳定、文化传统相通、数字基础设施良好、法律等软性制度设施相对完善、人口众多、增长动力强劲等原因，东盟是落实"一带一路"倡议情况最佳、最受各市场主体欢迎的地区。根据中国上市公司协会的统计，以我国上市公司开展的商品采购、产品销售、承揽工程、金融服务、投资和融资六项业务发生的总次数计算，东南亚地区占到全球的31.6%，比例最高。② 目前，我国已与东盟所有的十个成员国签订了"一带一路"相关的合作文件，并取得很大进展。广西北部湾港口开通多条集装箱航线，陆海联运更加便捷，跨境物流大动脉的畅通将对泛亚地区的合作和共同发展产生深远影响。2021年9月，由中国电建（中国电力建设集团有限公司）承建的老挝南欧江全流域梯级水电站建成投产，截至2022年7月中旬，已累计发电突破100亿千瓦时。

这是中国在海外首个全流域整体规划和投资的建设—经营—转让（BOT）项目③，与南俄5水电站一起保障了老挝全国12%以上的电力供应，旱季发电

---

① 商务部. 对外投资合作国别（地区）指南：东盟（2021年版）[EB/OL]. (2022-01-01) [2023-01-22]. http://www.mofcom.gov.cn/dl/gbdqzn/upload/dongmeng.pdf.

② 中国上市公司协会. 中国上市公司共建"一带一路"白皮书2021 [R]. 中国上市公司协会, 2022.

③ 建设—经营—转让（build-operate-transfer，缩写为BOT），是企业参与基础设施建设、向社会提供公共服务的一种方式。政府部门就某个基础设施项目与企业（项目公司）签订特许权协议，授予签约方的企业来承担该项目的投资、融资、建设和维护，在协议规定的特许期限内通过向用户收取费用或出售产品回收投资并赚取利润。

量更达到老挝全国用电总量的30%。①中国路桥公司还投建了柬埔寨国内第一条高速公路——金港高速公路。该道路连接柬埔寨首都金边与西哈努克港,是中国路桥按BOT模式投资的项目,采用中国设计及质量标准,横跨5个省,全长187.05公里,双向四车道。该项目于2019年3月开工,2022年10月1日建成通车,从金边到西哈努克港的车程从原来的5个多小时缩短至2个小时以内。②

> **专栏2-3　中国在东盟地区修建了哪些铁路?**
>
> **中老铁路**
>
> 2021年12月3日,连接昆明和万象、全线采用中国标准的中老铁路全线开通运营,老挝自此迈入铁路运输时代,实现了从"陆锁国"(land-locked country)到"陆联国"(land-linked country)的梦想。
>
> 中老铁路于2016年12月25日全线开工,线路全长1 035公里,全部采用中国标准,是与中国铁路网直接联通的国际铁路。中国电建水电十五局、中铁(中国铁路工程集团有限公司)二局、中铁五局承担了工程建设,开通运营初期由老中铁路有限公司委托中国铁路昆明局集团有限公司运营维护。
>
>
>
> 2022年8月作者调研中老铁路
>
> 线路北起中国西南地区的昆明市,向南经玉溪市、普洱市、西双版纳自治

---

① 高质量共建"一带一路"[EB/OL].(2022-09-22)[2023-01-22]. http://fec.mofcom.gov.cn/article/fwydyl/zgzx/202209/20220903350548.shtml.
② 中企投建的柬埔寨首条高速公路试运营[EB/OL].(2022-10-02)[2023-01-22]. https://www.chinanews.com.cn/gn/2022/10-02/9865715.shtml.

中老铁路万象站

州，过中国磨憨铁路口岸和老挝磨丁铁路口岸，进入老挝北部地区，继续向南经琅南塔省、乌多姆赛省、琅勃拉邦省、万象省，到达老挝首都万象市。开通运营后，昆明至磨憨最快5小时20分可达，磨丁至万象最快3小时20分可达。加上口岸通关时间，旅客从昆明至万象最快10小时左右可达。

作为泛亚铁路的重要骨干，中老铁路正式通车为泛亚铁路的最终实现奠定了重要基础。

印度尼西亚雅万高速铁路

雅万高速铁路是一条连接印度尼西亚大雅加达都市区和西爪哇省的高速铁路，为东南亚的首条高速铁路，是中国高铁首次全系统、全要素、全产业链在海外落地的典范工程。铁路全长142公里，最高设计时速350公里，项目建成后，雅加达到万隆的出行时间将由现在的3个多小时缩短至40分钟。

2015年10月16日，中国铁路总公司在雅加达与4家印度尼西亚国有企业签署协议成立合资公司，共同建设和运营雅万高铁，中方占股份40%，印尼方占股份60%。2016年1月21日，雅万高速铁路开工奠基；2018年6月，雅万高速铁路全面开工；2021年4月30日，雅万高速铁路首座车站站房主体结构封顶；2022年11月16日，雅万高速铁路开始试运行；2023年10月2日，正式商业化运营。

雅万高铁曾经的目标是2019年通车，原计划2016年内完成预定建设地点的土地征用，结果到2020年才延期完成，加上新冠疫情严重影响了工期，目前已通车。

中泰铁路

中泰铁路南起泰国曼谷,北至泰国老挝边境,与中老铁路接轨,形成直达昆明的大通道,是中泰两国共建"一带一路"的旗舰项目。

该项目不仅是泰国第一条高速铁路,也是世界范围内首次使用中国高铁设计标准并由项目所在国自行出资兴建的高速铁路。中泰铁路在泰国境内的路段被分为南北两期工程,一期工程南段由首都曼谷至东北重镇呵叻府,全长约250公里。中铁十一局集团承建中泰铁路曼谷至呵叻段铁路工程,预计将在2026年年底至2027年年初竣工通车。

马来西亚东海岸衔接铁道

东海岸衔接铁道(East Coast Rail Link)是马来西亚东海岸经济区规划中的重要交通基础设施项目,连接马来西亚数个重点城市,包括道北、哥打峇鲁、瓜拉登嘉楼、关丹、增卡、文德甲、文冬、鹅唛、巴生,设计全长688公里,将全面促进马来西亚经济社会协调发展。

东海岸衔接铁道项目是迄今为止中马两国历史上最大的经贸项目,建设工程由中国交建(中国交通建设集团有限公司)承建,开发大约耗时5—6年,分阶段进行,原计划在2022年完成。2018年7月4日,东海岸衔接铁道公司以国家利益为理由要求中国交建停工。2019年4月12日,马来西亚铁路衔接公司跟中国交建签署附加协议,东海岸衔接铁道项目计划复工,但全长缩减至640公里,完工年份推迟至2026年。

中缅铁路

中缅铁路是中缅经济走廊沿线标志性的重点工程。2021年1月10日,中缅合作开展的曼德勒—皎漂铁路项目可行性研究谅解备忘录签署仪式在内比都举行,标志着中缅铁路规划向实质性落地再次迈出重要一步。当前,中缅铁路中国境内云南段工程稳步推进,大理到瑞丽段铁路分为大理到保山段(大保段)和保山到瑞丽段(保瑞段),其中大保段长133.6公里,于2022年7月22日开通运营;保瑞段全长196.4公里,预计于2025年6月竣工。

资料来源:中国在亚非拉建了哪些铁路?——亚洲篇[EB/OL].(2011-12-11)[2022-01-22]. https://mp.weixin.qq.com/s/_jg62MN7DdLoXL_QO02suQ.

中国—东盟已进入全面战略伙伴关系时代，站在新的历史起点上，中国—东盟自贸区再次升级。2022年1月1日起生效的区域全面经济伙伴关系协定（RCEP）（专栏2-4）通过关税减让、削减非关税壁垒、构建超大规模区域市场等方式更是利好双方未来的经贸往来和产能合作。2021年11月，在中国—东盟建立对话关系30周年纪念峰会上，中方倡议双方"要全面发挥《区域全面经济伙伴关系协定》的作用，尽早启动中国东盟自由贸易区3.0版建设"。自贸区3.0版建设积极呼应了成员国自身发展需求和全球经济发展趋势，将集中于贸易投资自由化便利化、数字经济、绿色经济、产业合作等方面。数字技术的应用将为双方企业开展数字经济合作创造更加稳定、可预期的发展环境。在绿色经济合作领域，将发挥双方能源和资源互补优势，加强可再生能源技术分享，深化绿色投融资合作，携手促进绿色低碳转型发展。

专栏2-4　区域全面经济伙伴关系协定（RCEP）

区域全面经济伙伴关系协定（Regional Comprehensive Economic Partnership，缩写为RCEP）由东南亚国家联盟十国发起，中国、日本、韩国、澳大利亚、新西兰等与东盟有自由贸易协定的五国共同参加，共计15个缔约方。RCEP是旨在通过削减关税及非关税壁垒，建立统一市场的自由贸易协定。协定生效后，成员之间90%以上的货物贸易将最终实现零关税（包括立刻降税到零和10年内逐步降税到零的商品），这意味着缔约方将在较短时间内兑现货物贸易自由化承诺。伴随着原产地规则、海关程序、检验检疫、技术标准等货物规则落地实施，关税削减和非关税壁垒的取消将产生叠加效应，显著增强亚太地区经济体之间的贸易联系。

2022年1月1日，RCEP协议正式生效，成为世界上人口数量最多、成员结构最多元、发展潜力最大的自贸区。根据世界银行的数据，表2.1比较了亚太区的RCEP与欧盟、北美自由贸易协议（North American Free Trade Agreement，NAFTA，包括美国、加拿大、墨西哥）的人口、GDP、贸易出口总额、制造业增加值总额（均为2021年数据）及其在全球所占的比例。

表 2.1 RCEP 与欧盟、NAFTA 的规模比较

	RCEP	欧盟	NAFTA	全球
人口 ——数量（亿） ——比例	22.9 29.2%	4.5 5.7%	5.0 6.4%	78.4 100%
GDP ——总额（万亿美元） ——比例	29.6 30.8%	17.1 17.8%	26.3 27.4%	96.1 100%
贸易出口 ——总额（万亿美元） ——比例	7.13 25.5%	8.67 31.0%	3.25 11.6%	27.93 100%
制造业增加值 ——总额（万亿美元） ——比例	7.10 43.4%	2.54 15.5%	2.74 16.7%	16.35 100%

数据来源：世界银行数据库。

由表2.1可见，RCEP的人口、GDP总额均占全球30%左右，领先于NAFTA和欧盟。但是，NAFTA虽然人口只占全球的6.4%，由于美国的经济体量大，NAFTA的GDP仅略低于RCEP。另外，欧盟国家人口虽然只占全球的5.7%，但其贸易出口占全球31.0%，高于RCEP的25.5%。这也正说明RCEP地区的贸易潜力尚未充分发挥，未来发展前景大有可期。最值得注意的是，RCEP的制造业增加值占全球的43.4%，大大超过NAFTA（16.7%）和欧盟（15.5%），这说明了亚太地区的产业链完整，在制造业方面处于全球领先地位。

二、非洲地区

中非友好源远流长，经济技术合作始于20世纪60年代初非洲国家的民族独立，非洲也是新时代"一带一路"建设的重点地区。截至2023年8月，已有53个非洲国家以及非洲联盟与我国签署了"一带一路"相关的合作文件，非洲成为参与"一带一路"合作最重要的地区之一。非洲绝大多数国家基础设施条件薄弱，这对生产要素、商品和人员等要素流动产生极大制约。夯实基础设施对非洲未来加快发展、融入全球产业链至关重要。自2000年中非合作论坛这一多边交流机制形成以来，到2021年年底，中国企业利用各种资金帮助非洲各国新建或升级了铁路逾1万公里、公路近10万公里、桥梁近千座、港口近百个、输变电线路6.6万公里、电力装机容量1.21亿千瓦、通信骨干网15万公里，提供的网络服务覆盖了近7亿个用户终端。[①] 2021年11月，在塞内加尔首都达喀尔召开了中非合作论坛第八届部长级会议，通过了《达喀尔宣言》《达喀尔行动计划（2022—2024年）》《中非应对气候变化合作宣言》和《中非合作2035年愿景》等文件。根据文件精神，中方承诺在未来三年为基础设施项目提供创新、有力的金融支持，加强与非洲基础设施发展规划的对接，将援助非洲建设10个设施联通的项目，鼓励通过政府和社会资本合作（PPP）[②] 及三方、多方合作等模式推动包括非洲单一航空市场、泛非电子网络和通信基础设施在内的互联互通项目建设。在重大旗舰项目方面，中国公司近些年陆续承建了阿布贾城铁、阿布贾国际机场新航站楼、巴达格瑞高速公路等多项轨道交通和市政工程。连接内罗毕机场与市中心的内罗毕

---

① 中非共建"一带一路"合作取得新进展[EB/OL].（2022-08-20）[2023-01-22]. http://www.gov.cn/xinwen/2022-08/20/content_5706123.htm.

② 政府和社会资本合作（Public-Private-Partnership，缩写为PPP）模式指政府通过特许经营权、合理定价、财政补贴等事先公开的收益约定规则，引入社会资本参与城市基础设施等公益性事业的投资和运营，以利益共享和风险共担为特征，发挥双方优势，提高公共产品或服务的质量和供给效率。

快速路于2022年5月开通运营。该项目是肯尼亚首个公路PPP项目，由中国公司以BOT模式与肯尼亚政府合作开发，极大缓解了内罗毕市区拥堵状况并使机场与市区间的通行时间从2小时缩短为20分钟，显著提升了物流效率，降低了民众通勤成本。除上述提到的重大工程外，塞内加尔捷斯—图巴高速公路和方久尼大桥、刚果（布）国家1号公路、加蓬让蒂尔港—翁布埃沿海路及博韦大桥等项目相继完工通车。

专栏 2-5　　中国在非洲修建了哪些铁路？

中国在非洲最早援建的铁路是坦桑尼亚—赞比亚铁路，即著名的坦赞铁路。

坦赞铁路

坦赞铁路是一条贯通东非和中南非的交通大干线，是东非交通动脉，东起坦桑尼亚的达累斯萨拉姆，西迄赞比亚中部的卡皮里姆波希，全长1860.5公里。

这条铁路的缘由是坦桑尼亚和赞比亚两国在20世纪60年代受制于南非与南罗得西亚（现称津巴布韦）白人种族主义政权的南部的出海通道，迫切需要一条新的出海运输线。坦赞铁路1970年10月26日动工兴建，1975年10月23日全面建成并试运营，此后在1976年7月正式通车并移交给坦、赞两国政府。坦赞铁路是迄今中国最大的援外成套项目之一，是中国土木工程集团有限公司（中土集团）的前身铁道部援外办公室代表我国政府组织、设计及建造的工程。为建设这条铁路，中国政府提供无息贷款9.88亿元人民币，共发运各种设备材料近100万吨，先后派遣工程技术人员近5万人次，高峰时期在现场施工的中国员工队伍多达1.6万人。

铁路建成后，交由坦赞两国组成的铁路局共管。其后，为保障铁路的正常运营，中国继续提供无息贷款，予以技术合作援助，并派出专家和技术人员参与管理或提供咨询。2011年，中方基于中非间的传统友谊决定免除援建坦赞铁路50%的债务。

安哥拉：本格拉铁路

本格拉铁路最早由葡萄牙殖民者于1902年开始修建，1929年通车至刚果边境，建设过程长达近30年。受沿线沼泽、原始森林等特殊地形的影响，开通后火车运行时速仅30公里左右，后来这段铁路毁于战火。安哥拉内战结束后，2004年，本格拉铁路重建项目开始，总投资约18.3亿美元，由中国铁建股份有限公司二十局集团EPC（设计—采购—施工）总承包，中铁上海设计院负责设计，从设计到施工全部采用了中国铁路建设标准，钢轨、水泥等建筑材料、通信和大型机械设备等全部从中国采购，包括铁路建成投入运营后的机车、车辆等也由中国企业提供。

重建后的本格拉铁路全长1 344公里，西起大西洋港口城市洛比托，东至与刚果民主共和国接壤的边境城市卢奥，途经本格拉、万博、奎托、卢埃纳等重要城市，是安哥拉洛比托经济走廊的重要通道。该项目设计时速90公里，为安哥拉有史以来速度最快的铁路。2014年8月13日，安哥拉本格拉铁路重建工程全线完工。这是继20世纪70年代中国援建的坦赞铁路之后，中国铁建采用中国标准在海外一次性建成的最长铁路。

本格拉铁路通车后，不仅连接至刚果民主共和国，而且与坦赞铁路相接，为坦赞铁路带来生机。2019年7月30日坦赞铁路与本格拉铁路实现了历史性的贯通，使坦桑尼亚、赞比亚、刚果民主共和国和安哥拉等四国铁路首次实现互联互通，推进了南部非洲铁路的互联互通进程，形成了大西洋与印度洋之间的横贯非洲铁路大通道。

肯尼亚：蒙内铁路、内马铁路

蒙内铁路是肯尼亚蒙巴萨至内罗毕的铁路，东起蒙巴萨西站，西至内罗毕南站，全长472公里。

项目由中国路桥工程有限责任公司总承包，采用中国标准、中国技术、中国装备、中国管理，于2014年12月12日开工建设，2017年5月31日通车运营。这条铁路由中国按照中国标准帮助肯尼亚建设，线路设计时速120公里，是东非铁路网的组成部分,是肯尼亚独立以来最大的基础设施建设项目。项目总投资38亿美元,其中90%由中国进出口银行提供贷款。蒙内铁路的贯通,给当地百姓的出行带来了便利,也让物流更为顺畅。内罗毕至蒙巴萨物流成本可降低10%—40%,对推动肯尼亚成为地区物流中心和制造业中心具有积极意义。

蒙内铁路建成后,中国又继续援建了内马铁路(内罗毕至马拉巴),由中国交建建设。2016年10月20日,内马铁路举行开工仪式;2019年10月16日,内马铁路一期工程客运通车;2019年12月17日,内马铁路一期工程货运通车。内马铁路一期工程是蒙内铁路向肯尼亚西北部的延伸,全长120公里,是继蒙内铁路后中方帮助肯尼亚修建的又一条全线采用中国标准、中国技术和中国装备的标准轨铁路。内马铁路与蒙内铁路形成联动效应,为促进肯尼亚经济社会发展、加快实现工业化及推进东部非洲地区互联互通发挥了重要的支撑作用。

埃塞俄比亚—吉布提:亚吉铁路

亚吉铁路是连接埃塞俄比亚和吉布提的以货运为主的铁路,是东非地区首条标准轨距电气化铁路。该铁路西起埃塞俄比亚的瑟伯塔站,东至吉布提多拉雷港站,全长752.7公里,时速120公里,总投资约40亿美元(由中国进出口银行贷款提供七成资金)。

2012年4月,中国铁建下辖的中土集团承建的亚吉铁路建设工程开工,以中国电气化铁路标准建设。2016年10月5日,亚吉铁路埃塞俄比亚段建成通车;2017年1月10日,亚吉铁路吉布提段建成通车;2018年1月1日,亚吉铁路开通商业运营。亚吉铁路将亚的斯亚贝巴至吉布提的运输时间从原公路运输的3天降至10小时,货物一夜之间就能实现两地间的直达,可大幅降低物流成本,提升两国投资竞争力。这条铁路不仅为中国以及其他国家企业赴埃塞俄比亚、吉布提两国投资合作创造了有利条件,而且可以带动大量外资进入,推动两国乃至东非地区的工业化进程。

尼日利亚：阿卡铁路、拉伊铁路

尼日利亚阿卡铁路

尼日利亚阿卡铁路（阿布贾—卡杜纳铁路），全长186.5公里，连接了尼日利亚首都阿布贾和北部工业重镇卡杜纳，设计时速为150公里。项目投资约8.5亿美元，由中国进出口银行提供优贷资金。中土集团负责承建，2011年2月正式开工，2014年12月1日全线铺通。

目前阿卡铁路每天开行5对列车，为往来首都和北部地区的人们提供了更加便捷安全的交通方式，改善了周边民众的生活，也为铁路沿线经济社会发展注入了新的动力。

2021年6月，中国援建的拉伊铁路（拉各斯—伊巴丹铁路）正式开通运营。这条铁路长约157公里，连接了尼日利亚经济中心拉各斯和西南部工业重镇伊巴丹，设计时速150公里，投资1.5亿美元，由中土集团承建，2017年3月开工。开通运营后成为西非首条现代化双线标准轨铁路和非洲建成的最长双线标准轨铁路，将拉各斯和伊巴丹的往来时间缩短至2小时。此外，项目还从拉各斯向尼日利亚最大港口阿帕帕港修建了一条约7公里的支线，实现了"港路联通"。拉伊铁路的开通运营不仅为当地居民提供了便捷舒适的出行方式，也打通了尼日利亚经济发展大动脉，对加快进出口货物流通、疏解港口货物滞留压力、促进沿线地区外向型经济发展具有重要作用。

此外，2021年7月15日，中土集团承建的尼日利亚卡杜纳至卡诺段现代化铁路（卡卡铁路）正式开工。卡卡铁路南起卡杜纳，经扎里亚通向北方重要城市卡诺，正线全长约204公里，是尼日利亚铁路网中拉各斯至卡诺铁路的重要组成部分,该段铁路向南连接已经通车的阿卡铁路,建成后铁路将从卡诺直通首都阿布贾。

资料来源:中国在亚非拉建了哪些铁路?——非洲篇[EB/OL].(2011-12-11)[2022-01-22]. https://mp.weixin.qq.com/s/fT8-EqH9XiCGDujesVb1kQ.

三、拉丁美洲地区

我国"一带一路"倡议在2013年提出之时的主要设想是贯穿亚欧非大陆,2017年是"一带一路"倡议向拉美地区延伸的重要时间节点。习近平主席在2017年5月于北京举行的首届"一带一路"国际合作高峰论坛上指出,"'一带一路'建设植根于丝绸之路的历史土壤,重点面向亚欧非大陆,同时向所有朋友开放。不论来自亚洲、欧洲还是非洲、美洲,都是'一带一路'建设的国际合作的伙伴",表明"一带一路"倡议具有全球意义,标志着拉美国家成为"一带一路"不可或缺的参与方。2018年1月中国—拉美和加勒比国家共同体论坛(简称中拉论坛)第二届部长级会议上通过了《"一带一路"特别声明》,标志着中拉合作从此在"一带一路"框架下开展。中拉论坛在"一带一路"的"五通"理念基础上提出了"五大"合作框架,包括建设陆洋一体的大联通、培育开放互利的大市场、打造自主先进的大产业、抓住创新增长的大机遇和开展平等互信的大交流等五个重点合作领域,进一步开拓了中拉合作的新空间。截至2022年年底,已经有21个拉美和加勒比国家与中国签订了"一带一路"合作备忘录。

拉丁美洲幅员辽阔,太阳能、水能、风能等清洁能源资源丰富,能源合作是共建中拉双方"一带一路"的重点领域,低碳转型合作前景广阔。在阿根廷圣克鲁斯河畔,中国参与建设"世界最南端"的水电站——"基塞"水电站。该水电站装机1 310兆瓦,2025年投入运营后年均发电量可达49.5亿千瓦时,满足150万户家庭日常用电,每年为阿根廷节省近11亿美元油气进口开支,还可以向邻国出口电力。由于项目工地100多公里外就是世界上仅有的3个总面积仍在增长的冰川之一莫雷诺冰川,项目从设计到实施,处处考虑保护冰川和周边生态环境。大坝蓄水高度比原计划降低2.4米,水电站还设计了鱼道、生态放水底孔等。① 在巴西,由中国国家电网公司实施的巴西美丽山特高压直流输电一期工程已于2017年12月投运。特高压技术电压等级高、输送距离远、输电容量大,中国的国有企业将世界上最先进的输电技术和管理经验引入巴西,通过"电力高速公路"将巴西北部亚马孙河流域的清洁水电源源不断地送至巴西东南部的圣保罗、里约热内卢等负荷中心,对保障巴西经济社会发展所必需的电力供应和能源清洁转型起到了重大作用。

专栏2-6 中国在拉丁美洲修建了哪些铁路?

中国在拉丁美洲修建的铁路有一个明星项目——阿根廷贝尔格拉诺货运铁路修复改造工程。

阿根廷贝尔格拉诺货运铁路(简称贝铁)始建于1876年,从首都布宜诺斯艾利斯向西和北方向延伸,覆盖阿根廷中部和北部14个省份,是阿根廷经济社会发展的大动脉。但由于阿根廷多年的经济动荡和管理不善,贝铁在20世纪80年代以后渐渐陷于荒废,全线7 409公里货运路段一度仅有1 400公里勉强营运,火车平均时速只有30多公里。

2009年阿根廷政府提出更新改造贝铁,2010年7月中阿两国签署了贝铁改造项目的商务合同。2014年7月贝铁改造项目正式开工。贝铁修复规划包括321公里的小修和1 100多公里的大修,由中国机械设备工程股份有限公司承建,中国中车股份有限公司提供机车。此外,阿根廷也与中国铁建签订了另外一条铁路干线——圣马丁线的修复工程商务合同,修复里程约为1 000公里。

---

① 中拉拓展"一带一路"合作新领域[EB/OL].(2022-07-14)[2023-01-22]. http://ydyl.china.com.cn/2022-07/14/content_78322688.htm.

贝铁的修复包括用于贝铁线和圣马丁线的机车车辆，总投资为24.7亿美元，由中国国家开发银行提供融资。之后贝铁改造项目一期又签署了增补协议，追加项目金额16亿美元，主要用于铁路桥改造、圣塔菲市环城铁路、罗萨里奥港口和罗萨里奥—圣塔菲港口进港铁路建设及其他配套工程。

截至2021年6月，贝铁共1 700公里轨道改造工程完成了858公里。因使用了新的机车车辆，原来需要15天的运输时间，现在只需要7天。待这条铁路全部修复后，运输时间将进一步缩短到3天，时速可达到90公里。得益于贝铁的改造修复以及铁路系统运营的整体改善，2021年阿根廷铁路货运公司运载量超过800万吨，创1992年以来的新高。

在另一个南美国家委内瑞拉，中国中铁股份有限公司2009年开工承建北部平原铁路迪那科—阿那科段线路，全长471.5公里，项目设计以客运为主，为客货共线双线电气化铁路，最高时速为220公里。但是，由于委内瑞拉日益恶化的经济状况，这一项目只能顺应时局停摆，静待最终完成项目建设的机会。

在拉美地区，更令人神往的是两洋铁路的宏伟设想，穿越巴西、秘鲁连接太平洋和大西洋。2012年在中国国家开发银行的资助下，中国铁路工程集团有限公司与巴西、秘鲁等相关国家进行沟通，并实地展开了前期调查。2014年中国、巴西、秘鲁三国组成工作组，启动两洋铁路可行性基础研究工作。

拟议中的两洋铁路东起里约热内卢州，向西北方向延伸，跨过富含铁矿的地区，然后穿过盛产大豆和牛肉的农业核心地带，最后从巴西边境阿克里州进入秘鲁境内，并在秘鲁港口入海。全长5 000公里，其中2 000公里是既有线路，需另外再建难度较高的3 000公里。如果两洋铁路能够最终实现，将使巴西通往东亚地区的运输线大为缩短，还可以缓解巴拿马运河对国际物流的限制。

资料来源：中国在亚非拉建了哪些铁路？——拉美篇［EB/OL］．（2022-01-16）［2023-01-22］．https：//mp.weixin.qq.com/s/QsBYwokoPUprgomGPO0g1w.

第三节 现阶段"一带一路"基础设施建设面临的挑战

"一带一路"倡议自2013年提出以来硕果颇丰,很多项目极大改善了当地和所在国的交通和能源基础设施,在所在国的社会经济发展进程中具有重要意义。同时,在"一带一路"项目的实施过程中,也不可避免地会遇到各类风险和挑战。

一、我国企业走出去需要长远的战略考量

在国家政策层面,"不附加政治条件"一直是我国对外投资与经贸往来所奉行的基本准则。但是,西方片面地解读"不附加政治条件",容易把对外投资的中国企业解读为单纯逐利的"剥削者",不利于"一带一路"倡议的可持续发展。我国有些企业"走出去"缺乏清晰的长远战略考量,决策机制不够透明和全面,对外投资没有考虑所在国的禀赋要素和长远规划,造成"走出去"的地区和产业分布都比较窄。中国企业的跨国经营主要集中于周边国家,绝大部分是以资源密集型产业和基础设施建设为主,而中国在美国、欧盟、日本等发达国家和地区的投资又以贸易型投资为主。

很多中国企业海外管理人才匮乏,缺少善管理、懂技术、会外语的复合型人才。加上中国企业文化与投资国存在较大差异,使得我国企业"走出去"水土不服,难以应对不利的外部环境。而且,相对于西方企业,我国"走出去"的企业中当地高层雇员的比例过低,更加重了海外企业管理和沟通上的问题。

此外,基础设施项目往往投资规模大、影响范围广、建设周期长。正因为上述特点,这些项目有可能会成为所在国政局变动的牺牲品。一个典型的

例子是东南亚某国的东海岸铁路。2016年11月，中国与该国签署铁路项目协议，该项目是东南亚广受关注的超级工程，也是当时"一带一路"倡议下最大的单体项目。但是，2018年5月该国政府换届，政府以无力承担债务为理由取消了已经开工的铁路项目。

即便在综合条件优越、广受市场主体青睐的东南亚地区也可能存在此类政治风险，在部分政党轮替和政权更迭频繁的非洲国家，这种挑战更是突出。在西非某国，该国铁路现代化项目早在2006年提出，但在2007年时任总统任期届满卸任后，该项目在继任总统任期内遭到中止，直至2010年再次更换总统才得以重启。对于"逢选易乱"的政治风险，我国企业除了要高度关注当地政治局势，审慎评估风险之外，还需要在项目合同中做好做足相应的风险规避和索赔条款，充分利用商业保险等风险抵御机制，避免或减少外界不可抗力因素导致的财务损失。部分国家和地区还存在部族冲突、教派争端等问题，容易引发社会动荡，恐怖主义活动在部分国家和地区依然猖獗。恐怖主义分子往往会破坏已建成的基础设施，给基础设施的运营和维护造成挑战；也会在项目建设过程中给施工人员的生命健康和施工企业的财产安全带来严重威胁。

二、"一带一路"项目的财务风险

"一带一路"建设所在的很多发展中国家经济基础较差、政府治理能力弱，这些因素加剧和放大了大型基建项目存在的财务风险。从历史经验来看，大型项目出现成本超支的现象是普遍的。有研究表明，铁路和大坝的平均成本超支比率分别高达45%和96%。每10个项目中只有1~2个能够按计划完工，每1 000个项目中能在预算范围内实现预期收益的特大项目只有1~8个。[①]

---

① 世界银行. 一带一路经济学：交通走廊的机遇与风险. [R/OL]. (2021-10-15) [2023-01-23]. https://documents1.worldbank.org/curated/fr/448361569922674511/pdf/Main-Report.pdf.

大型项目因为建设周期长、施工环节多、所涉资金大,过程中容易出现不可预见的情形,影响项目的财务回报。这也可以部分解释长期以来大型基础设施建设不受私人资本或者商业银行青睐的原因。

在非洲,麦肯锡公司对非洲的基础设施建设项目进行了综合追踪研究,发现80%的基础设施项目在可行性和商业计划阶段失败,称之为"非洲基础设施悖论"[①],即非洲的基础设施有巨大需求和大量潜在项目,也有资金来源,但是最终实现开工建设的项目比例极低。为什么会出现"非洲基础设施悖论"呢?麦肯锡认为有以下几个重要原因:

——非洲国家往往缺乏长期的总体规划,基础设施政策框架不完善,当前政府的短期重点可能导致投资者不愿意开发更大、更具影响力的项目,导致基础设施项目的优先次序错位。

——可行性研究和商业计划缺乏关键数据,开发商难以准确评估与大规模基础设施项目有关的关键技术和财务风险。

——许可证、批准和申请程序冗长、复杂,政府机构缺乏启动项目的能力和动力;主管机构之间缺乏协调;一些社区对项目存在抵制。

——项目相关方无法就风险分配达成一致,往往是过分追求风险规避,而不是风险管控和缓解。

——达成项目产出的销售协议困难,政府无法或不愿意提供主权担保。

如何解决"非洲基础设施悖论"?根据新结构经济学的原理,通过国际对比分析发现,非洲是承接我国劳动密集型出口加工产业最合适的地方之一。从人口和劳动力供给来看,非洲现有超14亿人口,有大量富余的农村年轻劳动力,与我国改革开放之初的状况接近,而目前的工资水平仅为我国的十分

---

① Kannan Lakmeeharan, et al. Solving Africa's Infrastructure Paradox [EB/OL]. (2020 - 03 - 06) [2023 - 01 - 22]. https://www.mckinsey.com/capabilities/operations/our-insights/solving-africas-infrastructure-paradox.

之一到四分之一。但是，非洲国家基础设施普遍不足，营商环境欠佳，在国际买家对其制造业产品缺乏信心的情况下，新结构经济学认为非洲国家工业化的过程必经以下"三部曲"：

（1）只有选择符合比较优势的产业，要素生产成本才能在国际上有竞争力；

（2）只有集中有限资源把经济特区或产业园区建设好，并配有一站式的服务，建立局部有利环境，才能够在基础设施和营商环境普遍不好的情况下，使交易费用足够低；

（3）只有把现在已经为国际买家生产的外国企业吸引来，国际买家才会有信心给在非洲的企业下订单，产品才能出口，这样企业的生产才能达到规模经济。这种"筑巢引凤"的策略如果成功，可以增加税收、外汇，使得政府有资源改善基础设施和营商环境；同时，可以引进技术、管理，逐步建立起供应链，增加与外商的联系，使得本国企业也能参与到这些出口产业的生产环节中，起到星火燎原的作用。

三、跨国互联互通的基础设施建设对多边协调机制提出了更高要求

审视目前"一带一路"建设所取得的重大基础设施建设成果，可以发现很多都是一个国家的内部项目，处于一个国家的管辖范围内，所以面临的阻力相比跨境项目要小得多，例如尼日利亚铁路现代化项目、肯尼亚的蒙内铁路项目等。即便是中老铁路这样的跨境项目，基本上也只涉及与作为倡议发起国的中国一国的跨境连接，而在与其他国家进行基础设施的互联互通时仍存在一些障碍。例如，老挝和泰国之间的轨距标准仍不统一，货物需要在边境进行换装。在肯尼亚，由于资金问题，肯尼亚政府打算翻修有百年历史的连接内罗毕和乌干达边境城市马拉巴的米轨，这与蒙内铁路的标准轨距不一致，从而要求进行额外的换装，导致更繁琐的作业程序和运费的上涨，在一

定程度上影响基础设施效率和潜能的发挥。这还仅仅是技术层面的问题，跨境基础设施项目在投资成本分担、线路走向设计、利益分配等方面会面临比单一国家项目大得多的挑战，它们可能会导致跨境基础设施项目搁浅。如果一个跨境项目只能给东道国带来过境贸易的过路费和运费收入，而没有对本国经济的实质性拉动，那么该国对此项目的投资和维护意愿可能会大打折扣。新加坡和马来西亚两国就新马高铁的建设计划一直无法达成一致，最终导致该项目被取消，就是一个典型例子。另外，基础设施领域的规模经济效益又非常明显，单一的工程项目并不能将促进经济社会增长的潜力充分激发。枢纽形成以后，还需要路网的形成和配套的设施和服务。只有实现基础设施的互联互通才能更大程度地激发区域经济增长动能，实现更高水平的区域互联互通。这样，跨国基础设施的投资和兴建就要求项目所在的多个国家在法律、标准、规范、程序、制度框架的统一和协调等方面付出更多努力，搭建更通畅有效的协调机制，避免管理和维护上的碎片化问题。

四、新冠疫情和地缘政治冲突带来的冲击

2020年年初爆发的新冠疫情是人类遭遇的始料未及的"黑天鹅"事件，严重冲击了全球经济社会的正常运行，损害了人民的生命健康。就经济领域的短期影响而言，总的来说可以归结为疫情防控措施导致的停工停产、外部供应链中断、供货延迟、原材料涨价、部分行业因人员流动限制而订单锐减、需求不足以及各主要经济体自顾不暇导致的投资减少。同时，在新冠疫情影响下，许多发展中国家预算赤字不断扩大，国际资本不足，面临巨大的基础设施投资缺口。根据中国国际发展知识中心的《全球发展报告》，发展中的低收入国家如要2030年实现联合国可持续发展目标，需将可持续发展目标支出提高至国内生产总值的12%左右，但这些增量支出要求远超出低收入国家的

公共收入潜力，导致每年可持续发展目标资金缺口达3 000亿至5 000亿美元。① 低收入国家常年面临融资困难，新冠疫情进一步凸显了低收入国家发展筹资的短板。低收入国家难以从市场渠道融资，同时面临债务总额增加、巨额债务偿付要求、外国直接投资净流入减少等困难。

2022年以来，随着疫情趋缓、大部分人口接种疫苗，世界各国陆续走出新冠疫情的阴霾，逐步走上正常的生产生活轨道，不少国家的经济迎来触底反弹。但新冠疫情给各国政府的启示却是深远的。不少非洲国家原本经济结构就过于单一，依赖原材料出口创汇，而生产、消费所需的大部分工业品依靠进口，面对国际大宗商品市场和供应链的波动表现出脆弱性。不少严重依赖初级产品出口的非洲国家因为疫情及其次生影响，外汇收入锐减。企业停工减产，影响政府财政收入，非洲很多国家政府的经济状况和财政支付能力受到严重冲击，对其原本就不强的偿债能力构成进一步打击。国际上，俄乌战争所导致的欧洲能源危机和很多国家和地区的粮食危机必将带来新一轮国际产业链和供应链的深层次调整。美国、欧洲、日本等发达经济体会尝试增强对供应链特别是关键性战略性产业供应链的自主把控，区域化趋势更加明显，全球化和多边主义受挫。根据联合国贸易和发展会议发布的《世界投资报告2022》，尽管2022年全球的外国直接投资在2021年的极低水平的基础上增长了64%，但是未来增长前景依然黯淡。② 国际商贸和跨境投资环境在2022年发生了剧烈变化，俄乌战争导致很多国家出现能源、粮食和金融的三重危机，其引发的投资不确定性会给未来的国际直接投资带来相当大的下行压力。全球贸易前景的不确定性和经济增长的低迷态势也必然对需要大量跨境投资的"一带一路"基础设施建设带来影响。

---

① 中国国际发展知识中心. 全球发展报告［R/OL］.（2022 - 06 - 08）［2023 - 01 - 22］. https：//www.fmprc.gov.cn/web/wjbzhd/202206/P020220620855347809645.pdf.
② 联合国贸易和发展会议. 世界投资报告2022［R/OL］.（2022 - 06 - 09）［2023 - 08 - 15］. https：//unctad.org/system/files/official-document/wir2022_overview_ch.pdf.

参考文献

林毅夫. 中国"一带一路"倡议对世界的影响 [J]. 探索与争鸣, 2018 (01): 30-33+141.

马建堂. 推动共建"一带一路"高质量发展: 进展、挑战与对策研究 [M]. 北京: 中国发展出版社, 2021.

国家发展和改革委员会一带一路建设促进中心. 绿色"一带一路"典型项目案例库建设与应用研究 [R/OL]. (2021-10-15) [2023-01-23]. https://www.efchina.org/Reports-zh/report-lceg-20211015-zh.

徐泽来, 郝睿. 专题报告: 疫情下的非洲经济形势 [M] // 张宏明. 非洲发展报告 (2020—2021). 北京: 社会科学文献出版社, 2021.

世界银行. 一带一路经济学: 交通走廊的机遇与风险 [R/OL]. (2021-10-15) [2023-01-23]. https://documents1.worldbank.org/curated/fr/4483611569922674511/pdf/Main-Report.pdf.

Flyvbjerg B. What You Should Know about Megaprojects and Why: An Overview [J]. Project Management Journal, 2014, 45 (2): 6-19.

第三章　多边开发性金融机构的绿色标准与项目案例

共建"一带一路"倡议提出以来，我国成为全球生态文明建设的重要参与者、贡献者、引领者。同时，共建"一带一路"绿色发展面临的风险挑战依然突出，应对气候变化的约束条件更为严格，我国企业走出去参与"一带一路"建设可以参考多边开发性金融机构有关环境保护、气候变化的规定和标准。这些多边开发性金融机构在为发展中国家项目提供融资支持时，会要求借款方承诺遵守由融资方提出的环境社会风险和影响评价报告以及管理框架，确保项目达到其规定的环境社会标准。本章分别介绍多边开发银行（参见专栏3-1）的典型代表世界银行、亚洲开发银行（简称"亚开行"）的相关规定和标准。

专栏 3-1　　多边开发银行

多边开发银行（multilateral development banks，缩写为 MDBs）是国际性的政策银行，股东是各国政府，专门向发展中国家提供优惠贷款、赠款和技术援助。目前，世界上共有以下 10 家规模比较大的多边开发银行：

——世界银行（The World Bank），成立于 1944 年，总部在美国华盛顿。

——非洲开发银行（African Development Bank，缩写为 AfDB），成立于 1964 年，总部在科特迪瓦阿比让。

——亚洲开发银行（Asian Development Bank，缩写为 ADB），成立于 1966 年，总部在菲律宾马尼拉。

——亚洲基础设施投资银行（Asian Infrastructure Investment Bank，缩写为 AIIB，简称亚投行），成立于 2015 年，总部在中国北京。

——欧洲委员会开发银行（Council of Europe Development Bank，缩写为 CEB），成立于 1956 年，总部在法国巴黎。

——欧洲投资银行（European Investment Bank，缩写 EIB），成立于 1958 年，总部在卢森堡。

——欧洲复兴开发银行（European Bank for Reconstruction and Development，缩写为 EBRD），成立于 1991 年，总部在英国伦敦。

——泛美开发银行（Inter-American Development Bank，缩写为 IADB），成立于 1959 年，总部在美国华盛顿。

——伊斯兰开发银行（Islamic Development Bank，缩写为 IsDB），成立于 1973 年，总部在沙特阿拉伯吉达。

——新开发银行（New Development Bank，缩写为 NDB），成立于 2015 年，总部在中国上海。

在这些多边开发银行中，我们可以注意到：

第一，成立最早的是世界银行，最新成立的是亚洲基础设施投资银行。

第二，除了世界银行的业务覆盖全世界各大洲，其他的多边开发银行都属于区域性的银行。

第三，在区域性多边开发银行中，有些只局限在本区域内从事发展援助，如非洲开发银行、亚洲开发银行、泛美开发银行分别只能针对非洲、亚洲、美洲的发展中国家贷款；但欧洲投资银行、亚洲基础设施投资银行却可以在全球范围内向发展中国家提供贷款。新开发银行习惯上也称"金砖银行"，目前其业务集中在中国、俄罗斯、印度、巴西和南非这5个成员国，并逐步扩大到新的成员国（阿联酋、乌拉圭、孟加拉国和埃及）。

第四，伊斯兰开发银行针对伊斯兰国家，所以业务范围较广，包括中东、亚洲、非洲等地区。有趣的是，按照伊斯兰教原则，资金出借不能计利息，所以伊斯兰开发银行对贷款征收"服务税"，年率与利息相当。

第五，美国是两家老牌的多边开发银行（世界银行、泛美开发银行）的总部；而中国则是两家新兴的多边开发银行（亚投行、新开发银行）的总部。

上面说的仅仅是世界上10家主要的多边开发银行，但是还有很多区域性、国家级别的公共开发银行（Public Development Banks，简称PDBs），其中也包括多边开发银行。据统计，全球有453个公共开发银行，其中资产规模最大的是中国国家开发银行，约占全球公共开发银行总资产额的20%。

资料来源：全球公共开发银行数据库（Public Development Banks Global Database）[DB/OL].（2021-11-09）[2023-01-23]. https://www.afd.fr/en/actualites/public-development-banks-first-global-database.

第一节　世界银行和亚洲开发银行对投资项目融资的环境社会风险评估

一、世界银行《环境和社会框架》

根据世界银行《环境和社会框架》中的定义，环境风险和影响包括：与社区安全（包括大坝安全和农药的安全使用）相关的环境风险和影响；与气候变化和其他跨国界或全球影响相关的环境风险和影响；对自然栖息地和生物多样性的保护、保育、维护和恢复构成的任何实质性威胁；与生态系统服务以及渔业资源和森林资源等现存的自然资源利用有关的环境风险和影响等。[①]

社会风险和影响包括个人、社区和国内冲突、犯罪或暴力不断上升对人类安全造成的威胁；项目对弱势的个人或群体造成的影响导致的风险；获取发展资源和项目效益时对个人和群体（特别是弱势群体）造成的偏见或歧视；与非自愿征用土地或限制土地使用有关的经济和社会方面的负面影响；与土地和自然资源的占用和使用相关的风险或影响，包括对当地土地使用模式和占用安排、土地获得和可用性、食品安全和土地价值产生的潜在影响，以及与土地和自然资源冲突或争论有关的任何相应风险；对劳工以及社区的健康、安全和福祉产生的影响；损害历史和文化遗产的风险。

进行环境社会评价和管理的责任主要落在借款国身上，需要在项目评估前期就做好风险识别工作和相应的解决方案。融资机构在这一过程中的主要角色是提供政策的解释说明，帮助借款国进行项目规划、实施、运营的能力建设，通过提供标准化的评价和管理工具协助借款国制定符合要求的相关文

[①] 世界银行. 环境和社会框架 [R/OL]. （2018-10-01）[2022-01-23]. https：//projects. shihang. org/zh/projects-operations/environmental-and-social-framework.

件并在项目全过程中对环境管理的情况进行监督。为帮助借款国落实环境和社会保障标准，世界银行制定了环境和社会评价的方法和工具集，可根据项目的细节和借款国实际情况灵活选用，主要内容如表3.1所示。

表 3.1 世界银行环境和社会评价工具主要内容

环境和社会影响评价	识别并评价项目潜在环境社会影响，评价替代性方案，设计缓解、管理和监控措施
环境和社会审计	用于确定环境社会问题的性质和程度，明确需采取的措施、论证其合理性、估算行动成本并给出建议的时间表
危害或风险评价	涉及对易燃、易爆、活性和有毒物质存量超过指定阈值级别的项目
累积性影响评价	考虑项目在过去、当前和未来可预见的以及计划外的累积性影响
环境和社会管理计划	细化缓解和抵消措施
环境和社会管理框架	适用于项目涉及某个计划或一些子项目且该计划或子项目的详细信息目前无法确定的情况，包含风险管理的原则和程序以及相关缓解措施的内容、成本估算、预算规定和相关风险解决机构的信息
区域环境和社会影响评价	考察某个区域（如城市区域、流域或沿海区域）内多个活动的潜在累积性风险和影响，并就应采取的广泛措施提出建议
行业和社会影响评价	关注某个区域或国家内的某个特定行业相关的风险和影响，评估替代方案和相关法律及体制问题，并提出建议
战略环境和社会评价	通常是对国家层面的政策或规划相关的环境社会风险的系统考察，不特定于某个地点

资料来源：世界银行。

世界银行《环境、健康和安全通用指南》（Environment, Health and Safety

General Guidelines，以下简称《EHS 指南》)① 作为公认的国际标准，包含了国际通行的绩效指标和可以通过现有技术以合理的成本实现的控制方法，还包括具体行业的范例。当东道国法规与世界银行的标准不同时，借款国应以更严格者为准。如果考虑到特定的项目情况，适用较宽松的标准或措施，则借款国必须为使用这样的标准提供充分论证。

《EHS 指南》首先描述了管理设施和项目的环境、健康和安全（EHS）问题时应遵循的一般模式。总体原则是要有意识地对 EHS 因素进行提前考虑，并用组织化、机制化的方式进行有效和分层次的管理，具体步骤如下：

（1）在设施或项目建设周期的早期，及早识别 EHS 方面的危害和风险，在选址、产品设计、基建的工程规划过程等方面考虑 EHS 因素。

（2）安排拥有评估和管理 EHS 影响及风险所需要的经验、资格和培训经历的 EHS 专业人员参与相关工作，同时进行切实有效的问责，从而确保 EHS 绩效。

（3）判断 EHS 风险的或然性和烈度，如项目是否会产生大量的气体或液体排放物，是否涉及危险的材料或流程，以及如果不对危害进行适当管理，可能对工人、社区或环境造成的后果。

（4）区分风险管理策略的优先次序，以实现总体降低人类健康和环境风险的目标，重点是预防不可逆和重大的影响。

（5）优先考虑根除危害起因的策略，例如选择不需要采取 EHS 控制措施、危害较低的材料或流程。

（6）如果无法避免负面影响，则采取工程和管理措施以最大限度降低负面后果的发生几率和烈度，例如采用污染控制措施以降低污染物排放水平。

（7）请工人和附近的社区做好应对事故的准备，包括提供技术和财务资

---

① 世界银行. 环境、健康和安全通用指南 [R/OL]. (2017 - 01 - 16) [2023 - 01 - 23]. https://documents.worldbank.org/en/publication/documents-reports/documentdetail/157871484635724258/environmental-health-and-safety-general-guidelines.

源以有效和安全地应对风险,迅速将工作场所和社区环境恢复到安全和健康的状况。

具体而言,《EHS指南》从大气排放物和环境大气质量、能源节约、废水和环境水质量、节水、危险物管理、废弃物管理、噪声和土地污染等八个角度来评估和处理有关的环境问题。

◆ **大气排放物和环境大气质量**

《EHS指南》要求在可能的情况下,设施和项目应避免、最大限度减少以及控制大气排放物对人类健康、安全和环境造成的负面影响,综合运用多种手段来管理各种排放物的产生和排放,包括工艺改造、选择可减少加工过程污染物排放的燃料和材料、应用污染物控制手段。在监管要求上,执行国家立法规定的标准,如没有国家立法规定的标准,则执行最新的《世卫组织全球空气质量指南》[①](见表3.2),确保排放物不会使污染物浓度达到或超过相关的环境质量指导值和标准。作为一般性的原则,该指南建议将污染物浓度控制在比空气质量标准严苛25%,为相同区域留出未来继续进行可持续开发的余地。在设施级别,要求运用基线空气质量评估和国际公认或同等的大气扩散模型来评估潜在的地面污染物浓度,通过定量或定性的评估来估算相关影响。

表3.2 世卫组织全球空气质量指南

大气排放物	平均周期	指导值(微克/立方米)
二氧化硫	24小时	125(第一阶段目标值) 50(第二阶段目标值) 40(指导值)
二氧化氮	1年	10(指导值)
	1小时	25(指导值)

---

① 世界卫生组织. 世卫组织全球空气质量指南:颗粒物(PM2.5和PM10)、臭氧、二氧化氮、二氧化硫和一氧化碳[R/OL].(2021-09-22)[2023-01-23]. https://apps.who.int/iris/bitstream/handle/10665/363431/9789240035669-chi.pdf.

(续表)

大气排放物	平均周期	指导值（微克/立方米）
可吸入颗粒物（PM2.5）	1年	35（第一阶段目标值） 25（第二阶段目标值） 15（第三阶段目标值） 10（第四阶段目标值） 5（指导值）
可吸入颗粒物（PM2.5）	24小时	75（第一阶段目标值） 50（第二阶段目标值） 37.5（第三阶段目标值） 25（第四阶段目标值） 15（指导值）
大气细颗粒物（PM10）	1年	70（第一阶段目标值） 50（第二阶段目标值） 30（第三阶段目标值） 20（第四阶段目标值） 15（指导值）
大气细颗粒物（PM10）	24小时	150（第一阶段目标值） 100（第二阶段目标值） 75（第三阶段目标值） 50（第四阶段目标值） 45（指导值）
臭氧	每日最大8小时平均浓度的平均值	100（指导值）
一氧化碳	24小时	4（指导值）

资料来源：世界卫生组织。

值得一提的是，在公路、铁路、桥梁等交通基础设施的施工过程中，粉尘或颗粒物（PM）是最常见的空气污染物，某些施工操作（例如固体物料的运输和露天储存）和裸露的土壤表面（包括未铺面的道路）都会释放此类污染物。相应的防控手段包括：采用控制粉尘的方法，例如覆盖、喷水抑尘或提高露天物料堆的水分含量；采用控制设备，包括在输送机或料仓等物料搬运点使用布袋除尘器或旋风除尘器抽取和处理空气；使用喷水抑制法来控制铺面或未铺面道路表面的输送物料。例如，在世界银行资助的塞内加尔达喀尔快速公交系统试点项目中，中国路桥公司在建设过程中注重环保施工、文明施工，尽量减少对沿线居民生活和出行影响，最大限度地保护道路两侧绿树，遵循世界银行要求进行常态化工地洒水作业以及实施车辆定期保养维修制度来降低无组织排放源和陆地移动排放源带来的大气污染物。

◆ **能源节约**

针对能源管理，《EHS指南》主要考虑与生产工艺及辅助公用工程有关的能耗，以及与电站排放有关的总体影响，重点关注通用的公用工程系统，因为这些系统往往有技术和经济上都可行的节能改造机会，包括在工艺加热和冷却、工艺辅助系统（例如电机、泵和风机）、压缩空气系统和暖通空调系统以及照明系统等耗能领域提高能源效率。《EHS指南》建议从能源的需求侧减少能源系统负载；在供应侧采取减少能量输送中的损失、提高能量转换效率、使用低碳燃料等方式提高能效。《EHS指南》的能源管理计划中要求包含以下内容：

- 在工艺层次，识别并定期测量和报告一个设施内部的主要能量流；
- 计算物料平衡和能量平衡；
- 定义和定期审核能源绩效目标，并根据能源使用的主要影响因素的变化进行调整；
- 参照绩效目标，定期比较和监测能量流，以确定应从何处着手降低能耗；
- 定期审核绩效目标，与基准数据进行对比，以确认目标的设定适当。

◆ **废水和环境水质量**

《EHS指南》中对废水和环境水质量的管理在各类型的基础设施项目的建设过程中基本都会涉及，应用范围相当广泛，适用于直接或间接向环境排放工业废水、公用工程作业废水或雨水的项目以及工业废水排入不经处理直接向环境排放之生活污水管道的情况。《EHS指南》对相关的工业设施提出以下要求：

（1）理清废水质量、数量、排放频率和来源，包括内部排水系统的位置、路线以及排放点；

（2）规划和实施废水的隔离措施，主要是按工业废水、公用工程废水、生活废水和雨水进行分类，以限制需要特别处理的废水量；

（3）设法通过设施内部的再循环/再利用、输入替代或工艺改造（例如改换技术或操作条件/模式），预防或减少废水污染；

（4）评估自身的废水排放是否符合相关的排放标准（如废水排入地表水区域或污水管道）；可再利用的水质标准（例如废水是否可用于灌溉）。

此外，对于任何类型废水的产生和排放，要求综合采用以下措施加以管理：

（1）提高水的使用效率，减少废水的产生量；

（2）进行工艺改造，包括最大限度减少废弃物和减少危险材料的使用，以减少需要处理的污染物数量；

（3）必要时采用废水处理手段，进一步减少污染物含量后再排放，其中要考虑处理过程中污染物的跨介质转移所带来的潜在影响（例如从水转移到空气或土地）。

在基础设施施工过程中，作为各类人员工作和生活场所的营地是不可或缺的设施，且往往设置在野外，不一定具备连接污水收集网络的条件，化粪系统是处理和处置生活污水的常用手段。《EHS指南》对此也有专门的段落做出了详细规定。

◆ **节水、危险物管理、废弃物管理、噪声和土地污染等**

《EHS指南》在节水、危险物管理、废弃物管理、噪声和土地污染等议题上也有详尽规定，说明了适用范围和应采取的减缓措施和监测机制。举例而言，在世界银行资助的塞内加尔达喀尔快速公交系统试点项目中，定期会有专家按照上述要求检查生活区的化粪系统是否满足相关的环保要求，工作区的加油站、车间、停车场、燃料储存及隔离区按要求应当设置的油水分离器和隔油池的设备运行状态也会被定期检查，如有异常情况（例如发生泄漏现象或者设施损毁）会被要求及时整改。承包商中国路桥公司按照要求设立了 EHS 部门，招聘了有资质的专家负责内部检查和撰写相关报告。工程监理公司也有专门的 EHS 部门，在定期的工地检查时监督世界银行的 EHS 规定的执行情况并及时督促承包商对不合要求的情况进行整改。在工程一开始，承包商就被要求提供质量保证计划，其中包含了承包商在 EHS 领域的各项承诺，包括对当地植被保护的承诺，因项目执行必须砍伐的树木需要在相邻地区进行补偿种植。总体而言，世界银行对环保、职业健康保障高度重视，承包商需要为 EHS 领域的工作支付占合同金额一定比例的保证金，在出现承包商违反世界银行 EHS 规定，且多次督促整改无果的情况下，承包商的保证金会被扣除。

二、亚洲开发银行的社会和环境保障政策

亚洲开发银行（简称亚开行）适用于环境管理和环境影响评估（Environmental Impact Assessment，缩写为 EIA）的主要政策、法规、要求和程序包含在亚开行 2009 年的《保障政策声明》（Safeguard Policy Statement，缩写为 SPS)[①] 中。总的来说，亚开行和世界银行在保障落实环境标准的机制设计上有诸多相似之处。亚开行在其《保障政策声明》中明确了对于社会和环境保障要求的主要内容，将其保障政策划分为三大部分：环境保障、非自愿移民

---

① Asian Development Bank. Safeguard Policy Statement [R/OL]. (2009-06-01) [2023-01-23]. https://www.adb.org/documents/safeguard-policy-statement.

保障和原住民保障。

根据规定，在项目早期，特别是项目识别和准备的阶段，亚开行会基于拟议项目的潜在影响和风险程度对项目进行筛选和分类。目的是：

（1）反映项目潜在的环境影响程度；

（2）识别环境评估的类型和水平，以及与拟议项目潜在影响的属性、规模、程度和敏感性相称的保护措施；

（3）确定针对社区磋商咨询和信息披露的相关要求。

一个项目的环境类别是由该项目最具环境敏感性的组成部分决定的，包含项目造成的直接、间接、诱发和累积的影响。亚开行将项目环境影响分为三类：

A 类：拟建项目可能对环境产生不可逆转、多样化或前所未有的重大不利影响；影响范围可能会大于进行物理工程的场地或设施的地区。需要进行包含环境管理方案（environmental management plan，缩写为 EMP）的全面的环境影响评估。

B 类：拟建项目的潜在环境影响程度小于且数量少于 A 类项目；造成的影响是局部的，且很少（如果存在的话）是不可逆的影响，并且可以通过减缓措施解决。此类项目需要提交初步环境检查文件（initial environmental examination，缩写为 IEE），其中须包括环境管理计划。

C 类：拟建项目可能对环境的不利影响很小或没有影响。不需要提交 EIA 或 IEE 文件，但需要对环境影响进行审查。

如果项目涉及生物多样性保护、文化遗产管理、移民安置等问题，亚开行也有相应的具体的评价方法和工具可供使用。要求借款国在项目的识别和准备过程中尽早启动环境社会调查和评价，评估、管理和监测整个项目周期各个阶段（预施工、施工、运营以及可能的停运、关闭与复原）所有直接、间接、累积性的环境和社会风险与影响，确保其符合相关环境和社会标准的要求，并在过程中运用各种机制确保利益相关方能够得到充分参与。环境评价和管理及缓解措施都遵循以下的总体原则和优先次序：

（1）预见和避免。避免是最可取的缓解措施，这一步要求寻找和评估技术和财务上都可行的替代方案，同时考虑成本和效益。

（2）最小化。在确实无法避免的情况下，尽量降低或者减少消极的环境风险的影响。例如，选择碳排放和废物排放更低的技术方案或提高能源利用效率或减少项目的物理足迹等，采用"污染者付费"等原则。

（3）缓解。这里的缓解指的是在采取最小化消极环境影响措施后对残余的风险和不利影响的管理，确保项目的设计、施工满足相关环境法规和标准，不至于造成显著的环境恶化。

（4）抵消或补偿。如果上述措施都不足以控制重大风险和消极影响，要求设计和实施相应的补偿或抵消风险及影响的举措。这些措施可能涉及物种栖息地和生物多样性的保护、温室气体排放等议题。

三、世界银行和亚洲开发银行对项目环境信息披露以及跟踪核查方面的要求

世界银行和亚开行都对信息披露和项目中各类型利益相关者的参与高度重视，认为披露项目信息是帮助受影响社区和利益相关方了解项目环境风险和影响的重要途径，也是让利益相关者参与项目的前提。具体而言，世界银行在其《环境和社会标准》中要求借款国应在世界银行开展项目评估之前，在与利益相关方就项目设计进行有意义的磋商的时间期限内，尽早向项目的所有利益相关方提供以下信息：

（1）项目的目的、性质和规模；

（2）项目活动的持续时间；

（3）项目对当地社区的潜在风险和影响、缓解这些风险和影响的建议、突出可能对弱势群体造成更坏影响的潜在风险和影响、描述避免和缓解风险与

影响的不同措施；

（4）拟定的利益相关方的参与过程，突出利益相关方可参与的方式；

（5）拟定公众磋商会面的时间和地点，以及会面的通知、总结以及报告的过程；

（6）提出和解决申诉的流程和方式。

此类信息以文件草案的形式采用当地语言进行披露，并考虑那些受到项目特别或较大影响的群体的具体信息需求（例如身体状况、读写能力、性别、流动性、语言差异以及获取能力）。信息披露的渠道包括：报纸、布告、电台、电视台；信息中心、展览和其他视觉展示途径；宣传册、传单、海报、非技术性文件摘要和报告；官方通信、会议；网站、社交媒体。

在整个项目周期内，世界银行要求借款国鼓励受项目影响的各相关方参与并向其提供信息，持续开展利益相关方的咨询和参与活动。如果项目发生重大变化，导致额外的风险和影响，特别是这些变化会影响相关各方，借款国应提供有关此类风险和影响的信息，并与受项目影响各方就如何缓解这些风险和影响进行磋商。

此外，世界银行的"信息获取政策"规定投资项目的相关信息须以一定形式公开，具体的公开方式包括：（1）在世界银行的外部网站上发布信息；（2）根据公众需求给出回应；（3）随着时间的推移依次解密某些受限制的文件等。①

类似地，亚开行也在其《保障政策声明》的"信息披露"章节中指出，亚开行承诺与借款人或客户一起，在合适的地点、以合适的方式和受影响人群能够理解的语言，及时向受项目实施影响的人群及其他利益相关方（包括社会公众）发布有关社会和环境保障的信息（不管是正面还是负面的），便于他们为项目设计和实施提供有价值的建议。这一做法旨在增强利益相关

---

① 世界银行官方网站［EB/OL］．［2023-01-23］．https://www.shihang.org/zh/access-to-information．

者对亚开行能力的信任,提高项目的管理透明度,完善项目问责机制和参与式开发模式,从而增加亚开行业务的影响力。环境信息披露过程中,信息由项目实施方提供,亚开行负责披露。亚开行将在其官方网站上公布以下保障文件:

(1)对于环境 A 类项目,至少在提交董事会审议前 120 天公布环境影响评价报告草案;对于 B 类项目,尽量在董事会审议前提供最终的环境影响评价报告;

(2)在项目评估前公布环境评价和审查框架草案、移民框架和/或移民计划草案,原住民计划框架和/或计划草案;

(3)EIA 和/或 IEE、移民计划和原住民计划的最终版本或修订版本;

(4)在项目实施过程中借款人/客户提交的环境、非自愿移民和原住民计划执行情况监测报告。

在投资项目的环境影响评估过程中,亚开行还针对环境影响评估的公众咨询磋商环节设置了专门的信息披露机制。信息披露的主要内容包括:(1)相关法律及规章制度;(2)公众参与办法;(3)环境数据与信息的收集和分析;(4)不同利益方关心的战略性问题;(5)公众会议和访谈记录内容;(6)解决公众意见的方法;(7)在项目实施过程中信息披露的安排等。

尽管亚洲开发银行对于其贷款项目的环境影响评估有着严格的要求,但是在实际实施过程中也有深刻的教训,2013 年完工的印度古吉拉特邦蒙德拉超临界燃煤电厂遇到的问题就是值得借鉴的例子(参见专栏 3-2)。

专栏 3-2　印度古吉拉特邦蒙德拉超临界燃煤电厂

印度古吉拉特邦蒙德拉超临界燃煤发电厂总容量为 4 000 兆瓦。该项目位于印度古吉拉特邦蒙德拉库奇湾沿岸 1.5 公里处,海湾以其丰富的生态环境而闻名。项目总成本约为 41.4 亿美元,获得了亚洲开发银行、世界银行集团下属国际金融公司、韩国进出口银行以及当地银行的贷款。按照亚洲开发银行的环境和社会《保障政策声明》，该项目被列为具有重大环境影响的项目（A类）。

电厂2013年全面投入运行后，亚洲开发银行、世界银行收到了当地社区居民代表的申诉，指出该项目未能与社区进行自由、事先、广泛和有意义的协商，项目实施后给当地渔民带来了重大和不可逆转的损失，主要原因是电厂冷却水在高于环境温度7℃的情况下排放，导致大量鱼苗死亡。

收到社区居民的申诉后，亚洲开发银行合规委员会进行了详尽的调查。2015年3月发布调查结果，认为该项目的实施过程确实出现了与亚洲开发银行运营政策和程序不符的情况，并造成了损害。其中最大的问题是在项目设计阶段初期，未能与社区居民和渔民进行充分和全面的协商，未能考虑他们的意见以评估项目影响。调查报告指出，无论项目处理进度有多紧，充分听取利益相关者的声音并征求他们对环境影响的意见尤为重要。

资料来源：Asian Development Bank. Lessons Learned from Compliance Reviews of The Asian Development Bank（2004—2020）：Mundra Ultra Mega Power Project in India［R/OL］.（2013-04-16）［2023-01-23］. https：//www.adb.org/sites/default/files/publication/747376/ocrp-lessons-india-mundra-ultra-mega-power-project.pdf.

◆ 跟踪核查

世界银行对环境和社会标准的落实遵循的是"绩效标准"模式。世界银行在其《环境和社会框架》文件中规定，世界银行会根据法律协议，监测项目的环境和社会绩效，并考虑项目执行过程中的任何修订，包括项目设计变更或项目情况的变化。在环境相关的措施和行动得到实施前，项目不得被视为完成。跟踪核查的主要途径是审查借款国各类项目执行情况的监测报告，要求借款国组织利益相关方和第三方，如独立专家、当地社区或非政府组织等参与监测，补充或验证项目监测信息。如果借款国未能在指定的时间内实施计划的措施和行动,世界银行有权采取补救措施。

亚开行的《保障政策声明》中也有相应的规定。借款人或客户和亚开行有各自的监测责任。监测活动的强度,包括其范围和周期,要视项目的风险和影响程度而定。亚开行要求借款人或客户按照项目法律文件实施保障措施和有关保障计划,并定期就计划的执行情况提供监测报告。具体而言,亚开行要求借款人或客户:

(1) 建立并坚持监测保障计划执行情况的制度;

(2) 确保保障措施的实施及进展有助于取得预期成果;

(3) 编制和发布监测结果报告,并在定期的监测报告中确定必要的修正和预防措施;

(4) 跟踪这些政策措施的实施情况,保障计划能达到预期的结果;

(5) 由具备相应资质和经验的外部专家或合格的非政府组织取证具有重大影响和风险项目的监测信息;

(6) 对高度复杂和敏感的项目,聘请独立的咨询团队监测项目实施;

(7) 按照亚开行要求的方式定期提交监测报告。

亚开行将根据借款人或客户在项目法律文件中的承诺评估项目的效果,将对社会和环境保障的监测和监督整合进项目绩效管理体系,其监测将持续到发布项目完工报告。亚开行对项目执行情况将采取以下监测措施:

(1) 对那些产生负面环境和社会影响的项目,定期进行现场考察;

(2) 对产生重大负面社会或环境影响的项目,由亚开行的保障专家或项目咨询专家到现场进行细致的监督考察;

(3) 审查借款人或客户定期提交的监测报告,以确保项目的负面影响和风险已按计划和亚开行的要求得到减缓;

(4) 与借款人或客户一起尽可能弥补法律文件中未能兑现的保障承诺,并采取补救措施使之重新符合保障要求;

(5) 编制项目完工报告,结合基底条件和监测结果,评估保障计划是否达到预期的目标和取得预期成果。

此外，世界银行和亚开行等多边开发银行对申诉和问责机制也都有明确规定并设立了相应的机制。与世界银行项目相关的投诉有三个主要渠道：

——项目层面的投诉机制：借款国政府负责在项目层面建立一个使用方便、及时对民众关切做出反应的投诉机制，用来处理受项目影响人员的投诉并找出解决方案。

——世界银行投诉服务（Grievance Redress Service，缩写为GRS）：GRS是世界银行机构层面的投诉处理机制，就直接或间接提交世界银行管理层的投诉帮助项目团队协调达成解决方案。GRS独立于项目团队，直接向世界银行高级管理层报告。

——世界银行独立监察小组（Inspection Panel）：独立监察小组是评估关于世界银行活动损害人或环境的指控、审查世界银行是否切实遵守其业务政策与程序的投诉机制。独立监察小组独立于世界银行管理层和工作人员，直接向执行董事会报告。

第二节　世界银行和亚洲开发银行关于温室气体排放的规定

一、减少和控制温室气体排放

世界银行在其环境和社会评价框架中要求对短期和长期气候污染物（包括所有温室气体）的排放以及气候变化的缓解、适应和恢复纳入考量，并将其归类于跨国界和全球性的风险与影响。世界银行的《EHS指南》列举了可能会严重排放温室气体的部门，如能源、交通、重工业（例如水泥生产、钢铁制造、铝熔炼、石化业、石油炼制、化肥制造）、农业、林业和废弃物管理。排放既包括项目物理边界内设施的直接排放，也有与现场以外生产项目所使用电力有关的间接排放。《EHS指南》给出的减少和控制温室气体的建议包括：提高能源利用效率、使用可再生或低碳能源；使用全球变暖潜能值较高的制冷剂的替代品；采取更多可持续的农业、林业和畜牧业管理实践；减少挥发性排放和废气燃烧；进行碳捕集利用和封存；提供可持续的交通替代方案；进行废物管理（限制或减少甲烷的排放）。

亚开行在其《保障政策声明》中也要求借款国或客户采取措施减少与项目有关的人为的温室气体排放。如果项目的开发和实施可能或已经产生数量可观的温室气体，借款国或客户应对项目物理边界内的活动所直接排放的温室气体以及项目所需电力的生产所导致的间接排放的温室气体进行准确计量。借款国或客户需要采用国际公认的方法逐年对温室气体排放进行量化监测和监控。在项目建设和运营期间，借款国或客户应从技术、融资和成本收益角度比较各种可以减少温室气体排放的方案并从中做出选择。

二、估算温室气体排放价值

环境评估的一个特殊和重要的案例是估算温室气体排放的价值，既包括项目减少排放的收益，也包括项目增加排放的成本。例如，道路改善可以减少拥堵，有助于减少正常交通的排放，但也可能因为增加了上路的车辆而增加排放。确定并评估项目导致的排放净变化，可以通过比较"有项目"和"无项目"的两种情境来实现。温室气体排放量的减少可以视为全球收益，其增加可以视为全球损失。

在评估温室气体排放量时，需要考虑"碳的社会成本"（参见专栏3-3）。亚洲开发银行的项目评估考虑的碳的社会成本为每吨二氧化碳36.30美元，用这一数值估算在发展中国家减少排放的项目避免的损害效益以及增加排放的项目造成的损害成本。①

> **专栏 3-3　碳的社会成本**
>
> 　　气候变化是典型的市场失灵,排放二氧化碳的成本由整个社会承担,对人类社会正产生越来越严重的负面影响。为了纠正市场失灵,经济学家计算碳的社会成本(social cost of carbon,缩写为 SCC),即每多排放一吨二氧化碳所导致的经济损失。因此,碳的社会成本就是人类为气温上升所付出的代价。
> 　　据美国加利福尼亚大学圣迭戈分校的学者在《自然气候变化》期刊上发表的论文,全球范围内 SCC 总计约为 417 美元/吨,但各国承担的成本差异很大。印度碳排放的社会成本在全球最高,约为 90 美元/吨,这意味着每增加一吨二氧化碳排放将使印度经济损失 90 美元。美国紧随其后,二氧化碳排放的社会成本估计为 50 美元/吨;中国的碳社会成本约为 26 美元/吨。
> 　　资料来源:Ricke K, Drouet L, Caldeira K, et al. Country-level Social Cost of Carbon [J]. Nature Climate Change, 2018, 8: 895 - 900.

三、建设有韧性的基础设施

　　世界银行和亚开行在为基础设施融资时,一方面鼓励在项目的设计、施工和运营过程中通过采用低碳技术手段或者提高能源利用效率等方式减少温室气体的生成和排放,从而降低对气候变化产生的消极影响。另一方面,气候变化所导致的地区自然条件的改变也会反向作用于各类基础设施,从而诞生了能够更好抵御气候变化消极影响的有韧性的基础设施的理念。
　　以道路桥梁类基础设施为例,气候变化的消极影响和作用机制基本上可

---

① Asian Development Bank. Guidelines for the Economic Analysis of Projects [R/OL]. (2017 - 03 - 01) [2023 - 01 - 23]. https://www.adb.org/documents/guidelines-economic-analysis-projects.

以总结如下：

（1）直接的物理破坏。在部分地区，例如非洲，气候变化会导致更极端的高温天气、更多的降雨及次生的城市内涝和洪涝灾害。保障基本的交通服务提供，必然要求投入更多的路桥养护成本。据估算，从2020年到2050年，仅在非洲，气候变化就会对道路系统造成数以百亿美元计的物理破坏。这些因素会缩短道路的维护、修复和翻新周期，导致平均每20年就需要重新铺一遍路面。缩短的周期会使维护和定期翻修的成本陡增。在最坏的情况下，降水导致的气候压力会使得翻修成本上升到历史气候条件下的10倍，洪涝的情况下则会增加到17倍之多。气候变化对道路系统的破坏机制及应对措施如表3.3所示。

表3.3 气候变化对道路系统的破坏机制及其应对

道路类型	气候压力源	影响	应对措施
沥青铺装路面	温度	高温会导致道路集料的加速老化	更快的道路质量下降会导致额外的更频繁的修复施工
	温度	高温会导致沥青出现车辙损害、泛油等消极后果	需要每年对受损路面进行额外的填缝和局部修补
	降水	更多的降水会导致路基层平均含水量过高，降低道路承受荷载的能力	渗水导致侵蚀，需要填补路基和路面开裂，进行路面修补
	洪涝	道路冲刷和路面起拱	修补局部的冲刷，清理排水沟、涵管，替换路基和路面
碎石路面	温度	无影响	无须处置
	降水	更多的降水会导致道路表面崎岖不平，路基层平均含水量过高，降低道路承受荷载的能力	填补路基、重铺碎石、重新平整路面
	洪涝	道路冲刷和路面起拱	与沥青路面情况类似的措施

资料来源：Henning T F P. Integrating Climate Change into Road Asset Management [M]. Washington, DC: World Bank, 2017.

（2）巨大的系统紊乱。除了会导致更高的维修、翻新和养护费用，道路系统因出现物理损害需要维护而临时封闭会扰乱人员和物资的正常流动，影响路网通达性，从而造成额外的经济损失。据世界银行报告，极端高温会导致与历史气候条件相比路网中断时间上升到原来的 2.5 倍，对于降水和洪涝，增长幅度分别是 76% 和 14 倍。①

因此，为了减轻气候变化对道路系统的影响，有效提高路桥类基础设施对气候变化的韧性，世界银行专家建议从以下几方面着手：

对于既有道路，应保证足够和适当的道路维护。这是最关键也最有效的适应性措施，缺乏维护会加重气候事件对基础设施造成的损害。因此，需要对路面、桥梁、排水结构进行定期常态性养护，开裂的路面及时做好封闭，确保各类管涵功能正常，不出现堵塞现象；做好边坡保护工作；对基础设施进行系统性评估，识别其脆弱性和风险点，进行增量性改善等。上述措施是应对气候风险的第一道防线。目前很多发展中国家特别是非洲国家都远未达到正常的维护标准。世界银行指出，将足够的有气候韧性的基础设施维护工作机制化并落实是发展中国家在落实气候变化国家自主决定贡献时的关键优先事项，并应得到气候融资的支持。

对于新建基础设施，应事前做好气候风险评估，必要时从设计阶段开始就采取积极主动的适应性措施来应对气候变化。从经济理性的角度看，对几乎所有非洲国家和大多数的气候变化情景，预期出现更高气温并相应地调整工程设计都是理性的选择。道路使用寿命延长、更低的维护翻修费用以及更少的道路中断所避免的经济社会损失足以抵消增加的前期投资和施工成本。就降水和洪涝而言，情况则变得更加复杂。不同地区的降水量差异很大，且

---

① Cervigni R, et al. Enhancing the Climate Resilience of Africa's Infrastructure: The Roads and Bridge Sector [R/OL]. (2016-11-13) [2023-01-24]. https://www.worldbank.org/en/topic/transport/publication/enhancing-the-climate-resilience-of-africas-infrastructure-the-roads-and-bridges-sector.

具有不确定性，更强的降水和更严重的洪涝可能到 21 世纪中叶才会显现出来。对非洲的部分国家（例如安哥拉、尼日利亚、多哥、博茨瓦纳、南苏丹、莫桑比克、贝宁和喀麦隆等国）而言，已经可以确定，哪怕是轻微的气候变化也会导致显著的降雨，引起道路系统紊乱。增强基础设施韧性的工程技术措施包括：改善道路的排水结构和能力、使用耐高温性能更好的道路结合料、加固河岸防止洪涝灾害、提前识别交通系统中气候敏感的热点地区、增强对灾害性天气事件的预报能力等。也可以从政策和规划方面作出努力，例如将气候脆弱性评估纳入基础设施规划流程；将道路规划在不易受气候变化影响的地区；规划多条通达同一地点的道路，避免唯一的主干道中断对供应链、人员流动和社会生产造成的消极影响；更新施工标准，考量温升、降水和洪涝等因素；完善环境政策和法规；加强专业道路管理系统的建设和相应的监督工作等。不过，要注意的是，短期内并不存在放之四海而皆准的应对气候变化的适应性措施，针对具体的工程还要逐案研究，可以利用世界银行专家提出的分析框架和模型做好成本收益分析，在过度设计增加的成本和增强气候韧性的必要措施之间把握好平衡。

第三节　绿色低碳和有韧性的基础设施项目案例

一、亚洲开发银行资助的中国湖南省湘潭低碳行业发展项目[①]

（一）项目简介

湖南省湘潭低碳行业发展项目的主要内容包括：

---

① 湘潭低碳城市转型亚行贷款项目信息公开［EB/OL］．（2020-03-02）［2023-01-24］．http://www.xiangtan.gov.cn/109/181/content_820895.html.

——公交优先系统道路的改造。具体包含 31.3 公里公交专用道和 52 个安全岛的建设，129 个公交站台、63.4 公里自行车道、253 600 平方米人行道的改造。

——五所小学周边道路安全标准的提升。

——湘潭城际站和湘潭火车站多式联运站的车站升级改造。

——建设以人为本的智慧交通系统。具体包含为公交车道设置专门信号灯和绿波通行指示，优化路口红绿灯后台程序措施，更换人行通道信号灯，建设公交车信息管理系统和公交系统管理中心。

——福星中路的适应气候变化及低碳改进。具体包括路面拓宽和地下通道改造、道路安全改造工程和路面海绵设施示范工程（2.9 公里），以及提升利用自行车道和步行道的可行空间。

——湘潭市中医院绿色低碳建筑项目，采用世界银行绿色建筑逸居认证标准[①]并通过认证。

——湘潭国家级绿色低碳发展能力建设基地项目。拟对湘潭上和酒店实施节能、低碳和翻新改造，使其具备培训、会议、住宿功能，满足能力建设活动和培训的硬件要求，采用世界银行绿色建筑逸居认证标准改造并通过认证。

——公共服务能力提升和低碳社区建设项目。具体包含对雨湖区 10 个社区和岳塘区 10 个社区进行改造，升级基础设施，实现更好的公共服务能力，进行低碳社区示范。

项目中各方的职责划分如表 3.4 所示。

---

① 世界银行绿色建筑逸居认证（Excellence in Design for Greater Efficiencies，EDGE）是由世界银行集团旗下的国际金融公司制定的绿色建筑标准和国际绿色建筑认证体系，通常只有解决方案能至少减少 20% 的能耗、用水量和建材含能，才能得到该体系的认证。EDGE 往往可以帮助项目争取到更优惠的融资利率。

表 3.4 亚开行湘潭低碳转型行业发展计划项目中各方的职责划分

组织机构	角色和环境管理方案（EMP）中的职责
湘潭市政府	项目执行方或实施方，负责项目整体落实，亚开行联络方
项目管理办公室	各方协调，报告准备，行政审批，项目准备活动的组织（如顾问招聘、征地和安置、环境评价），费用支付和财务管理，采购和合同管理等，确保环境和社会保障措施得到遵守
项目管理顾问机构	在项目管理、施工监理、能力建设项目的落实和财务审计方面提供日常协助
环境监测公司	有资质的第三方本地环境监测机构，负责周边环境状况监测
施工监理公司	负责施工阶段对施工承包商的监督和引导，配备有资质的环境监理工程师，确保 EMP 的落实，提交季度环境监测报告
承包商	在整个施工阶段确保有足够的资金和人力资源保证 EMP 中规定的减缓和跟踪监测措施的及时和正确落实；指派专员监督工地上环境减缓和职业健康与安全措施的落实情况；受理投诉
湘潭市生态环境局	审批环境影响表格；审查项目监测结果；定期进行监督和检查；在竣工时进行验收检查
亚洲开发银行	审批 IEE 和 EMP 并在其官网上公开披露；向项目执行机构提供指导；项目实地检查（通常一年一次）；监测贷款和项目条款的合规情况；定期更新项目绩效审查报告和有关信息文件并公开披露

资料来源：亚洲开发银行。

最终，通过湘潭的低碳转型项目，亚开行和中国政府希望达到如下目标：可展示的低碳和有韧性的基础设施；以充分知情的决策为目标的信息和知识平台建设以及行为方式的改变；低碳转型政策改革；能力建设和项目管理的改善。

项目预估总费用为 3.96 亿美元，其中亚开行提供总额 2 亿美元的贷款，另有 1.96 亿美元由湘潭市政府出资。

（二）应用分析

湘潭的低碳转型项目被亚开行归为环境 B 类项目，从而需要借款方（湘潭市政府）提交一份包含环境管理方案的初步环境检查文件（IEE）。湘潭市政府按照规定向亚开行提交了该文件，文件对项目的概况、预期的成果和产出收益、政策法律和行政框架、潜在的对环境的消极影响及预期的减缓措施、替代方案分析、信息披露和公众参与情况、申诉和补救机制等进行了详细说明，并提供了完善的项目环境管理方案（EMP），涵盖选址和征地、施工、运营阶段三个维度。

关于对气候变化的应对，该项目进行了气候风险和脆弱性评估。通过分析，湘潭市面临的主要气候风险是强降雨导致的洪涝灾害及其次生的对道路的破坏、建筑物电力及天然气供应和通道的中断，整体气候风险等级为中等。项目规划将气候变化导致的极端降雨因素纳入设计和土木工程合同成本的考量，且建立了智慧的中心城区内涝预警系统，通过城市内涝风险建模识别出具有高内涝风险的地点，对湘潭市核心区域气候风险进行预警和管理。同时，从工程技术角度，对内涝风险较高的地区如湘潭火车站、杨梅洲和窑湾区域进行了适应性设计，在福星中路进行基于生态系统的适应性改造和路面海绵设施示范工程。通过设立生态树池、将既有道路绿化带10%的区域改造为下沉式绿地等措施，用生物滞留设施在保留或增加绿化面积的同时增加地表径流下渗率，净化雨水，降低污染，减轻暴雨时市政管网系统的排水压力，并实现植物利用雨水的自我浇灌；在自行车道和人行道采用带孔隙的透水性路面材料和结构设计减少地表径流，暂时储存雨水，削减雨洪峰值。这些措施在增强道路系统对气候变化导致的强降雨的抵御能力的同时，也能够渗漏和过滤阻滞高浓度的重金属、杀虫剂等污染物顺着雨水流入排水系统，起到保护环境的作用。在削减温室气体排放、实现低碳发展方面，该项目投入100辆电动巴士，通过布置63公里的公交专用道、改善公交车站和自行车道的用户友好度等方式鼓励市民低碳出行。另外，针对拟新建的湘潭市第一中医院，建议为了达到世界银行绿色建筑逸居认证标准，采用冷热电三联供①的能源系

---

① 冷热电三联供是指以天然气为燃料带动发电设备运行，产生的电力供应用户的电力需求，系统发电后排出的余热通过余热回收利用设备（余热锅炉或者余热直燃机等）向用户供热、供冷。这种方式大大提高了整个系统的一次能源利用率，实现了能源的梯级利用。

统。通过该能源系统，湘潭市第一中医院预计能够拿到此项认证并在暴雨和电力供应中断时保持正常运作。项目还计划对 10 个社区的居民建筑进行改造，通过改善建筑物外墙和屋顶的隔冷隔热性能、推广 LED 灯照明[①]、使用节能门窗、设立电动车充电站等举措降低能耗，提高能源利用率。类似的节能节水措施也会用于曾经半废弃的市委党员教育中心的翻修改造，使其通过世界银行绿色建筑逸居认证并在未来作为亚太低碳培训中心，向中国其他城市地区和全球传播湘潭在低碳发展领域的经验。

项目制订的环境管理方案主要是为了确保项目符合中国相关环保法律法规和标准以及亚开行的《保障政策声明》文件中规定的要求；确保减缓措施和管理措施得到落实，避免、减轻、减少或弥补可预见的环境影响；同时规定了监督和报告制度，为项目的实施、跟踪监督和定期汇报以及相应的能力建设和人员培训制定明确清晰的组织责任划分和预算。该方案的落实贯穿项目从详细设计、施工准备、施工到运营的所有阶段，在项目详细设计完成时需要更新一次，最终版的环境管理方案需要在亚开行的官网上公开披露，并纳入项目管理手册中。在招标文件和工程合同中要求承包商遵守 IEE、EMP 文件以及定期跟踪报告或者亚开行与借款方之间其他文件中规定的措施和任何其他改正性的或者预防性的举措，在招标文件中为此类举措设置预算。如果在施工过程中出现任何意外的未在 IEE、EMP 或者社会保障尽职调查报告中预料到的环境问题、重新安置问题或对当地居民或少数民族的风险或影响，需要向亚开行书面通知并得到认可。EMP 文件需要作为单独的附件附在所有的招标和合同文件中，在未达到该要求之前不得授予承包商工程合同。承包商借此充分了解他们落实 EMP 的义务，并将落实 EMP 的相关成本涵盖在其对项目工程的报价中。

在湘潭的低碳转型项目中，为确保 EMP 的落实，湘潭市政府特别设立了

---

① LED（发光二极管）照明灯具有节能、环保、寿命长、体积小等特点，超低功耗（单管 0.03～0.06 瓦）电光功率转换接近 100%，相同照明效果比传统光源节能 80% 以上。

项目管理办公室，负责项目的日常管理，主要责任包括：

——与中央政府、省政府和其他政府机关及亚开行的协调；

——起草和准备有关报告，从相关上级主管机关获得行政许可；

——项目准备工作的组织，例如技术顾问的招募和项目提案、可行性研究、环境和社会评估等报告的准备；

——负责领导项目实施的日常工作。

项目管理办公室由湘潭市政府秘书长领导，配备合适的人员，包括来自市政府的负责交通、水务、生态环保、住房和城乡建设、卫生等部门的代表，以及一名全职的有资质的环境和安全负责人；同时聘请一家项目管理顾问机构提供项目管理、技术支持、保障政策的遵守和监督、社会发展、性别平等以及宣传策略等方面的建议。该顾问机构需要提供一名兼职的环境顾问，作为环境、健康和安全专家，负责在环境影响减缓措施的落实、环境监测和汇报等领域为PMO（项目管理办公室）提供支持，处理可能出现的环境问题和投诉，同时在进入施工和运营阶段之前协助承包商制定因地制宜的施工环境管理方案。在项目施工阶段需要有资质的施工监理公司，并配备有资质的健康、安全和环境监理工程师，监督施工承包商对EMP的落实，在此基础上提交季度环境监测报告。项目实施方即湘潭市政府还需要根据环境监测计划的要求寻求有资质的第三方环境监测公司的帮助，在施工和运营阶段开展环境监测。同时，承包商还必须报告所有的诸如倾洒、泄漏、事故等事件以及所收到的投诉并采取合适措施。亚开行则会在项目实地检查时，检查相应的环保要求是否得到遵守，并对年度环境监测报告进行审查和质量控制，也会在其官方网站上公开此类报告。

为了评估环境管理方案的执行情况，亚开行设计了8个绩效指标，分别从人员配备、预算分配、跟踪监督、检查、汇报、能力建设、申诉机制和合规等维度来评估环境管理的有效性。如果项目未能达到EMP中规定的环境保障要求，亚开行将会寻求纠正性举措，并在需要采取后续措施的事项上向项目实施方给出指导建议。

二、世界银行资助的塞内加尔达喀尔快速公交项目[①]

（一）项目背景

塞内加尔是西非地区的重要国家，其城镇人口正以每年3.9%的速度快速增长，2025年60%的人口都将居住在城镇地区，超过45%的城镇人口集中居住在首都大达喀尔地区。过于集中的人口加上落后的交通基础设施导致大达喀尔地区的交通堵塞非常严重。世界银行资助的达喀尔快速公交项目与塞内加尔自身的"振兴塞内加尔"规划非常契合，重点关注在达喀尔通过PPP落实大容量交通换乘系统，通过对中低收入者出行方式的重大影响和对经济的刺激作用实现削减贫困和扩大共同繁荣的目标。塞内加尔政府希望通过PPP方式引入社会资本参与该项目，将车辆、操作系统以及快速公交的运营维护（车辆和设备的维护）委托给有资质的运营商。项目直接受益人口170万，占到大达喀尔地区人口总量的43%。

（二）项目具体内容

项目主要包括以下内容：修建一条20公里的快速公交线路；修建两个大规模旅客集散中心（实现公交车、出租车的接驳）；修建31个快速公交车站。

项目从城市规划的整体角度考虑，提供安全、方便的行人通道，改善的城市照明系统和信息技术系统，辅助建立各类相关的管理和运营服务以及通行费收取系统。项目的管理方和具体实施方为达喀尔城市交通执行委员会，项目的融资结构如表3.5所示。

[①] World Bank. Senegal-Dakar Bus Rapid Transit Pilot Project [R/OL]. (2017-05-04) [2023-01-24]. https://documents.worldbank.org/en/publication/documents-reports/documentdetail/810361495936883655/senegal-dakar-bus-rapid-transit-pilot-project.

表 3.5　达喀尔快速交通项目融资结构

出资方	出资	
	资金量（千万美元）	比例（%）
世界银行	30	61.9
欧洲投资银行	8.5	17.6
绿色气候基金	3.5	7.2
巴士运营方	5.4	11.1
塞内加尔政府	1.1	2.2
总计	48.5	100

资料来源：世界银行。

世界银行首先在项目的概念设计阶段起草了项目信息文件，列举分析了该项目可能适用的世界银行政策。具体来说，从项目是否会触发自然栖息地、森林、病虫害管理、物质文化资源、原住民、非自愿迁徙、大坝安全、国际水域、有争议地区等维度的问题进行了分析，在环境评估一栏将该项目归类为 B 类，因为快速公交线路处于既有的道路走廊之上，不会对生物物理资源产生大量破坏。根据世界银行《EHS 指南》的规定，在对项目进行审批之前需要准备一份环境和社会评估报告供参考和披露。

塞内加尔环境和可持续发展部、达喀尔城市交通执行委员会共同起草了一份长达 282 页的项目环境和社会影响调查报告。报告分为十大部分，分别为引言、项目描述、政治司法和制度框架、方案分析（从有项目、无项目和不同的线路设计方案三个角度分析）、基础环境社会状况分析、公众咨询磋商、项目环境和社会影响、危险及职业风险分析、环境和社会管理方案、结论。在基础环境社会状况分析中，报告从生物物理情况、地形、气候、水文、动物植物圈等方面分析了地理状况；从人口、居住地、城市动力学和交通状况等方面分析了社会经济状况并总结分析了接受区的环境和社会敏感性。公众咨询磋商章节首先介绍了其原则和采用的方法，然后总结了公众的担忧、顾虑并给出建议，同时描述了投诉和冲突的管理机制。项目环境和社会影响章节首先介绍了识别和评估影响的方法，然后从施工准备、施工、运营三个阶段分析项目的积极和消极影响，并分别列出了补偿措施。

此外，2021年绿色气候基金公开披露的一份对达喀尔快速公交项目的审核材料对该项目的气候脆弱性和影响进行了较为详尽的分析。[①] 就塞内加尔而言，主要面临洪涝、干旱以及海平面上升的威胁。达喀尔快速公交项目作为位于都会区的市政工程，所面临的最大气候风险为城市内涝。而达喀尔城市雨水管网工程排水能力的不足更会加剧这一风险。专家预测未来20年达喀尔市的日均出行次数将翻倍，如果缺乏高质量的公共交通产品，绝大多数都将是私家车出行。目前虽然服务质量很低，但是公共交通依然占到了达喀尔所有机动车出行的80%，凸显了人口快速增长、城市继续扩张、交通拥堵严重、洪涝风险高企的情况下提供高质量公共交通出行方式的重要性。项目将促进大达喀尔地区向低碳交通发展路径的转变，从小运量、老旧、排放超标的公交车和私人小汽车过渡到大运量、宽敞舒适的现代巴士，原有排放源将会显著减少。据估计，在项目整个30年的生命周期里，可以减少200万吨二氧化碳当量的碳排放。

在实际项目实施过程中，基础设施建设不仅受限于道路的修建和拓宽，还涉及各类配套设施的设计和整修。例如，塞内加尔本身的城市雨水管道系统运作情况不佳，常有堵塞；达喀尔的气候决定了每年7—10月为雨季，且常是大暴雨，这导致在地势低洼处路面积水，交通中断，影响居民出行。因此，快速公交项目的实施提供了一个重整达喀尔市地下雨水管网的契机，有助于提高整个城市的气候韧性。

---

① Green Climate Fund. Concept Note of Dakar Bus Rapid Transit Pilot Project [R/OL]. (2021-02-01) [2023-01-24]. https://www.greenclimate.fund/sites/default/files/document/14160-dakar-bus-rapid-transit-pilot-project.pdf.

参考文献

世界银行. 环境和社会框架［R/OL］. (2018-10-01)［2022-01-23］. https：//projects. shihang. org/zh/projects-operations/environmental-and-social-framework.

世界银行. 借款国指导文件：针对投资项目融资的环境和社会框架［R/OL］. (2018-06-01)［2023-01-24］. https：//documents1. worldbank. org/curated/en/502451548345825238/ESF-Guidance-Note-1-Assessment-and-Management-of-Environmental-and-Social-Risks-and-Impacts-Chinese. pdf.

Asian Development Bank. Climate Change Operational Framework 2017—2030：Enhanced Actions for Low Greenhouse Gas Emissions and Climate-Resilient Development［R/OL］. (2013-08-01)［2023-01-24］. https：//www. adb. org/documents/climate-change-operational-framework-2017-2030.

Asian Development Bank. Safeguard Policy Statement［EB/OL］. (2009-06-01)［2023-01-23］. https：//www. adb. org/documents/safeguard-policy-statement.

第四章 "一带一路"绿色产业园区建设

制造业产业园区（见专栏 4-1）是"一带一路"建设的重要抓手。从东道国角度看，制造业产业园区在创造就业、延长当地产业链条、技术转移、孵化产业集群、推动出口贸易和创汇方面的潜力符合发展中国家和地区的迫切需要；从中国的角度看，国内加工制造业尤其是劳动密集型制造业逐步失去比较优势，需要"腾笼换鸟"，通过对外投资将 GDP 转为 GNP（国民生产总值）[①]，同时也能实现"一带一路"的双赢格局；从国际产业链的角度看，以国际买家为龙头的全球价值链随着各国要素的变迁，必然面临着国际产业分工的重组，持续挖掘成本和效率的最优解决方案是国际产业分工变迁的核心动力。

---

① GNP＝GDP＋来自国外的要素收入净额。

专栏 4-1　产业园区

产业园区一般是由政府为实现产业发展目标而创立的特殊区位环境，吸引工业企业入驻使用。产业园区能够有效地创造聚集力，不同企业共享资源和基础设施，带动关联产业的发展，从而形成产业配套。园区内产业之间有着密切的物质和技术联系，形成有利于技术创新和制度创新的环境，具体包括工业园区、经济技术开发区、高新技术产业开发区、特色产业园区、出口加工区、保税区、边境经济合作区等。政府在建立园区之前需要制定产业规划，采取在局部区域内降低交易成本、改善营商环境的有效措施，以优惠的贸易补偿政策和税收减免政策，加上"三通一平"（水通、电通、路通和场地平整）的基础设施，"筑巢引凤"，吸引企业进驻。我国的第一代产业园区以20世纪70年代末80年代初开始建设的深圳蛇口工业区为代表，从做"三来一补"①到高端制造，从制造走向创造，走到了全球创新的顶端。

产业园区政策是中国改革开放政策的主要成果之一，在推动中国经济增长、工业发展以及国际化方面发挥了重要作用。产业园区是中国发展社会主义市场经济和外向型经济的新运作模式，承担了政策实验和制度创新的任务。中国产业园区的建设成果已得到世界各国的认可，其经验也在部分国家成功推广，成为许多发展中国家建设产业园区的标杆。

资料来源：联合国工业发展组织，中国商务部国际贸易经济合作研究院. 中国产业园区建设最佳实践［R/OL］.（2020-11-01）[2023-01-24]. https://www.unido.org/sites/default/files/files/2020-11/CH_Experiences_and_Best_Practices_of_Industrial_Park_Development_in_China.pdf.

---

① "三来一补"是来料加工、来件装配、来样加工和补偿贸易的简称，是由外商提供设备、原材料、来样等，由中方提供土地、厂房、劳动力，按照外商要求组织生产、加工装配，全部产品外销，中方收取加工费的一种贸易方式。

第四章 "一带一路"绿色产业园区建设

随着国际社会对绿色发展共识的强化，产业园区成为发展中国家产业发展的重要工具，实施绿色园区的范式不仅是应对气候变化、环境保护和当地生态维持的需要，同时也是发展中国家承接、孵化和引进绿色发展相关科技创新的重要平台。本章将通过介绍国际相关案例对我国境外绿色园区的发展提供参考，并探讨"一带一路"加工制造业产业园区在绿色园区领域的尝试。

第一节 绿色园区的国际评估框架和相关准则

一、绿色产业园区的由来

从产业园区的发展历史来看，大部分国家经济腾飞初期的产业园区都经历了以简单加工为主、粗放式发展的起步期，力争以最少的投入撬动最大的投资和生产，通过"滚雪球"效应逐步发展。随着各国对环保和可持续发展的重视，生态产业园区（Eco-industrial park，缩写为EIP），也称"绿色园区"的概念逐步兴起。

丹麦的卡伦堡产业园区是国际上绿色园区最早的成功雏形。20世纪60年代卡伦堡地区几个用水极多的工业企业，因水源短缺，被迫合作进行水资源的回收利用，并由此逐步建立了企业之间的资源共享和副产品（工业废物）流转的有效机制，自发形成了一个自洽的产业生态。这一系统被学者提炼为"工业共生体"（industrial symbiosis），强调在一个园区中各产业相互利用工业废料，共享资源，使得园区整体的资源使用效率得到总体提升。此意涵后来发展成为工业生态学的一个主要研究分支，通过企业间的共生、资源互换以及效率提升三个关键元素，通过物理交换或物质和能源的传递，以及知识、人力资源、技术资源的共享形成的长期合作共生关系，实现环境和竞争效益。

卡伦堡产业园区产业共生体系的发展带来了园区发展模式的变革，其发展经验表明，在产业园区规划和建设过程中，有意识地来组织产业协作和基础设施共享，有可能带来超越单个企业范围的效果。因此，美国、加拿大、荷兰、英国、日本和韩国等工业化国家纷纷开展模仿探索，并在进入21世纪后引发了世界范围内生态产业园区建设的热潮。

为了形成国际共识、推动国际合作，联合国专业机构先后发布了有关生态产业园区的指导性文件。2017年，联合国工业发展组织（UNIDO）联合世界银行、德国国际合作机构（GIZ）发布了《生态产业园区：国际框架》[①]，将绿色园区不同的概念和术语进行了整合。2021年1月，联合国工业发展组织联合世界银行、德国国际合作机构发布了上述框架文件的更新版[②]，生态产业园区被定义为"在合适地点的工业专用区域，通过将社会、经济和环境质量方面纳入其选址、规划、管理和运营，支持可持续性"。在这个定义之下，生态产业园具有跨学科的多元性质，涉及能源效率、清洁生产、气候变化、污染、工业共生体、社会绩效、共享基建、风险管理、资源共享、土地和生态系统保护等。

相比传统的产业园区，生态产业园区的内涵有了新的延伸和变化：

（1）从企业间的合作共生，到所有参与方（stakeholders）的合作，且突出园区管理者的核心作用、政府和非政府组织的协助监督作用以及公私合作的重要性；

（2）从寻求效率最大化，到明确指出各维度绩效之间相互促进但又相互矛盾的复杂机制，寻求不同绩效之间的均衡，尤其关注社会和环境风险；

（3）从易于量化的效率绩效，到难以量化但不可忽视的指标的提出和深化，包括一系列定性指标；

---

① 联合国工业发展组织，世界银行，德国国际合作机构. 生态工业园区：国际框架［R/OL］.（2017-12-01）［2023-01-24］. https：//www.unido.org/sites/default/files/files/2019-10/Chinese%20An%20International%20Framework%20for%20Eco%20Industrial%20Parks_1.pdf.

② UINIDO，World Bank，GIZ. An International Framework for Eco-Industrial Parks v.2［R］. Washington，DC：World Bank，2021.

（4）从关注企业和园区层面的绩效，到关注更为宏观层面如区域、国家甚至全球层面的绩效指标，关注到积极和消极绩效的溢出效应；

（5）从涉及生产层面的绩效，到关注生产与生活之间的有机结合，尤其关注工业活动对居民和当地社会的影响；

（6）对新兴技术和创新机制的应用，例如碳交易机制等。

二、生态产业园区框架

根据世界银行统计，2018年全球约有250个自称的"生态产业园区"在运营或开发中，是2000年的5倍。[①] 但是，各国生态产业园区采用的标准不一，这些产业园区是否真正"绿色"难以评判，因此梳理和推广统一和清晰的绿色园区评判标准，以便国际社会和各国政府制定相应的鼓励政策和监管机制尤为重要。

2017年由世界银行、德国国际合作机构和联合国工业发展组织联合制定的"生态产业园区框架"给出了四个维度的评价标准：园区管理绩效、环境绩效、社会绩效和经济绩效。该框架的2021年更新版将上述四个维度的评价分为定性和定量标准两部分，其中定性指标是前提性指标，只有全部满足四组前提性指标的园区才能够进入被量化的阶段，从而获得相应的EIP等级。

该框架的实施为发展中国家探索产业发展和可持续之间的平衡提供了标准，也为园区开发商、入园企业、全球买家及其他相关方提供了具有实操性的准则。随着全球消费者对环保和绿色产品的需求日益增长，处在全球价值链顶端的买家也逐步完善其绿色采购和可持续供应链。EIP身份认证意味着园区企业可以获得全球买家的青睐，获得当地政府更多的政策支持。

---

① World Bank. Eco-industrial Parks Emerge as An Effective Approach to Sustainable Growth［R/OL］.（2018-01-23）［2023-01-24］. https：//www.worldbank.org/en/news/feature/2018/01/23/eco-industrial-parks-emerge-as-an-effective-approach-to-sustainable-growth.

此后，联合国工业发展组织在2019年发布《产业园区国际指南》（以下简称《园区指南》）①，明确指出产业园区的发展需遵循健康与安全、有效能源管理、环境保护标准，实现现代化、包容和可持续的产业园区发展。《园区指南》的特殊之处在于：首先，它特别关注发展中和转型中的经济体；其次，它不仅对产业园区提出绩效评估指标，更重要的是为产业园区各发展环节的决策提供整体指导意见，有利于产业园区各相关方更好地平衡园区的竞争力、可持续性和包容性；最后，相比于"生态园区框架"文件，《园区指南》除指标评估外，还涉及园区的规划设计、建设运营、营销和引资、废物管理和能源管理等具体措施。

在园区规划阶段，《园区指南》要求园区对环境合理性进行评估，规避环境和文化敏感区域，进行初步的社会环境评估并对有潜力的场地进行排名。在园区设计和开发阶段，相关方应注重综合环境管理、公用事业和包容性社会基础设施，尽可能做到产业共生协同、土地混合利用、使用可再生能源和节能。在园区运营和管理阶段，相关方需尤其关注环境绩效的监测评估、持续改进以及再投资。在园区的监测和评估环节中，《园区指南》列明了四个环境基本指标：环境适宜场址、绿色基础设施、绿色体系、高效清洁的生产排放和废物管理。

三、生态产业园区的典型案例

◆ 欧盟 Ecopadev 计划②

自丹麦卡伦堡生态产业园区模式受到关注以来，欧洲各国政府纷纷致力

---

① UNIDO. International Guidelines for Industrial Parks [R/OL]. (2019-11-29) [2023-01-24]. https://www.unido.org/sites/default/files/files/2019-11/International_Guidelines_for_Industrial_Parks.pdf.

② 欧盟社区研究发展与信息服务平台 [EB/OL]. (2005-07-28) [2023-01-24]. https://cordis.europa.eu/project/id/EVK4-CT-2001-00064.

于改造和建设生态产业园区。2002 年欧盟实施了 Ecopadev 项目,由来自 12 个主要欧盟国的顶尖科研机构承担,对欧盟当时的四十多个产业园区进行了调查研究,开发出了一整套基于生态产业园区发展的决策制定工具和方法,用来加强政府引导和园区管理,协调生态工业园区在欧盟各国内部的发展。Ecopadev 工具包括以下几个主要内容:人力资源、生活质量和社区关系;能源;互联网工具和软件应用;生产和原材料;交通运输;建筑和商业市场的可持续性。Ecopadev 所提供的一揽子政策工具对于欧盟生态产业园区的管理和相关城市的发展有着普遍的指导意义。

◆ **日本生态城项目**[①]

从 1997 年到 2006 年,日本政府花了 9 年时间实施生态城项目,这是日本最具代表性的生态产业园区实践。整体项目由经济产业省与环境省共同推进,形成自上而下产学研的合作。经济产业省提供硬件技术支撑,环境省提供软件技术支撑。生态城项目的目标是从"环保 3R"原则[②]出发,通过先进的资源循环与废弃物处理技术的推广构建一系列环境友好型城市与城镇,最终实现零排放社会。日本经济产业省与环境省对于相应的环境技术与资源循环项目给予一定的补贴,帮助其产业化。

生态城项目的核心在于把学术研究转变为技术优势,通过鼓励政策引导大型企业参与环境技术的产业化,实现经济效率和环境效率的双赢。生态城通常分为两个基础部分,分别为实证研究区和相关产业集群区。例如最具代表性的北九州生态工业园就拥有综合环境联合企业区和再生资源加工区,通过产业集聚已经形成了三大领先产业集群,分别为资源循环使用、废弃物处理和环保设备研发,新能源(汽车、太阳能、风能),以及以生物技术和信息

---

① 日本环境省. Eco-Town Program [R/OL]. (2004 - 12 - 01) [2023 - 01 - 24]. https://www.env.go.jp/en/recycle/manage/eco_town/index.html.
② "环保 3R"原则指的是 Reduce(减少使用)、Reuse(物尽其用)、Recycle(循环回收)。

技术为核心的新经济集群。

生态园建设需要大量而长期的资金、技术和人才的投入。日本政府还通过各类政策措施对生态园区的建设提供支持，制定了一系列支持循环经济发展的优惠政策：建立生态工业园补偿金制度，为具有先进技术的入驻企业提供经费；制定对产业废弃物征税的条例，促进废弃物减量化、资源化；在政府政策投资银行的政策性融资对象中，对循环经济型企业、废弃物处理设施建设等项目提供优惠税收等。在此过程中，日本政府通过废物循环领域的政策补助，为生态园整体建设费用提供了 25%—50% 的支持。[1] 当地市政府通过对土地、厂房、设备引进方面的补助鼓励相关企业入驻，同时还借助了部分日本非政府部门的资金支持。在技术层面，一方面大力支持高校、科研所、政府部门进行相关实证研究和实验，另一方面由政府直接创建试验工厂，将环保技术转变为商业化基础，推动其产业化。

◆ **韩国生态产业园**[2]

"亚洲四小龙"之一的韩国在 20 世纪 80 年代创造了增长奇迹，产业园区在其中扮演了核心角色。目前韩国已拥有超过 1 000 个现代产业园区，按其不同的开发目的和隶属管理机构划分为国家产业园区、地方产业园区以及农工园区三种。

与大多数工业化国家一样，韩国产业园区也经历了先污染后治理的过程，其关于生态工业园的政策探索始于 2003 年，韩国国家清洁生产中心基于《促进环境友好工业结构法案》提出了国家生态工业园项目，旨在升级改造传统污染型工业和发展创新型产业，目标是 15 年内分三个阶段改造一批传统老旧产业园区。第一阶段（2005—2009）在 5 个生态工业示范园区内建设了产业

---

[1] 刘红艳. 北九州生态园对我国静脉产业园建设的启示探索［J］. 大众标准化，2021（10）：29-31.
[2] 石磊，郭思平. 韩国的生态工业园区［J］. 世界环境，2011（05）：56-58.

共生体系，主要依靠从现有的工业结构中挖掘可能的工业共生行为和网络，确定实现共生所需要的技术并进行研发和推广。第二阶段（2010—2014）对第一阶段的成功经验进行推广，示范园区扩大到其他8个生态园区。第三阶段（2015—2019）主要是总结成功经验和园区模式。

位于韩国的蔚山—温山（Ulsan Mipo and Onsan）产业园区成立于1962年，是一个政府主导的、旨在实现早期工业化的传统园区。目前占地6 540公顷，拥有约1 000家企业，创造了超过10万个就业岗位，主导产业包括汽车制造、造船、炼油厂、机械、有色金属、化肥和化工等。作为韩国工业化早期成立的产业园区，蔚山—温山产业园在发展早期主要以经济效益为核心，社会和绿色绩效较低。蔚山—温山产业园区建设以蔚山大学为核心，成立了推进中心，学习丹麦卡伦堡经验，对园区内的能源、水、废物交换三大类产业共生进行主动规划和推进，由政府投资引导相关研发，择机实现了一批产业共生项目并实现了商业化，园区内碳排放量大幅降低，废水回收和石油节约水平大幅提升。蔚山—温山产业园区案例也成为韩国其他传统工业园绿色转型的样板案例，其成功经验被复制到其他产业园区。

◆ **土耳其产业园区以"绿色产品"标志进入国际市场**

2017年，土耳其作为第一个试行世界银行生态园区框架的国家，在阿塔图尔克园区进行了一系列提升园区绿色可持续发展水平的研究和试点。位于土耳其伊兹密尔省的阿塔图尔克工业园是一个建于1990年的私营部门主导的、出口导向的制造业产业园区。至2020年，园区占地624公顷，556家企业入园，员工数量约为37 500人。园区内产业包括机械和金属铸造、塑料、食品和饮料、纺织品和成衣、化学品等，超过75%的企业为出口导向型企业且大部分出口至欧盟市场。2019年，园区总营业额达到78亿美元，年出口额25亿美元，同时进口10亿美元原材料及设备。阿塔图尔克园区虽然由私营企业投资建设，但在土耳其"有组织的产业园区"（Organized Industrial Zone）

法律框架下，园区经营方拥有部分由当地政府背书的治理权，园区管理还包括一个专门的环境和能源管理部门，拥有专业人员负责园区的绿色发展，这在世界范围内的产业园区都是少见的。

阿塔图尔克园区已经获得国际标准化组织（ISO）的环境管理认证 ISO 14001（见专栏 4-2），这意味着该园区的产品可以畅通无阻地以"绿色产品"标志进入国际市场。园区的环境和能源管理部门不仅负责相关硬件设施的管理，还负责监督和为企业进行技术培训，从多个维度提高园区的绿色发展水平。目前园区拥有两个污水处理厂，合计处理能力达到 21 000 立方米/天。污水处理采用高于土耳其国内规定水平，严格限制排放参数，且污水处理的绩效直接由园区最高管理人员负责，确保在政策实施过程中的效率。同时，先进的雨水处理系统保证了雨水和废水的高水平回收，经过处理后的污泥被输送到周边进行填埋。在能源方面，园区拥有 120 兆瓦天然气发电站和 500 千瓦太阳能电站，同时鼓励入园企业配备自己的屋顶光伏。

专栏 4-2　国际标准化组织（ISO）的环境管理认证 ISO 14001

ISO 14001 是由国际标准化组织发布的环境管理认证，通过认证后可证明企业在生产过程中的各类污染物控制达到国家认可的标准。

企业申请 ISO 14001 的认证需要满足的条件：

1. 申请日前一年内，未受到地方环保机关处罚，拿到环保部门的守法证明；
2. 污染物排放应符合国家或地方污染物排放标准；
3. 申请认证的产品属国家公布可认证的环境标志产品种类名录；
4. 符合国家颁布的环境标志产品标准或技术要求；
5. 能正常批量生产，各项技术指标稳定；
6. 建立环境标志产品保障体系；
7. 应具有产品质量认证证书或产品生产许可证证书，或省级以上标准化行政主管部门认可的检验机构出具的一年内产品质量合格证书；

8. 有效期内的环境监测报告，包括水、声、气等。

ISO 14001 标准对企业的积极影响主要体现在以下方面：

1. 树立企业形象，提高企业的知名度；

2. 促使企业自觉遵守环境法律、法规；

3. 促使企业在其生产、经营、服务及其他活动中考虑其对环境的影响，减少环境负荷；

4. 使企业获得进入国际市场的"绿色通行证"；

5. 增强企业员工的环境意识；

6. 促使企业节约能源，再生利用废弃物，降低经营成本；

7. 促使企业加强环境管理。

资料来源：Environmental Management Systems-Requirements with Guidance for Use：ISO 14001：2015 [S/OL]．[2023-01-13]．https：//www.iso.org/iso-14001-environmental-management.html.

◆ 加拿大伯恩赛德（Burnside）生态工业园[①]

伯恩赛德生态工业园始建于 1975 年，是加拿大东部最大的工业园，占地 1 200 多公顷，拥有 1 200 多家企业，主要是小型和微型工商业企业，行业包括印刷、涂料、化学、计算机组装和修理、汽车维修、金属加工、家具制造等，绝大部分属于传统行业。

1995 年，伯恩赛德生态工业园进行了生态化改造，推动将区内不同行业企业进行资源化改造，纳入循环经济体系，实现生态共生。成立清洁生产中心是生态化改造的核心抓手。中心负责提供有关废物排放最小化、资源利用

---

① 徐宜雪，崔长颢，陈坤，等．工业园区绿色发展国际经验及对我国的启示 [J]．环境保护，2019，47（21）：69-72.

效率最大化等预防污染与清洁生产的方案和技术支持，对企业管理者和员工进行环境意识和环保技能培训教育，监督企业严格执行生态保护措施，开展废物利用绩效评价，以及鼓励企业之间的合作并相互利用生产出来的废物。通过清洁生产中心，伯恩赛德生态工业园的各行业企业形成资源循环产业链，大大减少了园区废物排放，提升了资源再利用水平。同时，由于园区内企业多种多样，企业冗余度大，这赋予了工业共生网络较强的稳定性和灵活性。

经过20多年的发展，园区内企业副产品交换体系已经比较成熟，各企业之间基本建立了工业共生网络关系，能量的梯次流动和废物的循环利用在园区内成为普遍形态，园区工业生态系统基本形成。首先，伯恩赛德生态工业园的成功改造直接受益于科研机构和大学的智力支持，达尔豪斯大学资源和环境研究学院对该工业园的生态改造提供了规划、指导、技术咨询和教育培训等一系列服务，保证了清洁生产中心的成立和运营。其次，加拿大实施了污染者负担政策、污染收费政策和治理污染优惠政策三重环境政策，对企业以及其他利益相关方的行为做出了积极治理。再次，生态工业园的成功核心在于实现了生态效益和区域经济发展的均衡。为了使园区内产业实现可持续发展，园区一方面鼓励有助于完善园区工业共生网络的企业入驻，同时设立企业孵化器等支持措施，支持中小企业发展；另一方面主动帮助企业寻求新的副产品流转和工业共生机遇，对潜在工业共生双方提供相应的技术和优惠政策鼓励。最后，园区通过营造对创新型企业更有吸引力的园区环境，致力于园区内的技术创新和机制创新。

◆ 印度尼西亚吉配经济特区[①]

吉配经济特区为印尼首个综合性配套工业区，总占地3 000公顷，由工业区、多功能公共港口区、住宅区组成。园区位于东爪哇省锦石县，成为印尼

---

① 印尼吉配经济特区 | 瞄准工业园区绿色发展新方向 [EB/OL]. (2022-05-07) [2023-01-25]. https://oip.ccpit.org/ent/parkNew/3276;jsessionid=E448FA6BFBD42E015647417FD634010E.

工业发展的领先园区。园区于2013年启动，2018年完成一期建设，分别规划了重工业、中间工业和轻工业用地，基础设施和设备完善，道路、港口、电力、污水处理厂、天然气管道、通信（光缆）等都符合国际标准。特区配备了直达泗水（印尼第二大城市）的深海港口、高速公路和专用铁路，提供一站式服务，成为吸引中国和其他国家制造业投资的重要平台。截至2021年年底，园区已有15家企业落地，包括美国自由港冶炼公司、印尼银行、瑞士Colijn公司、马来西亚合力集团、印尼Sari Roti公司、印尼Unichem公司等，涉及金属、电子、化工、能源、辅助、物流等行业。

吉配特区在规划和开发早期就秉承了相当高的环境标准，尤其侧重园区的供水和废水处理，以及可再生能源的使用。在供水与废水处理方面，为满足吉配特区的工业生产要求，工业区内有超过42公顷的水库用来储存雨水，除此之外，附近Sembayat河上的水坝（离吉配特区约18公里）与Umbulan天然泉水也同样可以用于工业生产，这三种来源的水都不需要经过化学处理和过滤。工业和家庭活动产生的废水将在吉配特区内经过处理生产成优质的淡水，供产业园区重复使用。特区实行"零径流"政策，意味着吉配特区禁止抽取使用地下水，这是避免土壤沉降的重要方式。

在供电方面，为了最大限度地减少碳足迹，吉配特区选择了天然气作为燃料发电。并且，吉配特区从印尼国营电力公司获得的一部分额外电力是可再生能源。吉配特区计划未来几年在地面和屋顶等位置全面安装光伏面板，太阳能装机可达300兆瓦。

◆ **加蓬恩科经济特区：全球第一家碳中和经济园区**

2021年11月加蓬恩科（Nkok）经济特区通过了ISO 14064-1碳中和认证（专栏4-3）。根据认证，园区直接和间接排放总量为50 037吨二氧化碳当量，已被四个自愿减排认证项目所抵消。也就是说，恩科经济特区排放的二氧化碳与吸收的二氧化碳一样多，成为世界上第一个净零排放的工业园区。

除抵消和管理温室气体排放外，恩科园区还将重点提高木材的利用率（未来将从现有的40%提高到90%以上）和可再生能源的利用率，为园区提供无碳电力。此外，低碳运输的解决方案也在评估之中。

恩科经济特区位于距离首都利伯维尔27公里处，由新加坡的奥兰公司持有60%股份，加蓬政府持有40%股份。特区成立于2010年8月，是加蓬总统阿里·邦戈·翁丁巴的"振兴加蓬"新经济计划的一部分，旨在大力推动"工业加蓬""绿色加蓬"和"服务业加蓬"。

恩科经济特区的主要优惠政策有：（1）10年内对利润或收入免于征税，之后5年内，按10%的税率征税；（2）企业利润可自由汇出；（3）招聘外籍劳务人员给予额外优惠待遇；（4）工业用电价格降低50%；（5）设备、机器及其零配件的进口免征进口关税等。经济特区项目分为工业区、商业区和住宅区3个区域，占地1126公顷。经济特区汇集了来自19个国家、在22个工业部门开展业务的144家公司，其中包括一个专门从事木材加工的集群，该集群汇集了84家公司。早在2020年，恩科经济特区就被英国《金融时报》的《外国直接投资情报》（FDI Intelligence）杂志评为世界木材行业最佳工业区，通过采用综合发展方法，将商业激励与港口、道路和其他有形基础设施相结合，将加蓬的出口从原木转变为高价值的木材制成品。

中国公司也为这个全球第一家碳中和工业园区做出了贡献。嘉明塑料制品有限公司在园区内的工厂占地6 723平方米，投资10亿西非法郎（约合1 100万元人民币），每月能生产300吨的打包带，主要用于林业行业出口的木质包装，同时减少加蓬的碳足迹。除创造就业机会外，该园区还促进解决废塑料回收和再利用，大大节省了自然资源消耗，减少了二氧化碳排放，成为"绿色加蓬"的样板。

专栏4-3　　　ISO 14064－1温室气体排放标准

国际标准化组织发布的ISO 14064－1标准是核算企业温室气体排放的基础，包括确定温室气体排放限值、量化企业的温室气体排放、确定改进温室气体管理具体措施或活动等要求。同时，标准还具体规定了企业温室气体清单的质量管理、报告、内审及机构验证责任等方面的要求和指南。

按照 ISO 14064-1 标准，企业需及时建立内部温室气体管理体系，做好自身温室气体排放盘查相关工作，积极应对气候变化带来的风险，具体措施包括：整理温室气体信息管理现状，设定报告边界，识别排放源，计算排放量，温室气体核查。

ISO 14064-1 标准对企业的积极影响主要体现在以下方面：

1. 在温室气体量化、监控、报告和减排方面提高一致性、透明度和可信度；

2. 识别和管理温室气体排放相关的责任、资产和风险；

3. 支持设计、制定和实施可比较且一致的减排计划或方案；

4. 制定温室气体排放量健全的内部量化、管理和报告机制；

5. 满足供应链上下游客户温室气体排放披露、温室气体绩效目标制定等相关要求。

资料来源：Greenhouse Gases — Part 1: Specification with Guidance at the Organization Level for Quantification and Reporting of Greenhouse Gas Emissions and Removals: ISO 14064-1: 2018 [S/OL]. [2018-12-01]. https://www.iso.org/standard/66453.html.

第二节 中国绿色产业园区相关机制、政策和框架

中国境外产业园区规划体系与中国本土的开发区规划体系有关，也与境外园区所处的"一带一路"共建国家的产业园区规划体系有关。因此本节首先介绍中国国内绿色园区相关的政策框架，再梳理和"一带一路"境外产业园区相关的具体绿色发展政策。

一、中国国内绿色园区相关政策

产业园区是我国经济发展的重要引擎，也是我国绿色增长的主要平台和抓手。近 20 年来，中国政府大力推动绿色、可持续发展理念在产业园区的实践，不断探索新型园区发展模式，并取得了较为显著的成效。

在顶层设计上，中国政府在政绩考核方面制定了针对绿色可持续发展绩效的评价办法和体系。针对产业园区，各部委相继发布了一系列政策文件，形成了由发展改革委、商务部、生态环境部、工业和信息化部等部委单独或联合推动的国家级经济技术开发区综合发展水平考核评价、国家生态工业示范园区、循环化改造示范试点园区、低碳产业园区试点、绿色园区等示范试点创建和评价工作。

在国家层面，我国已经形成了包括绿色园区、低碳园区、循环化改造示范试点园区、生态工业示范园区、国家级经济技术开发区综合发展水平考核评价办法、国家高新技术产业开发区评价指标体系、中国工业企业社会责任评价指标体系等多维度的绿色园区机制（参见表 4.1）。此外，各重点省市也推出了相应的针对绿色增长和绿色产业园区的政策文件，代表性文件包括浙江省美丽园区（开发区）评价、陕西省高新技术产业开发区考核评价、上海市开发区综合评价等。在园区层面，也有部分园区开发商和管理者走在了绿色发展的前列，主动编写并在操作层面推广园区政策规划文件，例如苏州产业园区工业企业资源集约利用综合评价、青岛中德生态园指标体系等。

表 4.1 中国产业园区各类示范试点创建和考核评价指标情况

评价方法	评价内容	推动主体	指标情况
国家级经济技术开发综合发展水平考核评价	综合国家级经济技术开发区发展水平综合评价	商务部	涉及产业、科技、区域带动、生态环保、行政能效 5 大版块、共 53 个指标，其中生态环保指标 9 个

（续表）

评价方法	评价内容	推动主体	指标情况
国家高新技术产业开发区	揭示国家高新区创新能力的纵向发展趋势以及国家高新区队列内的横向状态比较情况	科学技术部	创新资源聚集、创新创业环境、创新活动绩效、创新国际化、创新驱动发展5个版块，共25个二级指标
国家生态工业示范园区	衡量工业生产过程的资源和能源利用效率、废物和污染物产生减排情况	生态环境部、商务部、科学技术部	涉及经济、产业共生、资源节约、环境保护、信息公开5大版块，共32个指标（含可选）
循环化改造示范试点园区	衡量循环经济"减量化、再利用、资源化"水平，循环经济产业链构建情况	发展改革委、财政部	参考指标涉及资源产出、资源消耗、资源综合利用、废物排放、其他指标、特色指标6大版块
绿色园区	评价园区在能源利用、资源利用、基础设施、产业发展、生态环境、运行管理等维度的绿色化水平	工业和信息化部	参考指标涉及能源利用绿色化、资源利用绿色化、基础设施绿色化、产业绿色化、生态环境绿色化、运行管理绿色化6个版块，共31个指标（含可选）

资料来源：联合国工业发展组织中国南南工业合作中心．"产业园区国际指南"本地化指标体系对比研究报告［R/OL］．（2022－02－01）［2023－01－25］．https：//www.unido.org/sites/default/files/files/2022－02/zh_%20IP.pdf．

总体来说，我国国内产业园区的绿色发展已经得到较为完整的政策文件体系的规范和支持，这些政策文件体系显著推动了国内绿色园区的发展，也会对我国境外产业园区的绿色发展产生软实力和发展理念的积极溢出效应。

二、"一带一路"绿色园区建设的相关政策

"一带一路"倡议自2013年提出后，得到国际社会高度关注和积极支持，成为深受欢迎的国际公共产品和国际合作平台。针对境外产业园区的绿色发

展，2021年《"十四五"商务发展规划》① 首次将境外产业园区的绿色发展写入国家级政策规划纲要，提出借鉴国内开发区和境外先进园区管理经验，创新发展模式，打造一批具有区位优势、产业定位清晰、运营管理先进、生态效应明显、建设效果突出的合作区。随后，商务部、生态环境部联合印发《对外投资合作绿色发展工作指引》②，明确提出打造"绿色境外经贸合作区"，为境外产业园区的绿色发展提供了明确的政策方向，要求"走出去"的企业遵循绿色国际规则，推进绿色技术创新，严格保护当地生态环境，与东道国携手共建清洁美丽世界。除中央层面政策外，对外合作重点省份陆续出台了针对本省"走出去"产业和境外合作园区的规划引导方案。例如，2020年8月广东省商务厅发布《广东省境外经贸合作区扶持政策》③ 要求"走出去"的企业树立绿色可持续发展理念，遵守东道国法律法规和文化习俗，履行相应的社会责任，保护当地资源环境，维护企业良好国际形象。

境外园区绿色发展是必然趋势，需要可持续的绿色金融支持。金融机构自身的能力和意愿也制约了资本市场与绿色项目和绿色技术的完全对接。针对这一问题，2018年11月中国金融学会绿色金融专业委员会与伦敦金融城合作发布了《"一带一路"绿色投资原则》（见专栏4-4），该原则在现有责任投资倡议的基础上，将低碳和可持续发展议题纳入"一带一路"倡议，致力于强化对投资项目的环境和社会风险管理，推动"一带一路"投资的绿色化。该原则从战略、运营和创新三个层面提出了七条原则性倡议，内容包括公司治理、战略制定、风险管理、对外沟通以及绿色金融工具运用等，供参与"一带一路"投资的全球金融机构和企业在自愿的基础上采纳和实施。

---

① 商务部. "十四五"商务发展规划 [R/OL]. (2021 - 07 - 09) [2023 - 01 - 25]. http://www.mofcom.gov.cn/article/ae/ai/202107/20210703174441.shtml.
② 商务部，生态环境部. 对外投资合作绿色发展工作指引 [R/OL]. (2021 - 07 - 16) [2023 - 01 - 25]. http://www.mofcom.gov.cn/article/news/202107/20210703176325.shtml.
③ 广东省商务厅. 广东省境外经贸合作区扶持政策 [R/OL]. (2020 - 08 - 03) [2023 - 01 - 25]. http://com.gd.gov.cn/ggfw/ygajmhzxxpt/lhzcq/content/post_3137386.html.

专栏 4-4　"一带一路"绿色投资原则

"一带一路"绿色投资原则（Green Investment Principles，缩写为 GIP）由中国金融学会绿色金融专业委员会（以下简称"绿金委"）和伦敦金融城于 2018 年 11 月 30 日共同发起，旨在推动"一带一路"投资绿色化和可持续发展，并在自愿的基础上采纳和实施的原则性倡议。除绿金委和伦敦金融城外，参与起草的机构还包括"一带一路"银行间常态化合作机制、绿色"一带一路"投资者联盟、国际金融公司、联合国责任投资原则、保尔森基金会和世界经济论坛。

"一带一路"绿色投资原则包括战略、运营和创新三个层面的七项原则：

原则 1：将可持续发展纳入公司治理

原则 2：了解环境、社会和治理风险

原则 3：公开环境信息

原则 4：加强与利益相关者的沟通

原则 5：利用绿色金融工具

原则 6：采用绿色供应链管理

原则 7：通过集体行动进行能力建设

原则 1 和原则 2 旨在鼓励签署方将可持续性和 ESG（环境、社会和公司治理）因素纳入公司战略和管理体系，旨在呼吁从最高层面开始，尽可能在整个组织内实施。

原则 3 和原则 4 专注于加强利益相关者在运营层面的沟通。签署方可以采取的控制环境和社会风险的具体措施，包括环境风险分析、信息共享和冲突解决机制。

原则 5—7 旨在鼓励签署方利用前沿的绿色金融工具以及绿色供应链，并通过知识共享和集体行动来提高组织能力。

资料来源：中国金融学会绿色金融专业委员会. 中英共同发布《"一带一路"绿色投资原则》[EB/OL].（2018-12-01）[2023-01-25]. http：//www.greenfinance.org.cn/displaynews.php? id=2377.

2021年10月,"一带一路"绿色发展国际联盟发布《"一带一路"项目绿色发展指南(二期Ⅰ):企业及金融机构应用手册》[①],旨在帮助企业、金融机构和其他利益相关方识别、评估、管理和改善"一带一路"项目环境绩效,为参与"一带一路"项目的企业提供适用于项目分级分类管理和企业自评估的方法流程及基础工具,同时为金融机构设计行动路线和提供指导建议,强化可持续发展标准和需求与其内部管理战略、规则和组织架构的融合对接,助力"一带一路"项目绿色发展。

第三节 "一带一路"制造业产业园区发展情况

一、"一带一路"制造业投资和产业园区发展现状

中国正在构建以国内大循环为主体、国内国际双循环相互促进、开放的新发展格局。随着我国在世界经济中的地位持续上升,同世界经济的联系更加紧密,将有越来越多的中国企业走出去,通过"一带一路"深化国际投资合作。2013年以来,中国对"一带一路"共建国家的投资稳步增长。《2021年度中国对外直接投资统计公报》显示,截至2021年年末,中国在"一带一路"沿线设立境外企业超过1.1万家,涉及国民经济18个行业大类,当年实现直接投资241.5亿美元,比上年增长7.1%,较2012年翻一番。2013—2021年中国对"一带一路"共建国家累计直接投资1 640亿美元。

放眼疫情后的时代,中国企业海外投资将迎来新的机遇。短期来看,疫

[①] "一带一路"绿色发展国际联盟."一带一路"项目绿色发展指南(二期Ⅰ):企业及金融机构应用手册[R/OL].(2021-10-26)[2023-01-25]. http://www.brigc.net/zcyj/bgxz/2021/202110/P020 211025596426119331.pdf.

情虽然对中国企业海外发展产生一定冲击，但从中长期来看，经过疫情，中国企业的韧性、进取心将得到极大提升。全球市场急需注入新的活力，尤其是《区域全面经济伙伴关系协定》（RCEP）的生效，将进一步加快中国企业"走出去"步伐。中国国际贸易促进委员会发布的《中国企业对外投资现状及意向调查报告（2021年版）》显示，在加快构建新发展格局的背景下，近八成中国企业将维持和扩大对外投资意向，看好对外投资前景。

制造业是我国对外投资的重点产业，尤其在"一带一路"共建国家，2021年流向制造业的投资是94.3亿美元，比上年增长22.8%。从国别构成看，投资主要流向新加坡、印度尼西亚、越南、泰国、马来西亚、老挝、阿拉伯联合酋长国、哈萨克斯坦、巴基斯坦、沙特阿拉伯等国家。至2021年年底制造业投资为2 632.6亿美元，占9.5%，主要分布在汽车制造业、计算机/通信及其他电子设备制造业、专用设备制造业、其他制造业、医药制造业、食品制造业等领域。

民营企业是"一带一路"加工制造业对外投资的关键主体。由中华全国工商业联合会、商务部国际贸易经济合作研究院和联合国开发计划署联合发布的《中国民营企业"一带一路"可持续发展报告（2019）》指出，在中国海外制造业的投资中已呈现出民营企业为主、国有企业为辅的特征。根据麦肯锡2017年发布的报告，中国国有企业主导的在非投资主要集中于基建、能源、建筑、资源加工等行业，而民营企业投资更多集中于制造业、零售以及物流行业。尤其是近年来中国工资成本上涨，推动大量劳动密集型制造业如纺织服装、皮革制品等轻工产业转移至境外，成为"一带一路"对外投资的新亮点。

加工制造业产能合作是"一带一路"的重点领域，产业园区也始终是合作的主要落脚点，受到中国政府和各东道国政府的长期关注和支持。近年来我国支持制造业境外产业园区发展的主要政策，例如《关于促进中小企业健康发展的指导意见》提出支持中小企业展开对外合作与交流，支持有条件的地方建设中外中小企业合作区，鼓励中小企业服务机构、协会等探索在条件成熟的国家和地区设立"中小企业中心"等。

境外产业园区是承接我国对外非金融类直接投资的重要载体，尤其是需要集群式发展的加工制造业。据商务部发布的数据，截至2021年年末，纳入商务部统计的境外经贸合作区分布在46个国家，累计投资507亿美元，上缴东道国税费66亿美元，为当地创造39.2万个就业岗位，主要包括制造业、资源开发型、农业开发型、商贸物流型、技术研发型、多元综合型等六大类型。

2020年2月由城市中国研究中心联合多个园区研究专业机构统计发布的数据显示，截至2019年6月，中国企业参与投资的境外产业园区总计198个，分布在四个大洲的69个国家（其中绝大部分国家属于"一带一路"共建国家），其中亚洲118个，非洲62个，欧洲15个，南美洲3个。在产业分布上，有30个轻工业产业园区、45个重工业产业园区、39个农业产业园区、9个高新技术园区、58个综合产业园区、13个商贸物流园区和4个不易归类的园区。从园区主体性质来看，国有企业和民营企业均发挥了重要角色且互有合作。民营企业投资和运营的园区数量（113个）多于国有背景园区（69个），但民营园区的平均投资规模（4.46亿美元）远远小于国有企业背景园区（6.04亿美元）。

加工制造产业园区的优势在于起步快，借鉴了我国改革开放初期的"三来一补"发展经验，加工制造产业园区对软硬件基础设施要求相对低，对大部分沿线发展中国家来说是"低垂的果实"（low hanging fruit）。20世纪90年代以来，中国企业在"走出去"过程中，探索性地把国内园区的建设理念和经验推广到其他国家，与当地政府和企业合作建设各类开发区、产业园区和科技园区，此后商务部统称"境外经贸合作区"（以下简称"境外园区"）。作为一种新兴的次区域合作模式，境外园区以其灵活性和包容性深受东道国欢迎。2019年联合国开发计划署和中国商务部联合发布的《中国"一带一路"

境外经贸合作区助力可持续发展报告》认为，由中国推动共建的"一带一路"境外园区不仅有助于促进东道国经济增长，还有助于东道国实现经济、环境和社会可持续性发展。

相当数量的境外加工制造产业园区的运营主体为制造业中小型民营企业，它们在投资生产环节之前先通过贸易形式了解当地各相关环节，积累了丰富的当地经验和生产、销售网络。2010年以来，许多发展中国家政府将产业园区重新纳入经济发展规划的核心政策，中国也将境外产业园区作为国际产能合作的重要载体，园区迎来发展高峰。民营企业决策迅速、经营灵活的特征使得它们敏锐地发现这一良好发展机遇，部分企业依托当地已有的经营基础，设立以自身产业为核心的产业园区，享受了相当的政策优惠。这些产业园区从本质上是为了经营者的外国投资企业获得更好的政策和相关支持而设立的，规划相对简单粗放，也不具备吸纳其他入园企业的条件，在较长的时间里入园企业基本为园区经营者的自有企业。

随着自营企业在当地的逐步盈利和扩大，园区经营者得以改善园区硬件基础设施，并利用自行投资、与当地或中国企业合作投资、接受其他企业入园等多种方式在园区内布局多个制造业企业，形成了粗放的企业联合体。此时企业与企业之间相对独立，或者有一定的产业联系但基本未能形成集群效应。且由于此类生产大多面向当地市场，需求规模有限，因此经营规模难以扩大，也难以吸引其他同类投资，园区实质上并没有专业经营团队，经营者依靠自有企业盈利，一定程度上兼职代表园区其他企业从而达到更好的对外沟通效果。可以说，这类园区还只是产业园区的起步雏形，但已有一定的潜能凸显，如东道国政策制定者能够建立园区发展绩效和政策之间的良性反馈机制，及时识别园区发展的瓶颈挑战并提高相应的软硬件设施，此类园区可能复制中国20世纪90年代的成功经验，形成成功的产业集群。

整体来看，我国境外加工制造业园区一方面面临着境外园区的普遍难题，包括融资困难、盈利模式不明确、基础设施缺乏、园区开发所需的国际人才不足、相关法律法规不完善等。多数园区以面向当地市场为主，对周边市场辐射不足，未能积极开阔国际市场，对园区规模的整体发展形成了根本限制，园区同质化严重，甚至形成恶性竞争。这一现状的核心原因是出海企业经营信心和经验不足。随着境外园区的进一步发展，部分粗放式园区必然面临着转型升级，若要从"争抢小蛋糕"模式转变为"将蛋糕做大"的良性发展模式，利用好本土产业集群的优势，发挥龙头企业的带动能力至关重要。

很多园区经营者为民营企业，虽然一些企业凭借优秀的经营能力逐步积累了较好的软实力，在经营本地化、劳资关系、社区关系、人文交流等方面甚至走在了实力雄厚的国有企业前面，但园区建设所需的资金和政策支持始终是短板。此外，还有较多经营者建设园区的动机是利用园区政策为自身经营创造优惠条件，在园区的可持续发展和集群式发展方面认识和能力不足，即便意识到园区对自身和整体行业发展的潜力，也缺乏实践的资源和能力。除园区开发商外，作为入园企业的加工制造企业的境外经营能力也较为有限，尤其难以吸引到具备开拓海外市场能力的人才。

金融支持和服务的缺乏是我国加工制造业出海的长期难题。尽管我国较早就设立了如中非基金等致力于"一带一路"产能合作的专业金融支持机构，也打造了一批较为成功的案例，例如2013年中非发展基金支持海信南非家电工业园投产，2014年中非发展基金协助民营高科技上市公司人福医药集团投资马里医药厂等。但总的来说，针对加工制造业境外投资和产业园区的国家信保、金融、外管方面的政策整体较为缺乏。包括股权投资、优惠贷款和保险产品在内的涉及如中非发展基金、丝路基金、中国进出口银行、国家开发银行、中信保（中国出口信用保险公司）等已有资源也主要以国有企业和基础设施为导向，加工制造业企业申请获批非常困难。在商业贷款方面，主要以中国工商银行面向东道国的主权贷款为主，东道国当地的商业融资也由于其系统不完善、金融成本高、通货膨胀且汇率浮动较大等因素，难以为制造业园区和入园企业所利用。对自有资金的依赖很大程度上限制了我国境外加工制造业产业园区的快速"滚雪球"效应的实现。

加工制造业园区普遍位于发展中国家，东道国的营商环境对园区发展的限制明显，包括政府执政能力低、腐败严重、基础设施缺乏、法律法规不健全等。营商环境对境外产业园区的发展影响极为深远，尤其是对发展门槛较低的加工制造业，起步时"从无到有"阶段相对比较容易取得较好的发展势头，但集群还需经历"从有到多""从多到精""从量到质"的多次转型升级，其中都需要政府积极发挥引导作用。

针对制造业出海投资的普遍困难，各方已探索出包括"抱团出海""国企搭台民企唱戏""三方合作"等多种创新多赢模式，积累了丰富的实践经验。集群式发展已经逐步成为"一带一路"国家建设产业园区、吸引加工制造企业落地的政策共识。随着东道国发展经验和治理能力的提升，我国境外加工制造园区也将面临从粗放式到集群式、从"两头在外"加工制造集群到打造当地垂直产业链的挑战，这一过程需要我国政府和企业充分发挥我国改革开放后的集群发展经验，结合东道国实际情况，与东道国一道摸索出有各国特色的园区发展路径。

二、"一带一路"绿色园区的发展现状

随着近年来各国对绿色环保和可持续发展理念的深入和推广，我国境外产业园区一方面在新建过程中主动采取绿色园区标准进行建设和运营，另一方面已建成的园区也着手向绿色园区转型升级。能源基金会委托进行的一项研究报告[①]，根据"一带一路"沿线69家规模较大、运营较为平稳的园区数据，测算出这些园区在能耗强度和碳排放强度方面逐年下降，能耗平均值均

---

① 中能世通（北京）投资咨询服务中心. "一带一路"中国建设的典型工业园区绿色化研究［R/OL］.（2020-07-31）［2023-01-25］. https://www.efchina.org/Reports-zh/report-cip-20200731-zh.

大幅低于东道国国家平均水平（50%—60%）。土地利用率基本达到发达国家先进水平，绿化率平均为30%，相当于中国国内先进水平。60%以上的园区具备较为完善的污水集中处理设施和其他环保相关硬件设施。但是报告同时指出，中国海外园区的绿色发展水平与东道国经济发展水平呈现很强的相关性，此外园区的产业类型也与其绿色发展直接相关。

从园区的产业类型分析，由大型企业主导的专业化、重工业产业园区由于行业自身已有较为雄厚的绿色相关技术，在节能减排、污染控制等方面依托国内和行业内已有标准，不仅实现了园区本身的绿色发展，还普遍带动了东道国的绿色技术发展和能效水平。例如老挝云橡产业园与老挝政府合作建立国家级天然橡胶产业科技标准示范中心，制定了相关的技术、质量标准以及行业技术规范，使建设企业的环保建设和质量标准成为老挝的标杆项目。除新建园区外，一批成立时间较早的重工业资源加工型园区，由于主体企业实力较为雄厚，例如印尼青山产业园区，在绿色园区转型升级的道路上具备相关的资源和意愿，也取得了亮眼的成绩。高新技术园区普遍采用了较高的绿色标准，最关注环保和可持续发展，近两年出现了较为亮眼的园区建设成果。但是园区本身是一个长期项目，其经济和社会效应还需时间的检验。

相对于其他类型的境外园区，制造业园区则在绿色和可持续发展议题上面临的困难更为突出。民营企业是制造业园区的主要经营者和主要入园企业，园区的绿色可持续发展受限于加工制造业民营企业自身规模、人才资源、经营能力和出海能力。现有的制造业园区普遍集群式发展水平还不高，粗放式发展使得园区各企业的环保治理只能依靠单个企业自身独立完成，成本高、效率低、落实难度大。不同产业在环保标准、技术和硬件设施上的明显差异使得园区开发商和当地政府均难以集中建设相应的软硬件设施。同时产业之间的不相关性也使得各企业之间无法相互流转生产要素和副产品，难以整体提高园区的能源利用效率。

"一带一路"沿线产业园区的绿色发展仍存在一系列主观和客观方面的问

题和障碍,其中包括政府对"走出去"的园区缺乏引导,且约束力较差,以及境外园区绿色化发展重视程度不够,缺乏具体的行动措施等主观因素;同时,绿色发展技术创新能力不足、缺乏研发投入也是制约境外园区绿色发展水平的一个重要因素,特别是在节能减排、资源循环利用以及废弃物的处置和处理等关键领域都缺少先进技术。

三、中国境外制造业产业园区的典型案例

我国已有一批较为成功的海外投资加工制造企业,在尊重当地自然环境、主动采用高标准环保技术、打造和谐社区、实践企业社会责任等方面表现突出。这些企业经营成功的一大主要原因就是对环境保护和社会责任的持续关注和投入,这对广大加工制造出海企业有很好的示范和带动作用。

◆ **中亚案例:乌兹别克斯坦鹏盛工业园**[①]

位于乌兹别克斯坦首都塔什干附近的鹏盛工业园由温州市金盛贸易有限公司 2009 年起建设,从瓷砖加工起步经过滚动式开发,扩展到制革、制鞋、手机、水龙头阀门、宠物食品、建筑材料、真皮制品、灯具和五金制品、电机电器、农用机械、轻纺及纺织品等行业。鹏盛工业园是中国企业在乌兹别克斯坦投资建立的首个合资产业园区,2016 年经商务部考核确认为中国国家级境外经贸合作区。园区内现有企业 12 家,其中 11 家来自温州,园区工人1 800 名左右,当地工人占比高达 80% 以上。经过多年发展,园区目前建有日处理 2 000 吨生产、生活污水的处理厂,保证入园企业废水达标排放。

鹏盛在企业社会责任和社会效益方面表现突出,鹏盛慈善基金会已向乌社会各界捐款超过 230 万美元。鹏盛工业园于 2016 年和中国驻乌使馆共同出

---

① 中国境外经贸合作区. 乌兹别克斯坦鹏盛工业园 [EB/OL]. (2021-02-10) [2023-01-25]. http://www.cocz.org/news/content-262359.aspx.

资在园区对面启动了生态公园的建设,公园不仅配备了 400 米标准塑胶跑道、足球场、游泳池、篮球场、排球场以及各种健身器材,还包含中式特色的长廊和建筑。同时,还将规划职业技能培训中心用于对企业员工和周边优秀青年的语言和技能培训,在提高员工素质的同时,进一步促进中乌两国民众的文化交流。

但是,鹏盛工业园的绿色发展还面临着较大考验,其相对粗放和分散的产业结构使得园区集约化程度较低,也很难集中建设高标准的能效处理等其他基础设施。园区的集约化设施只包括污水处理,园区内企业涵盖瓷砖、皮革、鞋类、水龙头阀门、卫浴、宠物食品等多种加工生产,除皮革加工、制鞋和宠物食品三个企业之间有一定的产业链相关和主副产品的流通外,其余产业完全独立且规模较小,园区整体联系性低,这是鹏盛园区绿色水平不高的核心原因之一,也是我国制造业境外园区面临的普遍问题。

◆ **撒哈拉以南非洲案例:埃塞俄比亚哈瓦萨工业园**①

埃塞俄比亚哈瓦萨工业园是埃塞政府寄予厚望、采用国际环保标准打造的、符合其国际买家伙伴 PVH 认可的政府主导样板园区。PVH 是一家以营销多元化品牌组合而闻名的公司,其中包括 Calvin Klein 和 Tommy Hilfiger。哈瓦萨园区由中国中土集团承建,2016 年 7 月竣工第一批企业进驻,并于 2017 年成功实现第一批产品出口。已经入驻的公司包括印度 Arvind 公司、Best Co. Pvt 有限公司、Hirdaramani 服装有限公司、Hela 服装集团、PVH、Quadrant 服装集团、Raymond and Silver Spark 有限公司、联业集团、无锡金茂有限公司、Indochine、雅加达布萨那制衣集团、江苏金岛国际贸易有限公司、Chargeurs 时尚科技公司等。至 2020 年 6 月,入园企业达到五十多家,雇用两万多名当地员工,企业大部分为 PVH 的供货和配套企业,产品包括梭

---

① 全国工商联"一带一路"信息服务平台. 哈瓦萨工业园 [EB/OL]. (2020-11-04) [2023-01-25]. http://ydyl.acfic.org.cn/ydyl/jwjmhzqgbzn/fz/aseby/20201104121210383388/index.html.

织衬衫、梭织裤、运动服、休闲服和摩托车服、内衣、合成上衣、袜装、女装（衬衫、连衣裙、短裙等）。由于哈瓦萨园区招商引资渠道的特殊性，该园区在运营初期就基本形成了纺织服装集群的雏形，这与其他国别的制造业园区极为不同。

哈瓦萨园区从设计之初就实施较为严格的环保标准，确保园区企业生产过程产生的废水尽可能得到回收和再利用，是非洲第一个可持续纺织服装工业园。作为埃塞产业园区的样板项目，哈瓦萨园区与当地城市化紧密结合，包括与哈瓦萨大学形成紧密的产学研链条，被打造成整合完备产业链、对当地社会和环境负责的国际样板园区。

但是哈瓦萨园区在绿色发展、当地社区关系等方面仍然遇到了一系列的困难。第一，园区周边的基础设施缺乏，与园区内部的整洁有序形成了鲜明对比，员工普遍居住在人均两平方米、缺乏水电和公共交通的简陋房间，由于员工人数众多，不良的居住和生活条件也产生了大量的污染。第二，园区提供的劳动密集型产业工作机会对农村劳动力的吸引是短期的，大量的廉价劳工从农村涌入哈瓦萨，很快成为当地的待业人口，这为当地的城市治理带来了极大的压力。第三，埃塞俄比亚产业园区的体制使得哈瓦萨市政府无法从园区发展中得到直接税收和其他直接利益，因此市政府始终认为产业园区是当地城市化的重要压力而不是动力，对园区带来的一系列环境和社会问题缺乏解决意愿。

◆ **北非案例：埃及泰达苏伊士合作区**[①]

埃及泰达苏伊士合作区是中、埃两国政府共同推动批准的国家级境外经贸合作区，从一开始就得到较为充足的资源和政策支持。尤其是2013年"一带一路"倡议的提出为泰达苏伊士合作区创造了发展机遇，其总体规模快速

---

① 境外产业园区信息服务平台．中埃·泰达苏伊士经贸合作区 [EB/OL]．(2022-12-22) [2023-01-23] https：//oip.ccpit.org/ent/parks-introduces/62

扩大，已经基本形成石油装备、电器、纺织服装和新型建材四大主导产业。

泰达苏伊士园区的顶层设计借鉴了中国天津泰达多年的发展经验，对园区进行了完备、分步实施的规划设计，其中包括循环经济综合能源策划、绿色景观转型规划、城市设计等服务于园区绿色和可持续发展理念的专项规划。这些规划不仅为园区的未来可持续发展指明了方向，同时也着眼实际设计了分布式滚动开发的模式。从1平方公里的小区域起步，在起步区，园区管理者致力于产业发展和产城融合两手抓，一方面进行招商引资和相关软硬件基础设施建设，另一方面配套一定的生活和社会设施，使园区发展进入正轨。

2018年中非合作论坛北京峰会后，中国政府明确要求海外经贸合作区要在可持续发展方面进行转型升级。泰达苏伊士园区抓住政策机遇，从1平方公里扩展到7平方公里，已基本完成基础设施建设，建成300立方米/天的污水处理能力。在开发拓展区工业配套的同时，泰达对起步区开展了一系列绿色园区升级，包括绿化基础设施、生活娱乐设施、酒店服务业设施等。至2022年，泰达苏伊士园区共吸引134家企业入驻，实际投资额超14亿美元，累计销售额超33亿美元，缴纳税费超2亿美元，直接提供就业岗位4 000余人，产业带动就业约5万人。巨石、西电、大运、美的等多家中国行业龙头企业，以及埃及、阿联酋、加拿大等国家和地区的国际企业在园区投资发展。泰达苏伊士园区成为埃及综合环境最优、投资密度最大、单位产出最高、中资企业最集中的工业园区，埃及总统塞西称之为"中埃经贸合作的典范"。2022年12月国际专业财经媒体《国际商业杂志》（*International Business Magazine*）宣布2022年度全球商业奖项，埃及泰达特区开发公司荣膺"2022年埃及最佳工业开发商"称号。泰达苏伊士园区的发展历程和转型升级的经验表明，境外园区的绿色发展需要提前规划、步步为营，以经济效益带动社会和环境效应，后者反过来又推动前者的发展，形成园区从盈利到再投资的良性循环。

参考文献

曹刚，赵海，胡浩. "一带一路"倡议下中国海外园区建设与发展报告[M]. 北京：中国社会科学出版社，2018.

王芳，焦健，熊华文，等. "一带一路"中国境外产业园区绿色可持续发展研究[J]. 中国能源，2020，42（09）：43-47.

王兴平，赵胜波，张茜. "一带一路"沿线中国境外产业园区规划实践研究[J]. 城市规划，2021，45（06）：63-73.

中贸智库. 海外园区未来发展新趋势（内含十大园区案例）[R/OL].（2022-06-06）[2023-01-25]. https：//oip.ccpit.org/ent/parkNew/3362.

中能世通（北京）投资咨询服务中心. "一带一路"中国建设的典型产业园区绿色化研究[R/OL].（2020-07-31）[2023-01-25]. https：//www.efchina.org/Reports-zh/report-cip-20200731-zh.

UNIDO，World Bank，GIZ. An International Framework for Eco-Industrial Parks v.2 [R]. Washington，DC：World Bank，2021.

第五章　数字化赋能绿色"一带一路"建设

根据中国信息通信研究院发布的《全球数字经济白皮书（2022年）》，2021年美国数字经济世界第一，规模达15.3万亿美元，中国位居第二，规模为7.1万亿美元。[①]中国提出"一带一路"倡议以来，高度重视数字经济合作，并强调数字化技术的应用和推广，提升"一带一路"国家数字基建能力，释放数字经济潜力。2017年5月14日，习近平主席在"一带一路"国际合作高峰论坛开幕式演讲中提出，"我们要坚持创新驱动发展，加强在数字经济、人工智能、纳米技术、量子计算机等前沿领域合作，推动大数据、云计算、智慧城市建设，连接成21世纪的数字丝绸之路"。

[①] 中国信息通信研究院. 全球数字经济白皮书（2022年）[R/OL]. (2022-12-07)[2023-01-25]. http://www.caict.ac.cn/kxyj/qwfb/bps/202212/P020221207397428021671.pdf.

第一节 "一带一路"数字化建设相关政策和进展

一、"一带一路"数字化建设和合作的相关政策和倡议

当前,"一带一路"共建国家都将发展数字经济作为推动本国经济发展、重塑核心竞争力的重要战略举措,普遍重视数字化技术的应用与国际合作,以及软、硬数字基础设施的建设。"一带一路"数字化建设已经成为中国同共建国家开展合作的重点领域,数字化技术应用是维护地区供应链稳定的重要工具,也有助于加快绿色"一带一路"建设。2022年1月,国务院发布《"十四五"数字经济发展规划》①,提出有效拓展数字经济国际合作,搭建数字化平台,推动"一带一路"共建国家之间实现内外联动、系统高效、协同融合的发展。

目前,中国在数字化领域的基础设施和应用技术已经有长足进步,可以为世界提供中国技术和解决方案。2017年12月,在浙江乌镇召开的第四届世界互联网大会上,我国与埃及、老挝、沙特阿拉伯、阿联酋、塞尔维亚、泰国、土耳其等国共同发起了《"一带一路"数字经济国际合作倡议》,提出了合作的主要原则、重点领域和实施机制,明确了在数字化转型、数字化技能培训、数字经济政策、信息通信技术、电子商务、网络空间等重点领域的合作,标志着"一带一路"数字经济合作开启新篇章。至2021年年底,我国已与16个国家签署了关于加强"数字丝路"建设合作的谅解备忘录,与19个国家签署了双边电子商务合作谅解备忘录。②

---

① 国务院. 国务院关于印发"十四五"数字经济发展规划的通知[EB/OL].(2022-01-12)[2023-01-25]. http://www.gov.cn/zhengce/content/2022-01/12/content_5667817.htm.
② 国务院新闻办公室. 携手构建网络空间命运共同体[R/OL].(2022-11-07)[2023-01-25]. http://www.gov.cn/zhengce/2022-11/07/content_5725117.htm.

◆ 遗传资源数字序列信息合作

生物多样性保护、加强信息共享、为生物多样性保护提供科学数据支持一直是"一带一路"高质量发展的重要内容。2022年12月，《生物多样性公约》第十五次缔约方大会（COP15）第二阶段会议通过"昆明—蒙特利尔全球生物多样性框架"，在遗传资源数字序列信息（Digital Sequence Information，简称DSI）等关键议题上达成了一致。DSI的应用改变了传统利用遗传资源的方式，人们通过合成生物学等前沿领域技术对特定的遗传资源进行基因测序，将遗传序列信息提取后即可合成特定的衍生物，实现对该遗传资源的开发利用。也就是说，遗传资源的利用方无须获得遗传资源的实物，仅通过所获遗传序列信息便可实现对生物资源的开发利用。比如，企业可以利用这样的信息开发新药，而不需要实际接触相关物种。总之，DSI在新药和疫苗的开发及传染病监测、诊断、治疗等诸多领域具有不可估量的价值。DSI的应用给生物多样性的保护和可持续利用带来了机遇，同时也给遗传资源的获取与惠益共享带来新的挑战。因为目前遗传资源丰富的地方一般集中在发展中国家，而全球亟须加强生物多样性保护的地方也大都位于这些国家。发达国家在DSI基础设施、数据库海量信息、研发水平等领域实力较强，而发展中国家相对较差。遗传资源的使用者如生物技术公司与原产国当地社区之间如何分享DSI惠益成为难题，发达国家和发展中国家之间在这方面矛盾十分突出。发展中国家认为DSI作为遗传资源的基因序列信息，本质上仍属于遗传资源，使用DSI产生的惠益应与其分享；发达国家则极力反对将DSI视为遗传资源纳入生物多样性保护进程。在COP15大会主席国中国的引领和推动下，大会将DSI成功纳入"昆明—蒙特利尔全球生物多样性框架"的推进进程，并制定了下一步的路线图，具有历史性意义。"昆明—蒙特利尔全球生物多样性框架"有关DSI的行动目标写道："酌情在各层面采取有效的法律、政策、行政和能力建设措施，确保公正和公平分享利用遗传资源和遗传资源数字序列信息以及与遗传资源相关的传统知识所产生的惠益,便利获得遗传资源,根据适用的获取和分享惠益国际文书,到 2030 年促进更多的分享惠益。"

◆《数字经济伙伴关系协定》

全球首个数字经济区域协定《数字经济伙伴关系协定》(Digital Economy Partnership Agreement,缩写为 DEPA)(见专栏 5-1)2020 年由新西兰、新加坡、智利签署。2021 年 10 月习近平主席在参加二十国集团领导人第十六次峰会时,宣布决定申请加入《数字经济伙伴关系协定》。

中国是最早申请加入 DEPA 的国家之一。中国加入 DEPA 将给"一带一路"建设带来新的活力,会有更多的数字化技术应用项目落地。DEPA 中专门有个模块强调"数字包容性",与发展中国家的数字经济发展密切相关。数字包容性指的是通过扩大和促进数字经济机会,致力于使所有人,包括妇女、原住民、穷人和残疾人都能参与数字经济并从中受益;通过共享最佳实践和制定促进数字参与的联合计划,改善和消除其参与数字经济的障碍,加强文化和民间联系,并促进与数字包容性相关的合作。

2022 年 8 月,DEPA 联合委员会决定成立中国加入 DEPA 工作组,推进中国相关谈判。特别值得注意的是,DEPA 的发起国是三个相对的"小国",并非数字经济大国,没有地理政治因素的干扰,这使得该协议更容易被其他国家接受。而且,DEPA 向所有世界贸易组织成员开放,采用了独特的模块化结构和非约束性承诺框架,也就是说国家不必同意 DEPA 的全部内容,参加国加入哪个或哪几个模块都可以,无需以往正式贸易谈判的漫长过程。

专栏 5-1	《数字经济伙伴关系协定》

《数字经济伙伴关系协定》由新加坡、智利、新西兰三个国家于 2020 年 6 月共同签署,2021 年 1 月生效。协定涵盖商业和贸易便利化、数据问题、新兴

趋势和技术、创新与数字经济、中小企业合作等16个模块，对国际数字经济活动和交流提出了比较全面的规则安排。DEPA作为全球首个数字经济伙伴关系协定，未来关于电子商务和数字经济的多边和全球规则将基于此协定构建成形，其发展前景不可忽视。

以下为DEPA主要模块和条款的介绍：

（一）商业和贸易便利化

该模块旨在通过推动电子数据相关技术的使用来促进贸易便利化。DEPA第2.1条无纸化贸易（Paperless Trading）规定，DEPA认识到技术是在不断发展的，在未来，数据交换系统很可能会取代贸易管理文件，故要求各缔约方提供电子版的贸易管理文件，且各缔约方应接受该电子版本作为纸质文件的法律等效版本，以此促进无纸化贸易。各缔约方应履行世界贸易组织《贸易便利化协定》中建立或维持单一窗口的义务，促进有关贸易管理文件的数据交换，且应开发相互兼容、开放和可互操作的信息交换系统。同时，各缔约方应通过互相合作，提高商业贸易活动中电子版本的贸易管理文件和电子记录的接受度。

在物流方面，DEPA第2.4条要求各缔约方应认识到跨境物流高效运作的重要性。物流的高效运作有助于降低成本，提高供应链的速度和可靠性，因此各缔约方应分享在物流运作方面的最佳实践和信息。在快递方面，DEPA第2.6条要求各缔约方应确保以可预测、一致和透明的方式实施各自的海关程序，并为快递设立更快的海关程序，同时保持适当的海关控制和选择。在电子支付方面，DEPA第2.7条要求各缔约方促进电子支付法规等方面的透明度和创造公平竞争的环境，发展高效、安全、可靠的跨境电子支付，促进支付基础设施的互操作性和互联，鼓励支付生态系统中的有益创新和竞争。同时，为维持支付系统的信任和安全，第2.7条允许缔约方在特殊情况下为应对国际收支危机而进行监管。

（二）数字产品及相关问题的处理

针对数字产品，DEPA 第 3.2 条规定，各缔约方不应对电子传输和电子传输的内容征收关税，且 DEPA 第 3.3 条要求缔约国确认企业将不会面临数字产品的歧视问题，并承诺保障数字产品的国民待遇和最惠国待遇。针对使用加密技术的信息和通信技术产品，DEPA 第 3.4 条规定，各缔约方不得强制实施或设立技术性贸易壁垒作为制造、进口或使用相关产品的条件而要求产品制造商或供应商向缔约方转让或使其可获取产品中与加密技术相关的特定技术或其他信息。

（三）数据问题

数据是数字贸易和经济的核心。DEPA 认识到现在贸易和生产严重依赖于数字信息（数据）的移动、存储和使用，跨境数据流动变得更加频繁。针对数据问题中的个人信息保护问题，DEPA 第 4.2 条强调了个人信息保护的重要性，明确了加强个人信息保护的原则，包括收集限制、数据质量、目的规范、使用限制、安全保障、透明度、个人参与和问责制，要求各缔约方依据这些原则建立法律框架来保护个人信息。

（四）广泛的信任环境

为建设广泛的数据经济的信任环境，针对网络安全及相关合作事宜，DEPA 第 5.1 条和第 5.2 条规定，网络安全是数字经济的基础组成部分。更广泛的信任环境需要建设一个安全和可靠的网络环境，以支持数字经济。DEPA 的各缔约方将继续考虑该问题，并要求各国政府相互合作。

资料来源：Digital Economy Partnership Agreement ［EB/OL］.（2020 - 06 - 12）［2023 - 01 - 25］. https: //www.mti.gov.sg/Trade/Digital-Economy-Agreements/The-Digital-Economy-Partnership-Agreement.

◆ 东盟地区

在"一带一路"全球框架的基础上，中国陆续开展区域性的合作协议。2019 年 11 月，中国和东盟宣布"一带一路"倡议与《东盟互联互通总体规划

2025》对接。其中特别强调数字化技术方面的合作，提出抓住第四次工业革命机遇，扩大创新、智慧城市、数字经济、供应链和劳动力数字化、人工智能、大数据、物联网、信息通信技术、电子商务、中小微企业等领域合作，并将2020年确定为中国—东盟数字经济合作年。2020年11月，中国和东盟发表了《中国—东盟关于建立数字经济合作伙伴关系的倡议》[①]，提出加强数字基础设施合作，发展数字经济，弥合数字鸿沟；支持数字化技术创业创新和产业数字化转型，特别是制造业、农业、零售业、教育、医疗、保健、旅游和专业服务等领域。

◆ 非洲地区

非洲的"互联网国内生产总值"（iGDP）发展潜力巨大（见专栏5-2）。2021年8月中国宣布同非洲实施《中非数字创新伙伴计划》，加强数字基建，发展数字经济，开展数字教育，提升数字包容性，共创数字安全，搭建合作平台，以及提升企业应用数字化技术的能力，包括云计算、人工智能、物联网、移动支付、跨境电商等。与此同时，2021年8月中国还发起"中非携手构建网络空间命运共同体倡议"，呼吁中国与非洲国家政府、互联网企业、技术社群、社会组织和公民个人坚持共商共建共享的全球治理观，秉持"发展共同推进、安全共同维护、治理共同参与、成果共同分享"的理念，把网络空间建设成为发展共同体、安全共同体、责任共同体、利益共同体。倡议特别强调与非洲国家共享电子商务发展红利，畅通贸易渠道，开展电子商务合作，助力非洲高质量产品进入中国市场；帮助非洲中小微企业利用新一代信息技术促进产品、服务、流程、组织和商业模式的创新，增加就业机会，积极融入全球价值链。

---

① 外交部. 中国—东盟关于建立数字经济合作伙伴关系的倡议［EB/OL］.（2020-11-12）［2023-01-25］. https://www.mfa.gov.cn/web/gjhdq_676201/gjhdqzz_681964/lhg_682518/zywj_682530/202011/t20201112_9386091.shtml.

专栏 5-2　非洲的 iGDP 潜力巨大

经济学家把互联网相关的经济活动对 GDP 的贡献称为"互联网国内生产总值",英文缩写为 iGDP,包括数字化的金融科技、医疗科技、媒体和娱乐、电子交通和食品配送以及 B2B(企业间)电子物流。在非洲,2012 年以来 iGDP 增长强劲。2012 年非洲的 iGDP 约占其 GDP 的 1.1%,即 300 亿美元;2019 年 iGDP 已经达到 1 000 亿美元,占 GDP 的 3.9%。

从国别来看,非洲国家中 iGDP 比例最高的是肯尼亚,据统计测算,2020 年达到 7.7%;其次是摩洛哥(6.8%)、南非(6.5%)、塞内加尔(6.2%)、尼日利亚(5.7%)、阿尔及利亚(5.6%)、喀麦隆(5.4%)、科特迪瓦(5.3%)和埃及(5.0%)。

非洲国家 iGDP 潜力很大,但是要把潜力变为经济发展的现实,需要两大条件。

第一个条件是人才。非洲有近 70 万名专业软件开发人员,其中一半以上集中在五个非洲国家,包括南非(11.8 万)、埃及(8.6 万)、尼日利亚(8.3 万)、肯尼亚(5.8 万)和摩洛哥(4.6 万),近年来经济发展比较快的埃塞俄比亚也有 1.8 万软件开发人员。与非洲 14 亿人口相比,这一数字仍然相对较小。相比之下,仅美国加州就有 63 万名软件开发人员,而拉丁美洲则有 220 万名软件开发人员。非洲的软件开发人才人数增长很快,大多比较年轻。特别有意思的是,非洲的软件开发人员只有三分之一的人通过大学接受培训,而超过一半的人要么是自学成才,要么是通过在线学习掌握知识。而且非洲国家女性特别活跃,女性占软件开发人员的 21%;相比之下,在美国,女性占软件开发人员的比例仅为 15%。

第二个条件是硬件基础设施,包括海底电缆、陆地光纤、电信塔、数据中心等,支持非洲国家的互联互通,扩大个人、企业和政府应用数字技术。2012 年以来,非洲国际互联网带宽增长了 10 倍,达到每秒 12 兆比特(Tbps),但仍不到中国(36 兆比特)的一半,还有相当大的发展空间。

> 非洲国家互联网经济潜力巨大，根据埃森哲（Accenture）的预测，2025年非洲 iGDP 可望达到 1 800 亿美元，占 GDP 的 5.2%。走进非洲的中国公司不仅要关注电商市场的开发和应用，也应该在互联网人才培养和互联网基础建设方面充分发挥自己的作用，帮助非洲把 iGDP 的蛋糕做大，共享互联网经济的发展成果。
>
> 资料来源：Accenture. Tuning into Africa's Digital Transformation [R/OL]. (2022-02-26) [2023-01-25]. https://www.accenture.com/us-en/insights/software-platforms/africa-digital-transformation.

◆ **阿拉伯国家联盟**[①]

近年来中国与阿拉伯国家不断深化数字领域合作，取得丰硕成果。早在 2017 年 12 月，中国就与埃及、沙特阿拉伯、阿联酋等国共同发起《"一带一路"数字经济国际合作倡议》。2020 年 7 月，中阿合作论坛部长级会议又决定加强双方在互联网和数字经济发展领域的合作与互鉴。新冠疫情发生后，中国电商积极与阿方分享平台建设、物流管理等方面的技术和经验，为助力阿拉伯国家复工复产做出了积极贡献。2021 年 3 月，中国与阿拉伯国家联盟共同发布《中阿数据安全合作倡议》，阿拉伯国家联盟成为全球范围内首个与中国共同发布数据安全倡议的地区。《中阿数据安全合作倡议》的发布，有助于深化中阿关系，推动双方蓬勃发展的数字合作取得更大成果。

◆ **中东欧地区**[②]

2019 年 8 月中国—中东欧区块链卓越中心在北京成立并进行高端数字对

---

① 阿拉伯国家联盟（简称"阿盟"）目前成员为 22 个：阿尔及利亚、阿联酋、阿曼、埃及、巴勒斯坦、巴林、吉布提、卡塔尔、科威特、黎巴嫩、利比亚、毛里塔尼亚、摩洛哥、沙特阿拉伯、苏丹、索马里、突尼斯、叙利亚、也门、伊拉克、约旦、科摩罗。
② 包括波黑、捷克、黑山、波兰、塞尔维亚、阿尔巴尼亚、克罗地亚、希腊、匈牙利、北马其顿、斯洛伐克、保加利亚、斯洛文尼亚、爱沙尼亚、拉脱维亚、立陶宛、罗马尼亚等国。

话，主要目标是将区块链等新技术运用于能源、金融、航空航天等产业，促进尖端技术发展与数字化经济升级。2021年2月，习近平主席主持中国—中东欧国家领导人峰会，倡议成立中国—中东欧国家创新合作研究中心，拓展在数字经济、电子商务等领域合作，推动建立中国—中东欧国家电子商务合作对话机制。2021年6月第二届中国—中东欧国家博览会期间，商务部还启动了中国—中东欧电子商务合作对话机制。在该机制下，中国、阿尔巴尼亚、匈牙利、塞尔维亚、黑山、斯洛文尼亚6个伙伴国秉持开放、自愿、共享的原则，通过加强电子商务领域的交流合作，共同探索互利共赢的合作新模式，共享数字经济发展红利。

◆ **上海合作组织**①

近年来，上合组织通过了一系列加强数字化、信息通信技术、科技创新等领域合作的成果文件，成员国一致同意深化数字经济领域经验和知识的交流，推动各国国民经济向创新方向转型。上合组织成员国2020年11月共同发布有关《上海合作组织成员国元首理事会关于数字经济领域合作的声明》，强调开展工业、交通、农业、卫生、教育、旅游、能源、贸易、金融和海关领域数字化和信息通信技术合作；研究实施建立新型数字化企业项目的可能性，包括在中小型企业、人员培训等领域；研究在尖端数字技术、人工智能、机器人、物联网、创新集群和科技园区开发、初创企业孵化和发展、在国家治理和政府服务中应用现代信息通信技术领域开展科研和规划合作的可能性。2022年1月在《中国同中亚五国领导人关于建交30周年的联合声明》中，中国同中亚地区伙伴进一步推进"丝路电商"发展，并建立了"中国—中亚电子商务合作对话机制"，提升绿色经济和数字经济方面的合作潜力。2022年9

---

① 上海合作组织（简称"上合组织"）成立于2001年6月15日，创始成员国为中国、俄罗斯、哈萨克斯坦、吉尔吉斯斯坦、塔吉克斯坦、乌兹别克斯坦。2017年上海合作组织签署了关于给予印度和巴基斯坦成员国地位的决议，上海合作组织成员国由6个增至8个。2023年伊朗成为新成员。

月，上合组织在乌兹别克斯坦撒马尔罕召开的峰会发表关于维护供应链安全稳定多元化的声明，重申保障国际供应链安全稳定，将采取共同行动，促进上合组织成员国各领域间合作和贸易额增长，包括开展电子商务领域经验和最佳实践交流，为发展电子商务创造条件，加强数字经济和绿色可持续发展领域的投资合作，按照各国国家自主贡献要求推动产业链供应链数字化和低碳转型。

◆ **金砖国家**[①]

近年来金砖国家数字经济交流合作日趋活跃。2017年9月，金砖国家领导人第九次会晤在中国举行，会上通过的《金砖国家领导人厦门宣言》明确提出将深化信息通信技术、电子商务、互联网空间领域的务实合作。2019年8月，金砖国家未来网络研究院中国分院正式在深圳揭牌成立。2022年6月金砖国家领导人第十四次会晤就深化金砖国家数字经济合作形成重要共识，通过了《金砖国家数字经济伙伴关系框架》。作为金砖国家经贸领域第一份数字经济合作专门文件，框架纳入了数字认证、电子支付、电子交易单据、数据隐私和安全、网上争端解决等当前数字经济前沿领域，并同意就人工智能等新兴技术开展合作；针对金砖成员数字经济发展水平不同的现状，框架把弥合数字鸿沟作为重点之一，鼓励开展能力建设和政策实践分享，缩小数字基础设施、数字技术、数字服务和数字技能发展方面的差距；明确了数字经济的合作方向和重点领域，提出了提高港口数字化水平、鼓励数字基础设施投资、提升中小微企业能力等17条合作举措；金砖五国同意升级电子商务工作组为数字经济工作组，为推动落实数字经济合作做出重要的制度性安排。

---

① 金砖国家指巴西、俄罗斯、印度、中国四国，其英文名称首字母组成缩写词为"BRICs"，与英文单词"砖"（bricks）相近，故中国媒体和学者将其译为"金砖国家"。2006年，金砖国家外长举行首次会晤，开启金砖国家合作序幕。2011年，南非正式加入金砖国家，英文名称定为BRICS。2023年8月，金砖国家领导人第十五次会晤邀请沙特阿拉伯、埃及、阿联酋、阿根廷、伊朗、埃塞俄比亚正式成为金砖成员。

二、"一带一路"数字化技术基础设施建设进展

目前,全球面临着数字鸿沟,数字基建的分布存在极大的不平衡。超大规模数据中心有半数在中国和美国,而这两个国家也拥有全球数字平台企业市值的近90%。而在"一带一路"发展中国家特别是非洲地区,由于基建能力不足,缺乏海缆、4G/5G基站等设施,各国普遍面临着上网速度慢、流量贵的问题。数字基础设施的完善有助于缩小数字鸿沟,中国与"一带一路"国家合作大有可为。2016年10月,国家国防科技工业局、国家发展改革委发布了《关于加快推进"一带一路"空间信息走廊建设与应用的指导意见》,提升卫星通信领域、卫星遥感、北斗卫星导航系统等中国空间信息技术为"一带一路"相关国家地区服务的能力。

◆ 北斗卫星导航系统

北斗卫星导航系统(BeiDou Navigation Satellite System,缩写为BDS)是中国政府建造的导航卫星系统,免费、全天候、高质量地为全球用户提供精度定位、测速和授时服务,是继美国的GPS(Global Positioning System)、欧盟的伽利略(Galileo)和俄罗斯的格洛纳斯(GLONASS)之后的第四个全球定位系统。1994年,中国开始研制发展独立自主的卫星导航系统,至2000年年底建成北斗一号系统,采用有源定位体制服务中国,成为世界上第三个拥有卫星导航系统的国家。2012年,建成北斗二号系统,面向亚太地区提供无源定位服务。2020年,北斗三号系统正式建成开通,面向全球提供卫星导航服务,标志着北斗系统"三步走"发展战略圆满完成。北斗卫星系统目前在轨45颗卫星,其中,北斗二号15颗,北斗三号30颗,现在所有的卫星都已入网提供服务,设备状况很好,在轨运行稳定。[①]

---

① 国务院新闻办公室. 新时代的中国北斗 [R/OL]. (2022-11-04) [2023-01-25]. http://www.gov.cn/zhengce/2022-11/04/content_5724523.htm.

北斗系统秉持"中国的北斗、世界的北斗、一流的北斗"发展理念,在全球范围内实现广泛应用,赋能各行各业,融入基础设施,进入大众应用领域,深刻改变着人们的生产生活方式,成为经济社会发展的时空基石,为卫星导航系统更好服务全球、造福人类贡献了中国智慧和力量。北斗系统的组网完成,提升了全球卫星导航的多样性,不仅为中国,也为"一带一路"国家提供了另一个选择,促进了全球数字能力的提升,是人类命运共同体在数字空间的呈现。

从"一带一路"国家用户角度来说,北斗与之前的三大系统形成替代关系,由于是最新研发的系统,北斗系统在精度和功能方面都处于领先地位。北斗卫星系统在全球范围精度上高于GPS(北斗是5米,GPS在6米左右),在连续性和稳定性方面也表现优异。北斗系统坐标基点能够满足要求,信号质量一致性非常好,空间信号的精度也非常高,达到0.5米,轨道精度世界一流。北斗的服务功能是全球四大卫星系统里最多的,在全球范围内可以提供导航定位授时、全球短报文和国际搜救等服务,在亚太地区还提供短信通报、星基增强、地基增强等服务。同时,北斗系统可与其他系统兼容。近年来,我国持续推动北斗卫星导航系统与美国全球定位系统、俄罗斯格洛纳斯系统、欧洲伽利略系统协调发展,在兼容操作、监测评估、联合应用等领域深入合作。同时推动北斗国际标准化工作,相继进入民航、海事、国际搜救、移动通信、国际电工委员会等多个国际组织标准体系。

随着"一带一路"建设的发展,北斗系统"随船出海,逢路架桥",为海外市场提供更多产品和服务。目前,北斗已在全球120多个国家和地区得到应用,以其较低成本、较高精度的特点成为中国向世界提供的高科技、高性价比的公共产品,已经逐步成为中国基建出海的一张新名片(专栏5-3)。

专栏5-3 北斗海外首个组网落地项目——巴基斯坦国家位置服务网

2013年9月25日,第64届国际宇航大会期间,中国长城工业集团有限公司与巴基斯坦空间和上层大气研究委员会(SUPARCO)共同签订了《巴基斯坦国家位置服务网一期工程协议》，决定在巴基斯坦第一大城市卡拉奇及其周边建设五个连续运行卫星定位服务参考站点（Continuously Operating Reference Stations，简称 CORS）。

该项目于 2014 年 3 月完成北京出厂验收，4 月 20 日北斗导航科技有限公司项目组赴巴进行巴基斯坦国家位置服务网一期工程的实施，在中巴双方的共同努力下，于 5 月 9 日顺利完成卡拉奇 CORS 系统的安装测试及验收，成功组网，系统各项指标满足要求，系统运行状态稳定良好。巴基斯坦国家位置服务网一期工程的建成，是北斗卫星导航系统在国外完成 CORS 网项目的首例。一期工程在卡拉奇建立 5 个基准站和一个处理中心，为卡拉奇的城市建设、公共定位、航海定位、港口调度提供帮助，并且能实时提供非常可靠的全球导航卫星系统数据。

项目开发的定位服务平台可以完全兼容北斗系统的高精度终端设备，并聚焦在基础测绘、数字城市、土地资源管理、城市规划、灾害监控和公共安全管理等领域。通过这套系统，巴基斯坦可以制定定位导航产业的行业标准，包括自动数据交换格式、综合业务集成、集成应用方案的有效分析等。

目前，中巴卫星导航合作稳步推进。巴基斯坦国家位置服务网一期工程的顺利建设，标志着中巴卫星导航合作取得了重要实质性成果，是中国政府北斗国际化工作迈出的重要一步，打开了北斗国际合作工作新局面，是中国企业在政府带领下"走出去"的重要标志。

资料来源：北斗卫星导航系统官网．北斗首个海外组网项目落地巴基斯坦［EB/OL］．（2014-05-21）［2023-01-25］．http：//www.beidou.gov.cn/yw/xwzx/xwzx2014/201710/t20171010_388.html．

◆ 5G

5G 是新一代的移动通信技术（参见专栏 5-4）。中国作为技术提供方，在国际市场具有良好的信誉和竞争性。除了中国的华为、中兴，还有爱立信（瑞典）、思科（美国）、NEC（日本）、诺基亚（芬兰）、三星（韩国）等公司是 5G 设备服务提供商。"一带一路"国家对 5G 的应用需求与其发展阶段和产业类型相关，超可靠、低延迟的通信对发展高端制造业的国家来说非常重要。5G 在医疗、教育等方面的潜力巨大。但是，5G 基建作为公共产品成本较高，大多需要政府投资，"一带一路"沿线发展中国家政府部门的资金实力和融资能力影响 5G 应用的步伐，需要通过经济不断发展来实现电信业进一步的转型升级。

专栏 5-4　　移动通信的 1G、2G、3G、4G 和 5G

1G 语音时代

第一代移动通信技术（1G）是指最初的模拟、仅限语音的蜂窝电话标准，制定于 20 世纪 80 年代。第一代移动通信系统主要用于提供模拟语音业务。由于受到传输带宽的限制，它不能进行移动通信的长途漫游，只能是一种区域性的移动通信系统。第一代移动通信有很多不足之处，如容量有限、制式太多、互不兼容、保密性差、通话质量不高、不能提供数据业务和不能提供自动漫游等。

2G 短信时代

从 1G 跨入 2G 则是从模拟调制进入数字调制，2G 具有保密性强、频谱利用率高、业务丰富、标准化程度高等特点，使得移动通信得到了空前的发展，从过去的补充地位跃居通信的主导地位。2G 又叫全球移动通信系统（GSM），用户可以打电话、发短信。之后是 GPRS，又称作 2.5G，它是 GSM 的延续，同时它的传输速率基于 2G 又有了提升。

3G 图片时代

3G 是第三代移动通信技术，使用较高的频带和 CDMA 技术传输数据进行相关技术支持，主要特征是速度快、效率高、信号稳定、成本低廉和安全性能好。和前两代的通信技术相比最明显的特征是 3G 通信技术全面支持更加多样化的多媒体技术，将无线通信和国际互联网等通信技术全面结合，可以处理图像、音乐等媒体形式。

4G 视频时代

4G 通信技术是第四代的移动信息系统，是对 3G 通信技术的一次改良，相较于 3G 通信技术更大的优势，是将 WLAN 技术和 3G 通信技术进行了很好的结合，让传输图像的质量更高，图像看起来更加清晰。4G 具备速度更快、通信灵活、智能性高、通信质量高、费用便宜的特点，能够满足几乎所有用户对于无线服务的要求。

5G 智慧时代

5G 是第五代移动通信技术，是具有高速率、低时延和大连接特点的新一代宽带移动通信技术，是实现人机物互联的网络基础设施。国际电信联盟定义了 5G 的三大类应用场景，即增强移动宽带、超高可靠低时延通信和海量机器类通信。增强移动宽带主要面向移动互联网流量爆炸式增长，为移动互联网用户提供更加极致的应用体验；超高可靠低时延通信主要面向工业控制、远程医疗、自动驾驶等对时延和可靠性具有极高要求的垂直行业应用需求；海量机器类通信主要面向智慧城市、智能家居、环境监测等以传感和数据采集为目标的应用需求。

资料来源：从 1G 到 5G 的发展史［EB/OL］.（2020－08－11）［2023－01－25］. https://new.qq.com/rain/a/20200811A0TE8T00.

电信业作为基建行业，大部分具有天然垄断的壁垒，易受到地缘政治和大国博弈的影响。比如，虽然受到美国不断的警告（美国抹黑中国技术有监控和间谍风险），菲律宾企业仍与中国电信合资开发 5G，成为亚洲第一家应用华为的技术全面部署 5G 系统的国家。同样，埃塞俄比亚尽管受到西方国家的干扰，但仍决定使用华为的技术服务建设 5G 网络。

中国新、老基建可以"打包出海",比如5G与铁路相结合,可利用我国的海外基建市场优势,提升海外数字化基建的应用能力。2021年通车的由中国中铁承建的中老铁路,配套华为建设铁路通信专网,实施车辆调度、通信等功能,未来也将由华为提供全程5G网络,使得老挝享有高速列车配高速网络,全面提升生产要素的流动效率,助力经济发展。随着发展中国家的城镇化进程,"一带一路"国家5G基建刚刚起步,5G智慧城市方面的合作也将有很大的市场空间。

◆ 海底光缆

海底光缆和卫星通信同为当代洲际通信的主要手段,但两者的带宽相去甚远。一条海底光缆拥有2 000～3 000颗卫星的传输能力,与卫星通信相比成本低得多。目前,全球95%以上的国际数据通过海底光缆进行传输,海底光缆是当代全球通信最重要的信息载体,其传输容量超大、寿命长、运营更加简易。海底光缆以大约25年为一个使用周期。据统计,全球40%的海缆是2000年之前建设的,已经逐步进入生命周期的尾期,需要升级换代,全球海底光缆通信网络建设将迎来一个重要的发展窗口期。[①] "一带一路"国家普遍互联互通水平较低,数字化基建需求较大。在"一带一路"框架下,中国加强陆地与海洋基础设施互联互通,抓住机遇大力发展海底光缆产业,中国企业近些年成为全球同行业的"黑马"。

中国的龙头企业亨通光电(全球光纤通信前三强企业)在深海5 000米测试海底光缆取得成功,实现了关键技术突破;2008年成立的华为海洋公司[②]参与了近百个海底光缆铺设或升级项目,正迅速赶上美、法、日三强,该公

---

① 中国信息通信研究院. 中国国际光缆互联互通白皮书(2018)[R/OL]. (2018-08-01)[2023-01-25]. http://www.caict.ac.cn/kxyj/qwfb/bps/201808/t20180828_182776.htm.

② 2020年6月亨通光电收购华为海洋81%的股权。本次交易完成后,亨通光电在原有海缆研发制造、海底通信网络运营、海洋电力工程施工的基础上,新增全球海缆通信网络的建设业务,打通上下游产业链,进一步推动公司在海洋产业领域从"产品供应商"向"全价值链集成服务商"转型。

司全球市场份额也从不足5%快速提升到20%。中国联通与合作伙伴共建连接中国与东南亚的SEA-H2X国际海缆,为亚洲地区的数字化转型和5G的应用创造机遇,预计2024年投入商业化使用。①

承载连接中国与非洲和欧洲之间的数据传输的和平光缆项目(Pakistan and East Africa Connect in Europe,简称为PEACE)是一条约1.2万公里的高速海底光缆项目,已于2018年开工建设,项目的牵头建设方是亨通光电。和平光缆传输能力巨大且延时小,起始点为中国境内,后途经巴基斯坦、阿拉伯海,绕过非洲之角,经过红海、地中海,直通法国第三大城市马赛。该光缆在欧洲的主要节点在塞浦路斯、马耳他和法国,在非洲的主要节点在埃及、吉布提和肯尼亚。铺设的海底光缆采用的是最新技术,保证了亚洲、非洲和欧洲之间的通信更加高效便捷。2022年11月,和平光缆项目巴基斯坦—埃及—肯尼亚、埃及—法国两段已经投入运营。②

◆ **空间技术应用合作**

推动"一带一路"空间信息走廊建设,加强遥感、导航、通信卫星的应用合作是"一带一路"的重要方向和亮点领域,这会使空间技术发展成果惠及共建国家,特别是发展中国家。2017年5月,中国与国际电信联盟签署《关于加强"一带一路"框架下电信和信息网络领域合作的意向书》。

近年来,我国"一带一路"相关国家在空间技术和应用方面的合作成果包括:

(1)联合研制并成功发射中巴(西)地球资源04A星、埃塞俄比亚遥感微小卫星,为亚太空间合作组织成功搭载发射大学生小卫星;持续推进埃及

---

① 海洋通信方兴未艾,国内龙头海底超车[EB/OL].(2021-11-01)[2023-01-25]. https://m.jiemian.com/article/6768903.html.
② Peace Cable. PEACE Cable System Goes Live[EB/OL].(2022-12-22)[2023-01-26]. http://www.peacecable.net/News/Detail/16644.

二号遥感卫星等联合研制。

（2）完成巴基斯坦遥感卫星一号、委内瑞拉遥感卫星二号、苏丹一号遥感卫星、阿尔及利亚一号通信卫星等在轨交付。

（3）为沙特阿拉伯、巴基斯坦、阿根廷、巴西等国家提供卫星搭载发射服务。

（4）助力发展中国家航天能力建设。与埃及、巴基斯坦、尼日利亚等国家合作建设卫星研制基础设施。推动"一带一路"空间信息走廊建设，向发展中国家开放中国空间设施资源。

（5）建立风云气象卫星国际用户防灾减灾应急保障机制，中国气象卫星数据广泛应用于121个国家和地区。

（6）签署《关于金砖国家遥感卫星星座合作的协定》。与欧洲航天局开展对地观测卫星数据交换合作。建设中国—东盟卫星信息（海上）服务平台和遥感卫星数据共享服务平台。与老挝、泰国、柬埔寨、缅甸等国家共同建设澜沧江—湄公河空间信息交流中心。

（7）与玻利维亚、印度尼西亚、纳米比亚、泰国、南非等国家合作建设卫星数据接收站。

（8）积极参与空间与重大灾害国际宪章机制，为近40个国家的减灾提供卫星遥感数据，提升国际社会防灾减灾能力。

（9）积极开展卫星应急监测和服务，针对15个国家的17次重特大灾害事故启动应急监测，就2018年阿富汗大旱、2018年老挝溃坝事故、2019年莫桑比克台风向受灾国相关部门提供监测产品及服务。

专栏5-5　**经济不发达的非洲为什么要发展空间技术？**

撒哈拉以南非洲国家人均国民收入不到1 600美元，超过50%的人口没有用上电，超过80%的人口没有卫生设施，贫困人口超过40%，各方面的指标距离实现2030年可持续发展目标甚远。在这种情况下，为什么一些非洲国家却花巨资进行空间技术的研发和应用呢？

目前，已经有许多非洲国家成立了自己的空间主管或研发机构，包括南非国家航天局、尼日利亚国家空间研究与发展局、肯尼亚航天局、津巴布韦国家地理空间和航天局、卢旺达航天局、安哥拉国家空间计划管理办公室、加纳空间科学技术研究院、加蓬空间研究院和埃塞俄比亚空间科学技术研究院等。

自1998年到2022年，已有安哥拉、加纳、埃塞俄比亚、肯尼亚、尼日利亚、卢旺达、南非、苏丹、毛里求斯、阿尔及利亚、埃及、摩洛哥、突尼斯等13个非洲国家，一共发射了48颗卫星。这些非洲国家的卫星均由其他国家协助制造并发射，包括中国、俄罗斯、法国、美国、印度和日本。

为了进一步扩大非洲国家空间技术的发展和应用，2017年非洲联盟确立了非洲空间政策和战略，成立了非洲航天局，并选定埃及为这一机构的东道国。非洲空间政策和战略的主要目标是地球观测、卫星通信、天文学和空间科学的发展以及导航和定位，实现由非洲主导的协调、有效和创新的空间技术发展道路。据《非洲空间产业年度报告2022》，2021年非洲航天工业的价值为194.9亿美元。预计到2026年，这一数字将增长16.16％，达到226.4亿美元。非洲太空经济雇用了19 000多名员工，政府是最大的雇主，拥有11 000名员工。预计到2025年将有23个非洲国家拥有自己的卫星，卫星总数将超过110颗。

对非洲国家来说，空间技术不是空中楼阁，而是实打实接地气的应用。尤其是空间遥感可以为灾害管理提供依据，为防汛减灾提供全方位的信息；卫星图像和通信可以帮助灾区救灾，减少经济和人员损失。所以，空间技术的发展和应用是非洲国家解决温饱问题、促进经济发展、实现2030年可持续发展目标的有效手段，也是中国与非洲"一带一路"建设合作的一个亮点。

资料来源：Space in Africa. Space Industry in Africa Annual Report 2022 Edition [R/OL]. (2022-08-17) [2023-01-26]. https：//spaceinafrica.com/reports/.

三、"一带一路"数字化技术应用典型案例

◆ 北斗应用

北斗卫星系统的应用广泛，特别可以针对"一带一路"发展中国家农业的需求提供数字化解决方案。以缅甸为例，缅甸是一个农业大国，全国约有70%的人口从事农业相关工作，有关农田水利的测绘对缅甸来说至关重要。2013年缅甸农业部采购了上海华测导航技术股份有限公司具有北斗导航系统的接收机，用于丈量土地、绘制地图、收集农田信息数据等。2019年4月，在突尼斯举行的第二届中阿北斗合作论坛期间，北京合众思壮科技股份有限公司与突尼斯迈贾兹巴卜高等农业工程学校签署了关于开展精准农业合作示范项目的谅解备忘录，双方将就精准农业技术和产品开展合作，在突尼斯实施精准农业合作示范项目，促进北斗技术应用推广，助力"一带一路"国家精准农业发展。

2021年9月，中国科学技术协会（简称中国科协）"一带一路"北斗应用国际培训中心（"Belt and Road" BeiDou Application International Training Center）成立。这是中国科协在全球设立的第一个北斗技术和应用培训中心，旨在与"一带一路"共建国家共享以北斗系统为主的卫星导航位置服务与应用科技成果，面向海外提供以北斗卫星导航系统为主的导航定位技术应用培训和人才培养，开展北斗技术和产业相关的国际合作交流。培训中心已逐渐成为北斗系统面向"一带一路"国家输送北斗技术、带动国际交流合作、稳步推动北斗系统走出去的重要平台。

◆ 5G应用

(1) 5G+医疗

中国助力"一带一路"国家建设5G智慧医院。在华为公司的支持下，泰

国引入5G、人工智能、云技术在东南亚建成第一个5G智慧医院。该项目是泰国玛希隆大学附属诗里拉吉医院、泰国国家广播和通信委员会与华为泰国公司在诗里拉吉医院共同启动的5G智慧医院项目，包括与华为共建的联合创新实验室、5G无人车运送疫情医疗物资、5G便携医疗箱、5G移动诊疗车、5G医疗推车和5G智慧病床等。

（2）5G＋远程教育

基础教育作为公共服务领域，商业化回报有限，但中国企业结合基金会等国际组织资源，数字化赋能"一带一路"基础教育。2020年，华为南非DigiSchool项目，与当地的合作伙伴运营商及教育非政府组织合作，支持南非政府培养学生的英语阅读能力，旨在让学生能在三年级看懂阅读的基本内容。华为通过4G/5G技术，计划使100家城市和乡村的小学享有互联网服务。该项目已经使得超过29家学校上网，超过22 000名学生享受数字化远程教育带来的福利。

（3）5G＋电商

阿里巴巴集团在打通区域化电子贸易方面，致力于提供一站式数字贸易解决方案。世界电子贸易平台（eWTP）是阿里巴巴集团提出的构想，通过5G机遇助力电子贸易平台全球化，建立数字贸易自由区，打通物流、支付、通关、数据一体化的数字枢纽。这个设想与园区的一站式服务相似，除硬性的数字化基建外，也包括软性的制度方面的基础设施，可以帮助小微企业联通世界。"一带一路"国家与中国政府实现点对点对接，eWTP稳步推进。2017年3月阿里巴巴集团、杭州市与马来西亚一同开通"数字自由贸易区"（eHub）建设，这是中国以外的第一个eWTP试验区，中马两方将在通关、检验、许可方面实现便利化。此外，阿里巴巴在"一带一路"方面有许多新的尝试，比如速卖通，帮助发展中国家实现产品出海，其中"一带一路"国家用户占比45.4%，全球海外买家有1亿人，数字化手段打造了一个亿级市场。目前速卖通最成功的国家是俄罗斯，主要是中国向俄罗斯出口商品；同时，也有俄罗斯中小企业销售俄罗斯制造的产品。这进一步催生了网上支付、电子钱包的发展。

阿里巴巴数字技术出海帮助"一带一路"国家进行本土创新。在网上支付领域，发展中国家普遍金融渗透率低，很多人甚至没有银行账户。数字化时代的电子钱包让他们换道超车，能够跳过银行中介的阶段，享受智能手机时代的数字金融服务。2015 年阿里巴巴旗下的蚂蚁金服与印度电子钱包 Paytm 的合作让很多印度人通过智能手机学会使用电子钱包，建立了虚拟的个人账户，打破了个人金融服务的瓶颈性限制。阿里巴巴技术团队的负责人直接向 Paytm 传授技术，比如安全、反诈等，进行技术出海，节省了本地团队可能需要好几年研发的成本和时间。这是中国企业"授人以渔"、建立"造血"机制的典型案例。

（4）5G＋文创

数字化技术赋能中国音乐产业国际竞争力不断提升，5G 技术可以促进"一带一路"文化出海，以出口音乐、游戏等数字化文创产品，推动民心相通。数字化技术的出现催生了数字音乐生态圈，音乐能够跨越国界和语言，打开沟通之门。互联网技术催生了全球音乐产业的时代发展机遇。中国互联网企业腾讯通过数字化技术文化出海，塑造中国软实力，2014 年面向海外开发音乐软件 JOOX，抢占东南亚市场，成为马来西亚、印度尼西亚、泰国最受欢迎的音乐播放软件之一。腾讯旗下的产品 WeSing（全民 K 歌）在东南亚国家应用广泛，在菲律宾、泰国、马来西亚的音乐和音频类应用中保持了很高的下载量。

◆ **疫情下的数字化技术应用**

2020 年新冠疫情席卷全球，催生了各国对数字化的需求，如电子支付、远程教育、远程医疗、在线娱乐、在线购物等行业形态。由于数字空间具有无边界性、全球性和开放性等特点，数字经济对疫情的"免疫力"较强，成为"一带一路"经济复苏的引擎。人们不必迈出国门就可以开拓外国市场，突破了国境边界的限制。"一带一路"数字化基础设施的建设使得共建国家使用数字服务成为可能，提升了我国数字服务贸易出口的市场潜力。据联合国贸易和发展会议的数据，2020年数字技术在支持更广泛的国际贸易方面发挥了重要作用，可数字化交付的服务达到服务出口总额的近64%。尽管服务出口总额下降了20%，但可数字化交付的服务出口额仅下降了1.8%。① 这反映出，尽管疫情对行动施加了限制，但人们越来越多地依靠数字化交付来继续服务贸易。我国可加强数字服务贸易的出口，助力全球经济复苏。

第一，在疫情期间，数字化技术使得远程在线大型展会得以举办，包括中国—阿拉伯国家博览会、中国—东盟博览会、亚欧商品贸易博览会、中国国际进口博览会、中国进出口商品交易会（广交会）等。在线方式极大地节约了交通成本、降低了碳排放，同时数字化平台使得参与方的来源更为广泛，提升了展览的规模、交易量，缩小了时空的限制，扩大了平台的影响力。

第二，数字化技术提升了全球卫生系统应对危机和复原的能力，有助于破解全球卫生资源的不平衡。新冠疫情在全球暴发以来，中国研发的疫情预测信息平台、防疫外呼机器人在助力相关国家疫情防控中发挥了积极作用。2020年10月，中国与东盟国家联合举办"中国—东盟数字经济抗疫政企合作论坛"，向相关国家捐赠远程视频会议系统，提供远程医疗系统、人工智能辅助新冠诊疗、5G无人驾驶汽车等技术设备及解决方案。

第三，新冠疫情极大推动了电子商务，在线购物呈指数型增长，而其中新兴经济体转向线上的趋势最为明显。在拉丁美洲，2020年第二季度，Mercado Libre作为拉美最大的电子商务生态系统，单日商品销售量环比增长100%；在非洲，2020年上半年，其电子商务第一大零售商Jumia业务增长高

---

① 联合国贸易和发展会议. 在日益数字化的经济中从COVID-19疫情恢复：对可持续发展的影响［R/OL］.（2022-02-16）［2023-01-26］. https://unctad.org/system/files/official-document/tdb_ede5d2_ch.pdf.

达 50%；在中国，2020 年其跨境电商业务同比增长 31.1%。①

第四，疫情防控使得人们对线上娱乐的需求增加，数字化技术赋能在线文娱产业转型和增长。在云旅游方面，全球各大博物馆纷纷上云，新冠疫情成为文娱数字化转型的催化剂。流媒体技术使得音乐消费蓬勃发展，根据国际唱片业协会的统计，2021 年全球音乐收入达到 259 亿美元，尽管新冠疫情冲击了实体经济，但音乐产业得以连续 7 年正增长，其中数字化收入占总收入的 65%，成为主流的消费模式，2021 年增长率 24.3%。②

第二节 推进"一带一路"共建国家数字化能源建设

一、中国企业在"一带一路"数字化能源项目案例

"一带一路"的数字化建设，在发电、电网、维护、支付、资产管理各环节，充分应用数字化技术，打造全球能源系统的低碳转型。

电力消费需求侧的数字化创新应用广泛。我国的朗新科技集团股份有限公司技术出海，提供电力数字化、在线缴费方面的服务，专注"能源在线缴费"细分赛道，在疫情期间仍然逆风上扬，其在孟加拉国的业务量 2021 年较 2020 年翻了一番，为发展中国家带来数字能源生活新体验。朗新科技与孟加拉国当地的电子钱包 bKash 合作，结合金融科技的最新成果，和公共事业部门一同为居民提供在线用水、用气、用电方面的便捷支付服务。该企业的能

---

① 刘斌，潘彤. 新冠疫情背景下中国对外贸易的现状分析、趋势研判与政策建议 [J]. 国际贸易，2021（07）：29-35.
② International Federation of the Phonographic Industry. Industry Data [DB/OL]. (2021) [2023-01-25]. https://www.ifpi.org/our-industry/industry-data/.

源线上缴费覆盖了孟加拉国大多数地区，填补了该领域的空白。①

在数字电网方面，中国企业威胜信息技术股份有限公司2013年生产出中国国内第一款三相电子式多功能电能表，替代了进口，打破了国外技术的垄断。2016年，该企业开始开拓海外市场，并在"一带一路"共建国家取得成功。一方面通过对接央企，比如国家电网和南方电网推进"走出去"；另一方面积极自主开拓亚非拉市场，在孟加拉国、埃及、印度尼西亚及西非地区开设办事处，通过数字化技术，服务发展中国家电力物联网，开展智慧能源和智慧城市，开发通信模块和终端产品，创造本土化的解决方案。②

南欧江水电站集控中心

中国电建通过数字化技术创新了众多海外重大能源项目全生命周期平台和可信数据跨境网络，基于工业互联网打造了覆盖工程设计、施工、运营全过程的数字化建设、管理系统，成功应用于水利水电、新能源等领域。中国电建在老挝投资了南欧江梯级水电站，数字化技术成就了指挥南欧江整条流域七座水电站的"神经大脑"，是老挝目前自动化、信息化程度最高的电站集中控制运行中心。这项技术不仅节省人力，提高了电站运行效率和安全，还可以提供水情自动测报系统，该系统是老挝首个流域性水情测报系统，有助于应对极端天气和自然灾害，在创新能源结构、发展低碳经济的同时提高了气候韧性。

---

① 朗新科技．能源数字化不只在中国："一带一路"中的朗新身影［EB/OL］.（2021-12-24）[2023-01-26]. https://www.longshine.com/article/2678.html.

② 中国上市公司协会．威胜信息：物联世界 芯连未来［EB/OL］.（2021-04-27）[2023-01-26] https://www.capco.org.cn/gjhz/yxalxb/202104/20210430/j_20210430094024000161974683750 82397.html.

中国电建在阿拉伯地区开发适合当地自然禀赋的数字能源解决方案，建设阿曼伊卜里光伏电站项目，创立"清扫机器人＋平单轴跟踪支架＋反光膜材料"的发电模式。在原理上，清扫机器人可自动清扫光伏板上的沙粒灰尘。跟踪支架的作用是跟踪日光，自动调整

南欧江水电站

角度，加上地面反光板，可以效率最大化地吸收日光。该项目利用当地的日照资源建设太阳能电站，将沙漠变成光伏绿洲，缓解用电紧张。目前，该项目可供该地区5万多户居民用电，是阿曼装机容量最大的可再生能源项目。该项目也对阿曼的能源转型至关重要，每年可减少碳排放34万吨。①

除了大型能源工程建设，中国企业在"一带一路"共建国家建设微电网，利用当地光伏资源，使得偏远村庄能够较为便宜、环保、经济实惠地用上绿色电力。在非洲，中国企业四达时代从2018年起为当地提供离网微型光伏，业务广泛覆盖肯尼亚、赞比亚、乌干达、坦桑尼亚、卢旺达等国。四达时代深入农村地区，为居民安装家用光伏供电系统，使用便捷，安全系数高。当地居民直接从煤油灯时代过渡到光伏发电时代。② 在南美洲，2019年9月中国电建集团在苏里南村庄开展微电网光伏项目，并在仅仅8个月后于2020年5月投产，项目为小型光伏发电站配套储能系统，使用柴油发电作为备用。这套"光—储—柴"系统是基于当地能源禀赋的综合设计，实现24小

---

① 中国电建. 电建有"数"：打造高质量发展"智慧引擎"[EB/OL]. (2022 - 07 - 12) [2023 - 01 - 26]. http://www.cteb.com/art/2022/7/12/art_7336_1457082.html.
② 万宇. 中非光伏合作惠及更多非洲民众[N/OL]. 人民日报，2020 - 08 - 23 [2023 - 01 - 26]. http://politics.people.com.cn/n1/2020/0823/c1001 - 31833245.html.

时不间断供电,一期项目成功使得3 200人受惠。在2021年,中国和苏里南两方签订了二期项目,利用智控微电网技术实现偏远农村的"智能电",设计受惠人群规模1.5万人,体现了当地人民对中国数字化绿色能源技术的高度认可。①

在能源设施维护方面,数字化技术有助于降低能源资产方的维护成本并提升资产价值。在陆上风电领域,中国企业金风科技公司通过数字化维护、低成本技术,降低东道国的风电成本,提出数据驱动清洁能源资产管理。金风科技出售风力发电机组,并获得了欧洲、东盟、拉丁美洲、非洲等"一带一路"国家的信赖,与中国央企合作,助力当地的能源转型,获得国际绿色银团贷款支持。金风科技重视数据资产,创造包含了设备、资产、收益全生命周期的清洁能源资产管理理念。金风科技通过数字化技术提升风能转化为电能的效率,注重设备的维护,识别"应发未尽"的机组,降低约20%的综合成本,挽回电量损失;同时通过培训工程师、输出数字管理方案,提升清洁能源场站运营管理,为客户持有清洁能源资产创造效率和价值。②

二、数字化技术支持全球能源互联网建设

2015年9月26日,习近平主席在联合国可持续发展峰会上发出"探讨构建全球能源互联网,推动以清洁和绿色方式满足全球电力需求"的倡议。2017年5月14日,习近平主席在"一带一路"国际合作高峰论坛上进一步指出,"要抓住新一轮能源结构调整和能源技术变革趋势,建设全球能源互联网,实现绿色低碳发展"。全球能源互联网是清洁主导、电为中心、互联互

---

① 朱东君. "路灯亮起那一刻,大家欢呼起来" [N/OL]. 人民日报, 2021 - 08 - 18 [2023 - 01 - 26]. http://world.people.com.cn/n1/2021/0818/c1002 - 32197327. html.
② 资产管理点金术:数据资产的应用 [EB/OL]. (2022 - 08 - 19) [2023 - 01 - 26]. https://www.goldwind.com/cn/news/focus-article/? id=747393262897293312.

通、共建共享的现代能源体系，是清洁能源在全球范围大规模开发、输送、使用的重要平台。这一倡议的理念是通过利用全球的新能源供应，突破时空限制，比如西半球夜间的时候，可以将电力运送到东半球；各地季节性的能源资源将互相补充，应对各地能源波动性，打造地球系统化新能源解决方案。数字化技术不仅降低了能源技术的成本，还为全球能源互联网提供了神经网络。全球能源互联网实质是"智能电网＋特高压电网＋清洁能源"。智能电网是基础，用现代化技术满足新能源的管理；特高压电网是关键，完成电力数千公里远距离经济传输，此外，相比超高压线路，能够节省60%以上的走廊占地面积；清洁能源是根本，是未来全球能源互联网传输的主要能源。[1]

为推进全球能源互联网倡议的实施，2016年3月中国牵头的全球能源互联网发展合作组织在北京成立。全球能源互联网计划构想了三个实施阶段，并认为构建全球能源互联网的条件已经具备。由于数字化技术和能源技术的突破，2025年，光伏和陆上风电的竞争力将超过化石能源。第一个阶段，到2025年，加快各国清洁能源的建设，实现点对点连接，打通各国国内电网的互联建设；第二个阶段，到2035年左右，推动洲际区域的互联，打通"五横五纵"的互联通道，亚欧非三个大洲率先实现跨洲联网；第三个阶段是到2050年，实现五大洲之间的互联，建成"九横九纵"的全球能源互联网骨干框架，基本建成全球能源互联网。通过全球能源联网和新能源开发，目标是到2050年全球电能普及率达到100%，度电成本降低40%。[2]在非洲，全球能源互联网合作组织提出了"电—矿—冶—工—贸"的联动发展模式（见专栏5-6）。

---

[1] 全球能源互联网发展合作组织. 全球能源互联网"中国倡议"[EB/OL].（2022-08-29）[2023-01-26]. https://www.geidco.org.cn/gei/initiative/.

[2] 刘振亚. 分三阶段建成全球能源互联网[EB/OL].（2015-12-19）[2023-01-26]. https://www.gsm.pku.edu.cn/info/1429/19542.htm.

专栏5-6　"电—矿—冶—工—贸"联动发展模式

非洲是全球最具发展潜力的地区之一，矿产资源和清洁能源资源丰富，劳动力人口快速增长，经济发展前景广阔。近年来，非洲迈入以工业化和区域一体化为特征的新阶段，既面临艰巨的可持续发展任务，也迎来难得的发展机遇，迫切需要统筹非洲经济发展战略和规划，创新发展模式，破解工业化进程中的能源短缺困局，实现非洲可持续发展。

全球能源互联网发展合作组织在深入研究非洲经济社会发展形势的基础上，提出了"电—矿—冶—工—贸"联动发展新模式。"电"，即以电为中心，推进清洁电能开发和电网互联互通；"矿"，即立足资源优势，推动矿产资源大规模开发利用；"冶"，即提升矿产价值，构建具有比较优势的现代冶金工业；"工"，即加快建设现代产业园区，打造支柱产业和特色优势产业；"贸"，即以贸促工、以工拓贸，推动原材料贸易向制成品贸易转变，提升国际贸易规模，促进非洲经济腾飞。

全球能源互联网发展合作组织规划2050年前在非洲建设4大河流水电基地、21个太阳能基地和12个风电基地，以及9回跨洲、12回跨区直流工程和5个交流输电走廊工程，为非洲经济社会发展提供安全、清洁、经济、高效的能源供应；推进非洲清洁电能开发和电网跨国跨区跨洲联网，期望形成"洲内中部送电南北、洲外与欧亚互济"格局，以能源电力撬动矿产资源大规模开发利用，构建具有比较优势的现代冶金工业，加快建设现代产业园区，打造支柱产业和特色优势产业；推动贸易出口由初级产品向高附加值产品转变，形成"投资—开发—生产—出口—再投资"良性循环；构建几内亚湾、非洲东部、刚果河、非洲南部、沿地中海五大区域经济圈，推动非洲国家间、区域间形成快捷、便利和安全的贸易通道，建设一批现代产业中心城市，打造一批矿冶加工示范产业园区，培育一批原材料基地和冶金产业、加工制造业集群，全面提升非洲经济发展规模、质量和效益。

> 资料来源：全球能源互联网发展合作组织．构建非洲能源互联网 促进水能资源开发实现"电—矿—冶—工—贸"联动发展［R/OL］．（2019－05－16）［2023－01－25］．https://www.gei-journal.com/cn/geiCn/20211212/1469998343915704320.html.

全球能源互联网合作组织进一步提出气候变化与生物多样性方面的生态共治方案。能源转型与生物多样性休戚相关。根据该组织的研究，生物多样性危机主要涉及五个方面，分别是栖息地破坏、生物资源过度消耗、气候变化、环境污染和生物入侵。化石能源的不合理开发直接会导致这五大危机，因而影响生物多样性，威胁人类的生存，也将致使哺乳类、鸟类及两栖动物大范围灭绝。除电力短缺外，发展中国家比如非洲地区，大面积地过度依赖传统的薪柴来生火取暖、做饭，砍伐森林，造成林地退化。建议各国采用光伏治沙、海水淡化等措施，促进生态修复和栖息地保护。①

第三节 以数字化技术支持"一带一路"生态环保信息共享

一、"一带一路"生态环保大数据服务平台

2017年5月，习近平在"一带一路"国际合作高峰论坛上表示，"我们要践行绿色发展的新理念，倡导绿色、低碳、循环、可持续的生产生活方式，加强生态环保合作，建设生态文明，共同实现2030年可持续发展目标"，并宣布设立生态环保大数据服务平台，为相关国家应对气候变化提供援助。"一带一路"生态环保大数据服务平台的定位，首先是政策沟通平台。通过平台

---

① 全球能源互联网发展合作组织．生物多样性与能源建设革命［R/OL］．（2021－09－26）［2023－01－26］．https://www.geidco.org.cn/html/qqnyhlw/zt20210926/img/生物多样性与能源电力革命.pdf.

建设共享各国的法律法规、政策标准，互相了解政策信息，实现对环保、法律、土地、税收、社保等方面的政策标准的全面了解，增强互信，为各国决策者、政策执行者和研究者提供平台和渠道，以充分了解彼此的利益需求，建立共识后开展务实项目合作。

2019年5月"一带一路"生态环保大数据服务平台启动，同年12月平台移动应用客户端正式启动。平台利用物联网、遥感等技术，涵盖自然地理、社会经济、水环境、大气环境、生物多样性等数据信息，为"一带一路"绿色发展提供决策和数据支持。2022年3月，国家发展和改革委员会等部门联合发布《国家发展改革委等部门关于推进共建"一带一路"绿色发展的意见》，进一步明确要加强"一带一路"生态环保大数据服务平台建设，加强生态环境及应对气候变化相关信息共享、技术交流合作。[1] "一带一路"生态环保大数据服务平台可以为基础设施建设前期规划设计提供社会、经济、地形、生态环境等各方面底层数据支持，开发环境影响空间分析模块和系统，为合理规划提供依据；通过平台建立重点国家重点行业市场准入要求数据库，包括政策法规、标准规范、产品质量要求、准入门槛等各方面内容，为企业"走出去"提供决策支持。

"一带一路"生态环保大数据服务平台设置了实时搜索功能，可帮助用户实时掌握和快捷查询"一带一路"共建国家生态环境动态以及适用的绿色技术和案例等。平台首页开通了新闻资讯、政策法规、绿色技术、国别信息、实践案例等栏目，可以帮助用户实时掌握"一带一路"最新动态。

平台上的"国别信息"栏目重点分享"一带一路"共建国家的工业、农业、服务业、金融、环保等方面的信息；"数据中心"栏目用于展示"一带一路"共建国家生态环境动态，涉及自然地理、社会经济、水环境、大气环境、

---

[1] 国家发展改革委等部门关于推进共建"一带一路"绿色发展的意见［EB/OL］.（2022-03-28）［2023-01-26］. https://www.ndrc.gov.cn/xxgk/zcfb/tz/202203/t20220328_1320629.html.

生物多样性等数据信息,具体包括能源消耗、二氧化碳排放量、二氧化硫排放量、城市细颗粒物(PM2.5)浓度、自然保护区分布、植被覆盖度、国际湿地分布、人均可再生内陆淡水资源等详细数据;"绿色技术"栏目包括大气污染防治、水污染防治、土壤污染防治、固废处置、环境监测等领域,涵盖纺织、造纸、冶金、食品、制药、钢铁、石油、电子等多个行业的相关绿色技术以及地球大数据服务(见专栏5-7)。

根据"一带一路"生态环保大数据服务平台的行动计划,生态环境部对外合作与交流中心同有关企业共建"一带一路"生态环境政策模拟与预测实验室。实验室将通过运用大数据、互联网、云计算、人工智能等信息化技术手段,提升面向"一带一路"生态环境模拟与预测能力,共同开发面向行业、基于数字孪生的环境管理实用工具,借助信息化手段,开展大数据分析和数据驱动的风险预警预测模型建设,为相关主管部门及中国企业提供更加综合的境外环境风险决策支持,为对外投资项目提供全面的生态环境咨询与态势感知服务。

专栏5-7 地球大数据服务:"一带一路"土地退化评估

土地退化是全球面临的最为严重的生态环境问题之一,影响全球32亿人口的生存与发展,气候变化与人口增长将会进一步加剧其危害。2015年9月,2030年可持续发展议程在联合国大会第七十届会议上通过,将"到2030年,防治荒漠化,恢复退化的土地和土壤,包括受荒漠化、干旱和洪涝影响的土地,努力建立一个不再出现土地退化的世界"(SDG 15.3)列为重要的可持续发展目标(SDG)之一。

数据、方法和模型的限制使SDG的有效度量和监测面临巨大挑战,迫切需要建立科学、合理和完善的可持续发展目标评估指标体系。当前,建立可对比、可量化、可监测、本土化的指标体系并开展应用,对于评估SDG进展并最终确保SDG的实现具有重要意义。随着科技创新的日新月异,科学技术在

SDG 实施中所发挥的关键作用越发凸显。为此，联合国启动了技术促进机制以凝聚科技界、企业界和利益攸关方的集体智慧，支持和促进 SDG 的实施，使全球走上可持续发展的道路，实现人与自然的和谐相处。

2018 年，中国科学院启动了战略性先导科技专项"地球大数据科学工程"，其重大目标之一是利用地球大数据服务联合国可持续发展议程的有效实施。主要目标是利用地球大数据蕴含的丰富多元的信息为 SDG 精确评估和有效落实提供数据、方法、模型和决策支持服务。2018 年跟踪评估发现，2015—2018 年全球 SDG 15.3.1①趋势整体向好，从土地退化零增长实现情况来看，未实现土地退化零增长的国家主要集中在中亚与非洲地区，处于平衡的国家也主要集中在这两个区域，这些区域是"一带一路"的核心区域，面临着土地退化与社会经济发展的多重压力，这些国家 SDG 15.3 的实现面临着较大挑战，需要持续予以关注。

资料来源：地球大数据服务"一带一路"土地退化评估［EB/OL］.（2020-08-18）［2023-01-26］. https://www.greenbr.org.cn/dtxx/yw/8a7beee873dc74de0174004220c20064.html.

二、"一带一路"生态环境空间观测

2016 年 5 月，来自 40 多个"一带一路"国家的代表、联合国教科文组织、地球观测组织、世界气象组织等机构代表参加的"一带一路"空间认知

---

① 每个可持续发展目标都有针对不同组成部分的具体目标，本案例是针对土地上的生活。SDG 15.3 是：到 2030 年，防治荒漠化，恢复退化的土地和土壤，包括受荒漠化、干旱和洪涝影响的土地，努力建立一个不再出现土地退化的世界。就 SDG 15.3 而言，将使用 SDG 15.3.1 评估建立不再出现土地退化的世界的进展，即退化的土地占总土地面积的比例。

国际会议，在北京发布了《"一带一路"空间观测国际合作北京宣言》。① 中国科学院遥感与数字地球研究所研究员郭华东院士在会上提出成立"数字丝路"（Digital Belt and Road，缩写为 DBAR），得到与会人士的一致赞成，期待大数据成为推动"一带一路"建设的引擎。

DBAR 国际科学计划以地球大数据为科学支撑，促进"一带一路"共建国家的合作交流，研究实现联合国可持续发展目标过程中面临的一系列突出科学问题。"数字丝路"计划将聚焦环境变化、海岸带、世界遗产、自然灾害、粮食安全及城市化等六大领域，通过构建"一带一路"空间大数据共享平台，发展"'一带一路'空间信息应用系统与科学模式"，为"一带一路"建设提供科学、开放和合作的可持续发展信息决策支持。

DBAR 的目的在于通过跨国界的空间立体协同观测，更快、更准、更广地认知"一带一路"，推动地球观测系统建设和数据共享，实现区域和全球范围内的合作。同时依托中国科学院—发展中国家科学院（CAS-TWAS）空间减灾卓越中心、联合国教科文组织国际自然与文化遗产空间技术中心（HIST）、国际数字地球学会（ISDE）等国内外相关机构共同开展研究。②

DBAR 在中国科学院、中国科学技术协会以及多个国际组织的共同支持下，于 2016 年 12 月启动实施，第一阶段为期 10 年。目前，该计划已得到数十个"一带一路"共建国家及国际组织的响应。该计划围绕地球大数据、环境变化、海岸带、自然灾害、世界遗产、水资源、粮食安全 7 个领域以及高山和极地寒区、城镇化 2 个培育主题展开国际合作研究，为"一带一路"计划提供空间数据、环境信息与决策支持，促进我国与共建国家的科技及全方位合作，服务"一带一路"建设，与国际组织和国际计划相结合，形成"'一

---

① 《一带一路空间观测国际合作北京宣言》发布［EB/OL］.（2016-05-18）［2023-05-23］. https://www.cas.cn/yx/201605/t20160518_4557672.shtml.
② 联合国教科文组织."数字丝路"国际计划服务一带一路可持续发展［EB/OL］.（2019-12-18）［2023-01-26］. http://www.unesco-hist.org/index.php?r=article/info&id=2068.

带一路'空间信息应用系统与科学模式"。DBAR 利用地球大数据开展"一带一路"研究的科学范式，实现了"展示＋共享＋在线分析"三位一体的地球大数据服务能力。DBAR 计划将不断搭建国际科技合作网络，继续加强地球大数据基础设施建设，促进数据共享和互利互惠，开发和推广地球大数据应用服务，引领"一带一路"地球大数据合作，为"一带一路"建设提供更可靠的数据依据和新的研究理论和方法。

DBAR 计划通过国家和科技部支持的相关项目，包括"空间观测全球变化敏感因子的机理与方法研究"、国家自然科学基金委重大国际合作项目"全球环境变化遥感对比研究"，以及国家科技支撑计划项目"新疆及周边区域遥感动态监测与应急管理系统"等，取得了一系列全球环境变化科学研究进展，包括利用多源空间数据对冰川、积雪、植被、气溶胶和森林碳等全球变化敏感因子进行分析研究，发展了区域气候变化模拟平台；探索了敏感因子对全球环境变化的不同响应机制及不同区域全球变化现象异同，并发展了全球变化科学卫星和月基对地观测等概念性研究；研发完成了"新疆及中亚生态环境遥感监测平台系统"，并对新疆及中亚地区环境变化进行了综合评估与分析。

DBAR 计划涉及整个欧洲、亚洲、非洲东北部的广泛地理范围，从生态系统的角度来看，研究区涵盖了三大洲几乎所有类型的陆地生态系统。地球上最大的河流、山脉、森林、草原、沙漠都能在该区域中找到，同时该区域囊括了牧场、耕地、林地以及世界上最密集的人类活动区，海拔由海平面到地球上最高的位置，同时包含全球最热、最干燥、最潮湿的极端气候。在未来的一个世纪中，气候和土地利用变化将在地表和大气的能量交换中，特别是土地利用与气候的相互作用中起到至关重要的作用。"一带一路"区域的生态景观及功能的持续监测和评估，对于环境规划、决策以及减缓和适应全球变化是极为重要的。DBAR 项目实施期间，各种生态系统组分包括碳循环、水循环、能量交换以及土地覆盖、土地利用动态等，需要综合研究，它们如何随气候变化而改变，以及对气候变化的潜在反馈都是值得研究的内容。"一带一路"地区丰富多样的生态和人文景观，加上用于开展地球观测的现有和新兴技术，使得DBAR成为具有重要意义的研究计划。

数字丝路环境变化工作组（DBAR-ENVI）是DBAR计划最重要的主题之一。① "一带一路"区域具有复杂的地理环境和多样性生态系统，区域差异明显，存在草地退化、森林减少、冰川退缩、湖泊萎缩等多种生态环境问题。在全球变化背景下，"一带一路"区域环境问题变得更加严峻，这些问题往往具有较大的时空尺度，这就需要借助于对地观测数据和数字地球科学平台来实现有效的监测和分析。"一带一路"沿线尤其是一些发展中国家观测资料还比较缺乏，由于气候和环境监测站点稀疏，已有的卫星观测数据缺乏地面验证，缺少统一的协同观测网络，数据质量有待进一步提高，环境变化的研究能力也急需加强。这就需要建立"一带一路"区域环境变化对地观测体系，构建星地集成数据库，为应对全球变化、提升区域生态环境、保障"一带一路"建设提供有效的科技支撑。

为确保与"一带一路"共建国家的顺利合作，并在技术上支持区内资源的优化利用，发挥区域地理优势，DBAR-ENVI工作组的目标包括：

（1）建立合作网络，采用前沿对地观测技术提高对"一带一路"区域环境关键因子的监测能力，为"一带一路"沿线的环境监测和研究建立共享综合卫星数据集。与遥感和环境变化领域专家合作，开发先进的环境监测模型。与环境变化典型区域的"一带一路"国家及地区合作，加强具有针对性的区域环境监测方法研究。

（2）针对全球变化对陆表跨时空尺度的影响，共同开展观测和模拟。深入了解不同区域的关键生态环境问题，开展对陆地生态系统过程、冰雪变化及其对下游水资源的影响、土地利用和土地覆盖变化以及碳循环等方面的相

---

① "一带一路"生态环境空间观测［EB/OL］.（2017-05-04）［2023-01-26］. http://ydyl.china.com.cn/2017-05/04/content_40755363.htm.

关研究。

(3) 制定以对地观测平台为基础的环境评价方法，提出区域性建议以支持"一带一路"国家实现可持续发展目标。评价区域环境脆弱性和承载力，防止经济建设对生态环境造成不良影响。协助"一带一路"区域国家适应气候变化，并减轻相关变化造成的负面影响。面向联合国可持续发展目标中的环境目标，将 DBAR‐ENVI 项目与气候变化的《巴黎协定》等国际计划和公约相接轨。

DBAR‐ENVI 工作组凝练关键科学问题和合作研究优先领域，建立了与"一带一路"沿线的中亚、东南亚、南亚、东北非和欧洲国家以及北美发达国家的研究合作网络；加强了与现有国际合作伙伴的联合研究。同时，将针对"一带一路"区域内全球变化敏感因子的时空格局、气候变化对区域陆地系统过程的影响及其机制、区域环境脆弱性和承载力评价方法等内容开展联合研究。采用前沿的对地观测技术提高对环境关键要素的监测，联合"一带一路"国家共同开展野外数据收集和结果验证，形成环境变化关键因子的时空变化专题产品，提出在全球变化下可持续陆地生态系统管理战略，生成可供"一带一路"区域其他国家参考的咨询报告。

参考文献

安晓明. "一带一路"数字经济合作的进展、挑战与应对 [J]. 区域经济评论，2022 (4)：123‐131.

蓝庆新，汪春雨. 数字化赋能绿色"一带一路"建设 [J]. 中国经济评论，2021 (8)：30‐33.

国冬梅，王玉娟. 开启互通模式，实现信息共享——"一带一路"生态环保大数据平台建设总体思路 [J]. 中国生态文明，2017 (3)：26‐29.

郭华东，刘洁，陈方，等. "数字丝路"国际科学计划（一期）进展 [J]. 中国科学院院刊，2018，33（Z2）：55-60.

郭华东. 地球大数据及其共享是驱动"一带一路"可持续发展的关键［J］. 一带一路报道，2018（04）：64-67.

联合国贸易和发展会议. 在日益数字化的经济中从COVID-19疫情恢复：对可持续发展的影响［R/OL］.（2022-02-16）［2023-01-26］. https：//unctad. org/system/files/official-document/tdb_ede5d2_ch. pdf.

赵祺. 后疫情时代数字"一带一路"的机遇与挑战［J］. 当代世界与社会主义，2021（6）：34-42.

第六章 "一带一路"建设对接联合国可持续发展议程

2017年5月15日,习近平在"一带一路"国际合作高峰论坛圆桌峰会上致开幕辞强调,"在'一带一路'建设国际合作框架内,各方秉持共商、共建、共享原则,携手应对世界经济面临的挑战,开创发展新机遇,谋求发展新动力,拓展发展新空间,实现优势互补、互利共赢,不断朝着人类命运共同体方向迈进"。推进"一带一路"建设要兼顾各方利益和关切,与联合国及其专门机构、国际金融组织开展战略对接,努力将"一带一路"从中国倡议提升为国际议程,助力全球2030年可持续发展目标的实现。

第一节 "一带一路"建设对接联合国可持续发展议程

2015年9月世界各国领导人在联合国峰会上通过了2030年可持续发展议程，该议程涵盖17个可持续发展目标（见专栏6-1），于2016年1月1日正式生效。这些目标适用于全球所有国家，各国将致力于消除一切形式的贫穷、实现平等和应对气候变化，同时确保没有一个国家掉队。在2015年联合国通过2030年可持续发展目标之后，国际组织的重要使命就是推动这些目标的实现。根据联合国发布的《2022可持续发展目标报告》①，虽然在部分领域取得了进展，但整体而言可持续发展目标的实现仍然存在巨大的挑战。2020年的新冠疫情使过去25年来全球在减贫方面取得的稳定进展发生了逆转，极端贫困人数首次回升。2022年以来通货膨胀的加剧以及俄乌冲突的影响进一步阻碍了减贫工作的进展。这些危机的叠加可能导致与疫情前数次预测相比，2022年额外有7 500万到9 500万人生活在极端贫困中。从目前的情况来看，世界偏离了到2030年消除贫困这一轨道。

在这个背景下，对国际组织而言，可持续发展议程与中国倡导的"一带一路"对接，也是实现2030年目标的助推力。《中华人民共和国国民经济和社会发展第十四个五年规划和2035年远景目标纲要》②特别提出，在"一带一路"建设中加强同国际组织和金融组织机构合作。本节将分析不同类别的国际组织机构与"一带一路"的相关度和积极作用，以三类有代表性的国际

---

① 联合国. 2022可持续发展目标报告［R/OL］.（2022-05-09）［2023-01-26］. https：//unstats.un.org/sdgs/report/2022/The-Sustainable-Development-Goals-Report-2022_Chinese.pdf.
② 中华人民共和国国民经济和社会发展第十四个五年规划和2035年远景目标纲要［EB/OL］.（2021-03-13）［2023-01-26］. http：//www.gov.cn/xinwen/2021-03/13/content_5592681.htm.

组织为例,就"一带一路"倡议与国际机构的合作议题、合作框架和合作模式进行分析。中国与国际组织合作将"一带一路"倡议与联合国可持续发展目标对接,可以助力发展中国家实现可持续发展目标,也有助于"一带一路"的理念在国际层面获得广泛认同。"一带一路"倡议不是要替代现有国际组织以及地区合作机制,而是要在已有机制的基础上,推动共建国家实现发展战略相互对接、优势互补。

专栏 6-1　　2030 年可持续发展目标

目标 1　在全世界消除一切形式的贫困

目标 2　消除饥饿,实现粮食安全,改善营养状况和促进可持续农业

目标 3　确保健康的生活方式,促进各年龄段人群的福祉

目标 4　确保包容和公平的优质教育,让全民终身享有学习机会

目标 5　实现性别平等,增强所有妇女和女童的权能

目标 6　为所有人提供水和环境卫生并对其进行可持续管理

目标 7　确保人人获得负担得起的、可靠和可持续的现代能源

目标 8　促进持久、包容和可持续经济增长,促进充分的生产性就业和人人获得体面工作

目标 9　建造具备抵御灾害能力的基础设施,促进具有包容性的可持续工业化,推动创新

目标 10　减少国家内部和国家之间的不平等

目标 11　建设包容、安全、有抵御灾害能力和可持续的城市和人类住区

目标 12　采用可持续的消费和生产模式

目标 13　采取紧急行动应对气候变化及其影响

目标 14　保护和可持续利用海洋和海洋资源以促进可持续发展

目标 15　保护、恢复和促进可持续利用陆地生态系统,可持续管理森林,防治荒漠化,制止和扭转土地退化,遏制生物多样性的丧失

目标16 创建和平、包容的社会以促进可持续发展，让所有人都能诉诸司法，在各级建立有效、负责和包容的机构

目标17 加强执行手段，重振可持续发展全球伙伴关系

资料来源：联合国.17个可持续发展目标［EB/OL］.（2019-05-14）［2023-01-26］. https：//www.un.org/sustainabledevelopment/zh/sustainable-development-goals/

一、国际组织的类别、职能以及与"一带一路"倡议的相关度

◆ 国际组织的三大类别和主要职能

全球共有各种不同类型和规模的国际组织75 000多个[①]，"一带一路"建设和合作涉及的国际组织，主要是指有影响的政府间多边国际机构，可以概括为以下三大类：

（1）综合性的联合国组织（包括区域性组织）

这些组织包括：联合国贸易和发展会议、《联合国气候变化框架公约》秘书处、联合国开发计划署、联合国工业发展组织、联合国人类住区规划署、联合国欧洲经济委员会、联合国亚洲及太平洋经济社会委员会、联合国非洲经济委员会、非洲联盟、联合国拉丁美洲和加勒比经济委员会、欧盟委员会、东南亚国家联盟、上海合作组织、法语国家及地区国际组织、葡萄牙语国家共同体、阿拉伯国家联盟、小岛屿国家联盟、南方中心等。

（2）专业性的国际组织和机构

这些组织和机构包括：联合国教科文组织、世界贸易组织、联合国妇女

---

① Union of International Associations：Yearbook of International Organizations［R/OL］.（2021-06-23）［2023-01-26］. https：//uia.org/yearbook.

署、世界卫生组织、世界知识产权组织、联合国粮食及农业组织、国际电信联盟、国际民航组织、万国邮政联盟、世界气象组织、世界旅游组织、国际海事组织、国际能源署、国际可再生能源署、国际原子能机构、国际竹藤组织、铁路合作组织、"人人享有可持续能源"组织、联合国大学等。

(3) 国际及区域性发展援助金融机构、基金会

这些组织和机构包括：国际货币基金组织、世界银行、非洲开发银行、非洲进出口银行、泛美开发银行、亚洲开发银行、亚洲基础设施投资银行、欧洲复兴开发银行、欧洲投资银行、新开发银行、伊斯兰开发银行、加勒比开发银行、北欧投资银行、南方银行、欧亚开发银行、全球环境基金、绿色气候基金、联合国儿童基金会、联合国人口基金、联合国妇女发展基金、国际农业发展基金等。

上述三类国际组织在国际发展议程中所发挥的作用各有侧重。综合性的国际组织（包括区域性组织）政治性较强，主要是在政策层面寻求各国政府的共识，并设立相应的全球发展目标，例如联合国2030年可持续发展议程、《巴黎气候变化协定》《2063年议程》等。联合国系统的国际专业组织和其他专业组织为实现全球发展目标制定项目规划、技术路径，推广先进技术并支持能力建设。而国际及区域性发展金融机构在各国提供优惠资金（包括长期低息贷款、赠款等），撬动商业资金和社会资本，支持项目的落地和实施。

◆ **国际组织与可持续发展目标**

如表6.1所示，联合国2030年可持续发展议程的17个可持续发展目标中的每一个都有国际组织来负责相应的规划、跟踪，并对发展中国家的项目提供资金和技术援助。

表 6.1 联合国可持续发展目标与相应的国际组织

联合国可持续发展目标	相关的综合性、专业性国际组织	国际金融组织、基金会
目标 1：无贫穷 在全世界消除一切形式的贫困	联合国开发计划署	世界银行、地区性开发银行
目标 2：零饥饿 消除饥饿，实现粮食安全，改善营养状况和促进可持续农业	联合国粮农组织、世界粮食计划署	世界银行、地区性开发银行、国际农业发展基金
目标 3：良好健康与福祉 确保健康的生活方式，促进各年龄段人群的福祉	世界卫生组织	联合国儿童基金会
目标 4：优质教育 确保包容和公平的优质教育，让全民终身享有学习机会	联合国教科文组织	世界银行、地区性开发银行、联合国儿童基金会
目标 5：性别平等 实现性别平等，增强所有妇女和女童的权能	联合国妇女署	联合国妇女发展基金
目标 6：清洁饮水和卫生设施 为所有人提供水和环境卫生并对其进行可持续管理	世界卫生组织	世界银行、地区性开发银行
目标 7：经济适用的清洁能源 确保人人获得负担得起的、可靠和可持续的现代能源	"人人享有可持续能源"组织、国际可再生能源署、国际能源署	世界银行、地区性开发银行
目标 8：体面工作和经济增长 促进持久、包容和可持续经济增长，促进充分的生产性就业和人人获得体面工作	联合国开发计划署、国际劳工组织	世界银行、地区性开发银行
目标 9：产业、创新和基础设施 建造具备抵御灾害能力的基础设施，促进具有包容性的可持续工业化，推动创新	联合国工业发展组织	世界银行、地区性开发银行

(续表)

联合国可持续发展目标	相关的综合性、专业性国际组织	国际金融组织、基金会
目标10：减少不平等 减少国家内部和国家之间的不平等	联合国人权理事会、联合国开发计划署、小岛屿国家联盟	世界银行、地区性开发银行
目标11：可持续城市和社区 建设包容、安全、有抵御灾害能力和可持续的城市和人类住区	联合国人类住区规划署	世界银行、地区性开发银行
目标12：负责任消费和生产 采用可持续的消费和生产模式	联合国可持续发展委员会	世界银行、地区性开发银行
目标13：气候行动 采取紧急行动应对气候变化及其影响	《联合国气候变化框架公约》	世界银行、地区性开发银行、全球环境基金、绿色气候基金
目标14：水下生物 保护和可持续利用海洋和海洋资源以促进可持续发展	联合国环境规划署、联合国教科文组织	世界银行、地区性开发银行、全球环境基金
目标15：陆地生物 保护、恢复和促进可持续利用陆地生态系统，可持续管理森林，防治荒漠化，制止和扭转土地退化，遏制生物多样性的丧失	联合国环境规划署、联合国教科文组织、国际竹藤组织	世界银行、地区性开发银行、全球环境基金
目标16：和平、正义与强大机构 创建和平、包容的社会以促进可持续发展，让所有人都能诉诸司法，在各级建立有效、负责和包容的机构	联合国人权理事会、联合国难民署	联合国民主基金
目标17：促进目标实现的伙伴关系 加强执行手段，重振可持续发展全球伙伴关系	联合国经济及社会理事会、南方中心、联合国大学	国际货币基金组织、联合国国际伙伴关系基金

资料来源：作者根据公开资料整理。

从表 6.1 可见，联合国的 17 个可持续发展目标在政策协调和专业层次上，均有对应的国际组织，但是从资金支持的角度看，只有农业、环境、气候变化有专门的金融机构，在儿童、妇女等领域有专门的基金会；而在其他目标方面，仍然依靠多边开发银行（世界银行、地区性开发银行）提供优惠资金支持。由于多边开发银行和专业基金会的资金规模有限，"一带一路"倡议成为发展中国家可持续发展项目建设的重要融资渠道。

◆ **可持续发展目标与"一带一路"倡议的相关度**

国家发展改革委、外交部、商务部 2015 年 3 月发布《推动共建丝绸之路经济带和 21 世纪海上丝绸之路的愿景与行动》①，详细地阐述了"一带一路"倡议的内涵。表 6.2 将可持续发展议程的 17 个目标与"一带一路"倡议的相关内容以及对应的我国国内职能部门做了对比。

表 6.2 联合国可持续发展目标与"一带一路"倡议

可持续发展目标	"一带一路"倡议相关内容	中国有关部门、机构
目标 1：无贫穷 在全世界消除一切形式的贫困	加强共建国家民间组织的交流合作，重点面向基层民众，广泛开展教育医疗、减贫开发、生物多样性和生态环保等各类公益慈善活动，促进沿线贫困地区生产生活条件改善。	中国国际扶贫中心
目标 2：零饥饿 消除饥饿，实现粮食安全，改善营养状况和促进可持续农业	通过基础设施建设提高农业生产率。	农业农村部

---

① 国家发改委，外交部，商务部. 推动共建丝绸之路经济带和 21 世纪海上丝绸之路的愿景与行动［R/OL］.（2017－04－07）［2023－01－26］. http：//2017.beltandroadforum.org/n100/2017/0407/c27－22.html.

(续表)

可持续发展目标	"一带一路"倡议相关内容	中国有关部门、机构
目标3：良好健康与福祉 确保健康的生活方式，促进各年龄段人群的福祉	通过基础设施建设改善生活环境。	国家卫生健康委员会
目标4：优质教育 确保包容和公平的优质教育，让全民终身享有学习机会	扩大相互间留学生规模，开展合作办学，中国每年向共建国家提供1万个政府奖学金名额。	教育部
目标5：性别平等 实现性别平等，增强所有妇女和女童的权能	民心相通是"一带一路"建设的社会根基。传承和弘扬丝绸之路友好合作精神，广泛开展文化交流、学术往来、人才交流合作、媒体合作、青年和妇女交往、志愿者服务等，为深化双边、多边合作奠定坚实的民意基础。	中共中央对外联络部、民间组织
目标6：清洁饮水和卫生设施 为所有人提供水和环境卫生并对其进行可持续管理	通过基础设施建设改善供水和卫生设施。	国家国际发展合作署、商务部
目标7：经济适用的清洁能源 确保人人获得负担得起的、可靠和可持续的现代能源	积极推动水电、核电、风电、太阳能等清洁、可再生能源合作，推进能源资源就地就近加工转化合作，形成能源资源合作上下游一体化产业链。	国家能源局
目标8：体面工作和经济增长 促进持久、包容和可持续经济增长，促进充分的生产性就业和人人获得体面工作	整合现有资源，积极开拓和推进与沿线国家在青年就业、创业培训、职业技能开发、社会保障管理服务、公共行政管理等共同关心领域的务实合作。 促进企业按属地化原则经营管理，积极帮助当地发展经济、增加就业、改善民生，主动承担社会责任，严格保护生物多样性和生态环境。	商务部

(续表)

可持续发展目标	"一带一路"倡议相关内容	中国有关部门、机构
目标9：产业、创新和基础设施 建造具备抵御灾害能力的基础设施，促进具有包容性的可持续工业化，推动创新	基础设施互联互通是"一带一路"建设的优先领域。在尊重相关国家主权和安全关切的基础上，共建国家宜加强基础设施建设规划、技术标准体系的对接，共同推进国际骨干通道建设，逐步形成连接亚洲各次区域以及亚欧非之间的基础设施网络。 共同推进跨境光缆等通信干线网络建设，提高国际通信互联互通水平，畅通信息丝绸之路。加快推进双边跨境光缆等建设，规划建设洲际海底光缆项目，完善空中（卫星）信息通道，扩大信息交流与合作。	商务部、科技部
目标10：减少不平等 减少国家内部和国家之间的不平等	共建"一带一路"以共商共建共享为原则，积极倡导合作共赢理念与正确义利观，坚持各国都是平等的参与者、贡献者、受益者，推动实现经济大融合、发展大联动、成果大共享。	外交部
目标11：可持续城市和社区 建设包容、安全、有抵御灾害能力和可持续的城市和人类住区	抓住交通基础设施的关键通道、关键节点和重点工程，优先打通缺失路段，畅通瓶颈路段，配套完善道路安全防护设施和交通管理设施设备，提升道路通达水平。	住房和城乡建设部
目标12：负责任消费和生产 采用可持续的消费和生产模式	加强能源资源和产业链合作，提高就地加工转化率。	商务部
目标13：气候行动 采取紧急行动应对气候变化及其影响	强化基础设施绿色低碳化建设和运营管理，在建设中充分考虑气候变化影响。	生态环境部
目标14：水下生物 保护和可持续利用海洋和海洋资源以促进可持续发展	应对气候变化、保护生物多样性。	生态环境部

(续表)

可持续发展目标	"一带一路"倡议相关内容	中国有关部门、机构
目标15：陆地生物 保护、恢复和促进可持续利用陆地生态系统，可持续管理森林，防治荒漠化，制止和扭转土地退化，遏制生物多样性的丧失	应对气候变化、保护生物多样性。	生态环境部
目标16：和平、正义与强大机构 创建和平、包容的社会以促进可持续发展，让所有人都能诉诸司法，在各级建立有效、负责和包容的机构	充分发挥政党、议会交往的桥梁作用，加强沿线国家之间立法机构、主要党派和政治组织的友好往来。	全国人民代表大会、中共中央对外联络部
目标17：促进目标实现的伙伴关系 加强执行手段，重振可持续发展全球伙伴关系	强化多边合作机制作用，发挥上海合作组织（SCO）、中国—东盟"10+1"、亚太经济合作组织（APEC）、亚欧会议（ASEM）、亚洲合作对话（ACD）、亚洲相互协作与信任措施会议（CICA）、中阿合作论坛、中国和海湾阿拉伯国家合作委员会峰会、大湄公河次区域（GMS）经济合作、中亚区域经济合作（CAREC）等现有多边合作机制作用。继续发挥共建国家区域、次区域相关国际论坛、展会以及博鳌亚洲论坛、中国—东盟博览会、中国—亚欧博览会、欧亚经济论坛、中国国际投资贸易洽谈会，以及中国—南亚博览会、中国—阿拉伯国家博览会、中国西部国际博览会、中国—俄罗斯博览会、大湾区—东盟经济合作（前海）合作论坛等平台的建设性作用。	外交部、商务部、国家国际发展合作署

从表6.2可见，我国"一带一路"倡议在整体上与可持续发展目标的内涵相符，在某些具体目标如基础设施建设、清洁能源供应、伙伴关系等方面

有完全的契合，在扶贫、教育、就业、性别平等方面也高度相关。同时，"一带一路"倡议与可持续发展目标在部分专业领域通过基础设施建设、应对气候变化的行动，助力零饥饿、健康、水下生物、陆地生物、清洁供水等目标的实现。

二、中国与国际组织合作共建"一带一路"的潜力

由于国际组织和机构都把可持续发展目标作为自己最重要的使命和职责，那么如果把"一带一路"倡议与可持续发展目标对接，就可以扩大与国际组织的合作，通过"一带一路"倡议推动和助力2030年可持续发展议程。

◆ 中国与国际组织在"一带一路"建设中合作的进展与局限性

中国与国际组织在"一带一路"建设合作中已经取得一定进展。2016年3月15日，联合国安理会通过第2274（2016）号决议，欢迎"一带一路"等经济合作倡议，敦促各方通过"一带一路"倡议等加强经济发展，呼吁国际社会为"一带一路"倡议建设提供安全保障环境。2016年4月，外交部与联合国亚太经社会在北京签署《中华人民共和国外交部与联合国亚洲及太平洋经济社会委员会关于推进地区互联互通和"一带一路"倡议的意向书》，双方共同规划推进互联互通和"一带一路"的具体行动，推动沿线各国政策对接和务实合作。2016年11月7日，联合国大会第A/71/9号决议首次写入"一带一路"倡议，呼吁国际社会为"一带一路"倡议建设提供安全保障环境。2017年3月17日，安理会通过第2344（2017）号决议，再次敦促各方为"一带一路"建设提供安全保障环境、加强发展政策战略对接、推进互联互通务实合作等。

截至2022年12月，一共有32个国际组织和金融机构与我国政府有关部门签署了"一带一路"合作文件，包括联合国开发计划署、联合国工业发展

组织、联合国人类住区规划署、联合国儿童基金会、联合国人口基金、联合国贸易和发展会议、世界卫生组织、世界知识产权组织、国际刑事警察组织、联合国欧洲经济委员会、联合国亚洲及太平洋经济社会委员会、世界经济论坛、国际道路运输联盟、国际贸易中心、国际电信联盟、国际民航组织、国际劳工组织、联合国文明联盟、国际发展法律组织、世界气象组织、国际海事组织、亚洲开发银行、亚洲基础设施投资银行、欧洲复兴开发银行、欧洲投资银行、新开发银行、世界银行集团等。

此外,中国主导成立的全球能源互联网发展合作组织与联合国经济和社会事务部、联合国亚洲及太平洋经济社会委员会、阿拉伯国家联盟、非洲联盟、海湾阿拉伯国家合作委员会电网管理局签署了能源领域的合作备忘录。同时,中国国家发展改革委和联合国开发计划署、联合国工业发展组织、联合国亚洲及太平洋经济社会委员会共同发起"一带一路"绿色照明行动倡议,与联合国工业发展组织、联合国亚洲及太平洋经济社会委员会、能源基金会共同发起"一带一路"绿色高效制冷行动倡议。

然而,在"一带一路"建设中我国与国际组织的合作大多尚未进入实质的项目执行层面,没有真正成为助力"一带一路"建设的抓手,主要有以下几个方面原因：

一是我国政府有关部门与上述国际组织和机构签署的"一带一路"合作文件本身比较宏观,往往停留在表达合作意愿的层次,主要是信息交流,缺乏具体的合作机制、项目规划和实施方案；

二是有些合作文件中虽然涉及专业领域的具体项目,但是这些项目往往属于国际组织和机构既有工作的一部分,仅仅是借"一带一路"的框架"各自表述",缺少真正的增值部分,尚有很大的合作潜力需要挖掘；

三是受国际组织和机构自身运行机制和预算的限制,国际组织往往缺乏与"一带一路"倡议合作所需的资金和人力资源,难以发挥应有的作用。

此外,还有些部分国际组织尚未与中国签订合作协议,主要原因是认为

"一带一路"倡议是中国"单边"推动的计划,与国际组织的使命和目标的契合度不强,因此有一定的顾虑。

◆ **中国与三类国际组织共建"一带一路"的潜力与合作模式**

基于上述分析,在"一带一路"建设中与国际组织合作,需要考虑不同类别国际组织在实现可持续发展目标方面发挥的不同作用以及机构各自的特点,找准与"一带一路"合作的切入点,提出相应的对接方案和合作模式。本节以综合性的联合国开发计划署、专业性的联合国粮食与农业组织(联合国粮农组织)以及金融领域的亚洲开发银行为典型代表,分别分析评估共建"一带一路"的潜力和相应的合作模式,明确合作的范畴、目标、组织、资金等方面的内容。

1. 综合性国际组织:以联合国开发计划署为例

联合国开发计划署成立于1965年,是联合国发展业务系统的中央筹资机构和中心协调组织,其主要宗旨是向发展中国家和地区提供技术援助,以促进其以人为中心的经济和社会可持续发展。具体方式包括提供专家、资助国内外培训、考察及购买必要的硬件设备。联合国开发计划署项目以前主要由诸如工业发展组织、国际劳工组织等联合国专门机构执行,近几年由受援国国家执行的比例日益增加。在联合国2030年可持续发展目标制定以后,联合国开发计划署的援助也从传统的以加强国外先进技术的吸收和转让为主,转向以扶贫为中心、以环保和社会发展为重点的可持续发展相关项目。

联合国开发计划署的资金来源包括:(1)常规资金,来自联合国成员国和其他多边组织等不同合作伙伴的自愿捐款。(2)其他资金,各国政府、基金会、私营部门和其他捐助者的指定用途捐款。

中国自1972年开始参加联合国开发计划署活动,中国与联合国开发计划署的合作始于1978年,每五年一周期,成功实施了多期"国别方案"及"合作框架"。截至 2020 年，双方合作项目超过 1 000 个，涉及农业、工业、能源、公共卫生、减贫和经济重建等多个领域。联合国开发计划署已与中国签署共建"一带一路"合作文件。① 2016 年 9 月，联合国开发计划署与中国国家发展改革委签署了关于"一带一路"合作的谅解备忘录，2017 年 5 月双方又签署了具体行动方案，作为指导未来合作的框架。

值得注意的是，对于"一带一路"倡议，联合国开发计划署的官方表态是联合国开发计划署欢迎包括"一带一路"倡议在内的所有能够助力实现该全球目标的倡议和方案。也就是说，联合国开发计划署对中国的"一带一路"倡议与其他国家的地区性合作倡议一视同仁，只要是有助于可持续发展目标的实现，就会予以支持。联合国开发计划署还强调"一带一路"倡议对地区的经济活力和繁荣具有潜在推动力，但是需要将中国和共建国家的实际情况相联系，应结合各国落实可持续发展目标的计划。

联合国开发计划署的这一态度在国际组织中有相当的代表性，与中国"一带一路"倡议合作的基础就是可持续发展目标。如表 6.3 所示，目前中国与联合国开发计划署的合作主要是信息交流、项目合作、政策协调、伙伴关系以及能力建设等方面，需要建立可量化的合作范围和目标，并提供相应的资金，加强针对性和执行力度。

2014 年 9 月，科技部中国 21 世纪议程管理中心与联合国开发计划署共同签署了中国—加纳/中国—赞比亚可再生能源技术转移合作项目文本，并负责项目活动的组织实施。该项目在联合国框架下开展南南合作，以非洲发展实际需求为导向，采取发达国家出资支持发展中国家开展适用技术交流的转移方式，为我国推进"一带一路"科技领域创新行动计划和可持续发展技术转移打造了专业化、国际化的品牌。在此基础上，2019 年 9 月，中国 21 世纪议

---

① 中国和联合国开发计划署的关系［EB/OL］.（2022-09-01）［2023-01-26］. https：//www.fmprc.gov.cn/web/gjhdq_676201/gjhdqzz_681964/lhg_681966/zghgzz_681970/201703/t20170310_7665253.shtml.

程管理中心的"南南合作中心"正式揭牌，旨在通过搭建技术转移平台和数据库，精准对接技术需求与供给，为南南合作伙伴提供适宜的可持续发展技术解决方案；建设技术转移领域南南合作的智库，开展战略和政策研究，探索将中国发展经验和最佳实践用于解决技术合作所面临的共性问题；建立"一带一路"沿线技术示范与推广枢纽，与共建国家共享中国技术创新发展经验；打造技术转移能力的建设基地，组织实施各国政府和联合国开发计划署等国际组织委托的技术转移和发展中国家援助项目，开展知识分享、培训交流研讨会和技术示范等能力建设活动。

表 6.3　联合国开发计划署

主要使命和业务	联合国开发计划署的工作是为发展中国家提供技术上的建议、培训人才并提供设备，致力于推动人类的可持续发展。其总部在纽约，在 166 个国家进行发展援助，通过与这些国家的合作，帮助各国应对其面临的全球性的以及国内的发展挑战。
可持续发展目标	联合国开发计划署的核心使命，是实现联合国 2030 年可持续发展议程及 17 个可持续发展目标。通过政策建议、技术援助重点支持：（1）消除贫穷；（2）加强治理，建设和平、正义和包容的社会；（3）加强灾害预防、增强国家适应能力；（4）提出以环境为中心的发展方案；（5）发展经济适用的清洁能源；（6）促进妇女赋权和性别平等。
与"一带一路"合作的切入点	联合国开发计划署与中国国家发展改革委签署了"一带一路"合作谅解备忘录（2016 年 9 月）和具体行动方案（2017 年 5 月），该行动方案的具体内容包括： • 信息交流：几个特定"一带一路"共建国家间数据、通信、知识、信息以及研究成果的共享； • 项目合作：即将在试点国家落实的项目； • 政策协调：组织参与国家的利益相关方参与的特定主题高级对话和研讨会； • 伙伴关系建立：加强与重要政府机构和私营部门的合作，有效落实特定项目； • 能力建设：开展具体项目以支持有效和一致的政策制定并促进发展经验的分享。

以联合国 2030 年可持续发展议程的 17 个目标为准绳，依据联合国开发

计划署与国家发改委合作备忘录，我国与联合国开发计划署的合作可以深化。在共同对发展中国家的社会经济发展现状和2030年可持续发展议程达标的前景进行评估的基础上，可将发展中国家分为三组：（1）基本可以达标的发展中国家；（2）经过努力有可能在多数领域达标的发展中国家；（3）全面落后，按照目前条件和趋势不可能达标的国家。第一组别的国家，其可持续发展目标实现在望，主要是与其他国家分享经验和知识，基本不需要国际社会的援助；第二组别的国家一般政府执行力较强，可以主要依靠自身力量，以及商业资金、私人资本包括外来投资来实现可持续发展目标；第三组别的中低收入发展中国家政府执行力较弱，资源和资金匮乏，已经无法靠自身的力量实现可持续发展目标。中国与联合国开发计划署的合作应该主要针对第三组别国家，特别是撒哈拉以南非洲国家、中南美国家以及太平洋岛屿国家，共同制定实现2030年可持续发展目标的路线图，包括全面达标所需的具体政策、技术选项、投资需求、政府与社会资本合作伙伴、国际合作等内容。

2. 专业性国际组织：以联合国粮农组织为例

联合国粮食及农业组织（以下简称"粮农组织"）成立于1945年，其使命是提高世界人民的营养水平，提高各国农业生产率，改善农村人口生活质量，为世界经济增长做贡献。在新的形势下，粮农组织引领国际社会努力建立一个摆脱饥饿和营养不良的世界，使粮食及农业以能够获得经济、社会和环境可持续发展的方式为提高全人类（尤其是最贫困人口）的生活水平做贡献（参见表6.4）。粮农组织预算来自成员国的分摊会费以及成员国和其他合作伙伴的自愿捐款。

作为拥有超过14亿人口的发展中国家，中国一贯高度重视粮食及农业发展。中国于1973年恢复为粮农组织成员，自此双方一直保持密切合作。在中国改革开放之初，1982年粮农组织在中国设立代表处。经过四十多年的经济改革，中国已成为世界第二大经济体。进入21世纪，粮农组织与中国的合作跨入新时代。中国开始向其他发展中国家传授成功经验，成为以粮农组织为首的国际力量对抗饥饿和粮食不安全的主要支持者之一。2009年中国政府在粮农组织建立了南南合作信托基金，这一举措成为发展粮农组织与中国伙伴关系的里程碑，将合作提升到一个新的水平。[①] 自信托基金设立以来，中国已宣布向粮农组织捐赠1.3亿美元，实施了25个南南合作项目，300多名中国专家在项目东道国采取"授人以渔"的方式，分享中国经验和技术，帮助其他发展中国家进一步提升粮食安全水平和农业综合生产能力，10万小农直接受益并有数百万小农间接受益，为世界粮食安全和减少贫困做出了积极贡献。[②] 2019年6月23日，中国农业农村部副部长屈冬玉在第一轮高票当选粮农组织自1945年10月16日成立以来的第九任总干事，其任期于2019年8月1日开始，2023年7月屈冬玉高票胜选连任，开启第二个任期。中国候选人的当选充分体现了粮农组织成员国对中国农业发展和脱贫工作成就的高度认同。屈冬玉在当选后表示，随着中国经济、社会的发展，我们应该有能力，也有责任和义务，来参与全球粮农治理。

表 6.4 联合国粮农组织

主要业务	粮农组织是引领国际社会消除饥饿的联合国专门机构，目标是实现所有人的粮食安全，确保人们能够定期获得充足的优质食物，拥有积极健康的生活。粮农组织总部在罗马，拥有超过194个成员国，并在全球130多个国家开展工作。
可持续发展目标	粮农组织帮助各国制定循证方针、战略和计划，以实现可持续发展目标1，促进包容性结构转型，获得土地和资源，实现收入多样化及体面工作和性别平等。粮农组织被提议担任21项指标和可持续发展目标2、5、6、12、14与15的联合国"托管人"机构，以及另外5项指标的促进机构，与其他国际机构建立伙伴关系，以监测对实现相互关联的目标至关重要的众多指标。

---

① 中国和联合国粮食及农业组织的关系［EB/OL］.（2022-06-01）［2023-01-25］. https://www.fmprc.gov.cn/web/gjhdq_676201/gjhdqzz_681964/lhg_681966/zghgzz_681970/201703/t20170310_7665486.shtml.

② 中国政府向联合国粮农组织捐赠5 000万美元用于支持第三期南南合作信托基金［EB/OL］.（2022-01-12）［2023-01-26］. http://www.moa.gov.cn/xw/zwdt/202201/t20220112_6386803.htm.

(续表)

与"一带一路"合作的切入点	粮农组织期待各方合作能够最大限度地扩大"一带一路"倡议对减贫和农村发展的影响。在支持"一带一路"倡议下的农村发展目标方面,粮农组织具备技术专长,需要多方的共同努力,使这些专长更加有效地发挥作用。

2016 年粮农组织和中国政府签署农业和粮食安全战略合作谅解备忘录,内容包括了粮农组织通过中国"一带一路"倡议,促进中国对其他国家,尤其是远在非洲和拉丁美洲地区的更多国家的援助。粮农组织认为,"一带一路"倡议涵盖了在交通运输和通信基础设施方面的巨大投资,配合这些大型投资,一些有配套措施支持的、精心设计的小型投资能够使"一带一路"倡议取得非常显著的减贫成果。粮农组织期待各方合作能够最大限度地扩大"一带一路"倡议对减贫和农村发展的影响。在支持"一带一路"倡议下的农村发展目标方面,粮农组织具备技术专长,但仍需要多方的共同努力,使这些专长更加有效地发挥作用。

根据粮农组织的特点和优势,在与中国合作的现有机制的基础上,我国把 2030 年可持续发展议程的"消除饥饿和贫困、促进可持续农业"目标纳入"一带一路"框架,增加对发展中国家农村基础设施、农业研究和推广服务、技术开发、植物和牲畜基因库的投资,以增强发展中国家,特别是最不发达国家的农业生产能力,包括农业园区建设。中国企业可通过对农业项目(包括农业园区)的直接投资以及在基础设施、制造业项目建设中承担社会责任的方式,推动"一带一路"发展中国家在扶贫和农业领域的达标。

3. 国际金融组织:以亚洲开发银行为例

亚洲开发银行成立于 1966 年,现有 68 个成员,其中 49 个来自亚太地区,中国于 1986 年成为亚开行成员(参见表 6.5)。2018 年 7 月亚洲开发银行董事会批准《2030 战略:实现繁荣、包容、有适应力和可持续的亚太地区》,把资金、知识以及合作伙伴关系结合起来,围绕七大业务重点向亚太地区的发展中国家提供援助:(1)解决剩余贫困问题并减少不平等;(2)加快推进性别平等;(3)应对气候变化,增强气候和灾害适应能力,提高环境可持续性;(4)使城市更宜居;(5)推动农村发展,促进粮食安全;(6)加强治理和机构能力;(7)促进区域合作与一体化。亚开行的目标与联合国可持续发展目标一致,将继续优化对亚太地区最贫困和最脆弱国家提供的支持,并采取因地制宜的方法来满足不同国家群组多样化的需求。在这些国家群组中,亚开行将优先支持落后地区以及贫困和脆弱地区。基础设施投资仍将是重中之重,尤其是那些具有可持续性、包容性和适应性的绿色投资。

表 6.5 亚洲开发银行

主要业务	亚洲开发银行(亚开行)是一个区域性开发组织,致力于通过向其亚洲和太平洋地区发展中成员国提供贷款、赠款、研究和技术援助以及投资私营公司减少亚洲和太平洋地区的贫困。
可持续发展目标	实现可持续发展目标将需要大量新的国际、国内、公共和私人资金支持。亚开行全力帮助实现这些目标,特别是建立更好、更具可持续性的基础设施(亚开行擅长的领域)将为实现可持续发展目标提供基础。 亚开行战略与可持续发展目标保持一致,以贷款、赠款、技术援助和知识支持协助发展中成员国可持续发展目标的实施,并制定针对可持续发展目标最需要亚开行方面的计划战略。亚开行与联合国系统、其他多边开发银行、民间社会、知识合作伙伴以及私营部门就可持续发展目标开展合作。特别是与联合国开发计划署和亚洲及太平洋经济社会委员会三方合作,追踪可持续发展目标在亚太地区的进展,并从区域角度推动可持续发展目标的实现。
与"一带一路"合作的切入点	2017年5月财政部与亚洲开发银行签署了《关于加强"一带一路"倡议下相关领域合作的谅解备忘录》。为了更好地落实备忘录的内容,2019年3月财政部和多边开发银行建立了多边开发融资合作中心,将借助多边开发银行资源为企业在"一带一路"共建国家投资提供咨询服务,支持国内企业和金融机构与多边开发银行就"一带一路"项目开展联合融资,协助推进项目落地。

亚洲开发银行等多边开发银行在基础设施投融资领域有大量的经验和优势,

自改革开放以来其在中国的交通、能源、城乡基础设施建设中发挥了重要作用，弥补了我国国内建设资金的不足，也为我国基础设施投融资领域的体制机制创新提供了大量的国际经验。自1986年中国加入亚开行以来至2021年年底，亚开行已承诺向中国提供1 160笔（次）公共部门贷款、赠款和技术援助，总计413亿美元。亚开行向中国支付的贷款和赠款累计高达341.8亿美元。①

根据亚开行与中国现行的合作战略（2021—2025年）②，亚开行致力于与中国建立重点更加突出、覆盖更多层面的合作伙伴关系，使中国能够在发展中国家展示和推广成功的发展成果和创新模式，传播与中国发展经验及亚开行参与中国建设发展所吸取经验教训有关的知识。

同时，中国与亚开行的合作也从借款国向出资国发展。2005年3月中国在亚开行设立了中国减贫和区域合作基金，已向该基金出资4 000万美元，目前仍在继续讨论增资事宜。这是首个由中国出资在多边开发银行设立的信托基金，其宗旨是支持亚开行在亚洲和太平洋地区的发展中成员国减贫、区域合作和知识共享。基金的目标是推动亚开行发展中成员国加速实现减贫和经济社会发展，并取得实际效果，主要支持以下几类活动：发展中成员国的机构和能力建设；创新和示范性项目；包括知识产品和人力资源开发在内的知识交流；推广、交流和相互学习（如研讨班、会议、出版、网站建设等）。

在"一带一路"实施建设过程中，融资瓶颈是实现互联互通的突出挑战，资金融通是"一带一路"建设的重要支撑。多边开发银行奉行多边主义，受到成员国的广泛支持与信赖，可发挥协调人和融资者的重要作用，切实动员发展资金，协助制订和对接区域项目规划，推动多边跨境协议的签订。2017年5月中国财政部与世界银行、亚洲基础设施投资银行、新开发银行、亚洲

---

① 亚洲开发银行. 亚洲开发银行与中华人民共和国：事实与数据［R/OL］.（2021-12-31）［2023-01-26］. https：//www.adb.org/sites/default/files/publication/29018/prc-2021-zh.pdf.

② ADB. People's Republic of China：Country Partnership Strategy（2021-2025）［R/OL］.（2021-02-01）［2023-01-26］. https：//www.adb.org/documents/peoples-republic-china-country-partnership-strategy-2021-2025.

开发银行、欧洲投资银行、欧洲复兴开发银行签署《关于加强"一带一路"倡议下相关领域合作的谅解备忘录》。该备忘录包含加大对基础设施和互联互通项目的支持力度，努力构建稳定、多元、可持续的融资机制，改善共建国家投资环境，加强协调与能力建设等五大合作领域，且支持落实联合国2030年可持续发展议程和《巴黎协定》。2019年3月中国财政部部长与亚洲基础设施投资银行、亚洲开发银行、拉美开发银行、欧洲复兴开发银行、欧洲投资银行、泛美开发银行、国际农业发展基金、世界银行签署了《关于共同设立多边开发融资合作中心的谅解备忘录》。多边开发融资合作中心将作为基础设施开发融资多边合作的协调机制，通过促进信息分享、项目前期准备和能力建设，推动多边开发银行及相关发展伙伴支持包括"一带一路"建设在内的基础设施互联互通。

尽管亚洲开发银行与其他多边开发银行一道与中国签署了"一带一路"的合作备忘录，但本质上还是属于支持成员国区域合作的原则宣示，尚无共同的融资项目。2009年5月中国进出口银行曾与亚开行签署协议，确定了联合融资30亿美元的目标，用于支持亚洲发展中国家的项目。但是，协议签订之后没有实质进展，主要原因是中国进出口银行的招标程序和范围与亚开行的国际公开招标的规则不匹配。

根据亚洲开发银行的特点和优势，中国与亚开行的进一步合作可以包括以下内容：

（1）国家开发银行、中国进出口银行与亚洲开发银行（其后扩及其他多边金融机构）联合融资支持发展中国家的项目，包括政府主权担保项目和非主权的民营企业贷款项目，如基础设施（可再生能源电力、天然气管网、供水、公路、铁路、港口等）、产业园区、农业园区等。

（2）在主权担保项目联合融资的过程中，国家开发银行、中国进出口银行可积极参与亚开行与借款国的政策对话，确保借款国项目实施所需要的政策法规（包括反腐败措施）落地，并以技术援助的方式帮助借款国在公司治理、人力资源、项目管理、社会环境保障等方面进行能力建设。同时，国家开发银行、中国进出口银行也可以与亚开行的私营贷款部门组成银团联合融资，直接支持"一带一路"投资的中国和其他国家的企业。亚开行参与联合融资，可以分担风险，确保项目的财务回报，并能够满足社会、环境保障的国际标准。

（3）在"一带一路"倡议支持联合国 2030 年可持续发展议程的新形势下，国家开发银行、中国进出口银行对于国际项目的招标程序和使用范围适当开放，尽量与亚开行等国际金融机构接轨，这是促使"一带一路"联合融资落地的一个必要条件。

第二节　"一带一路"倡议与其他的区域合作倡议对接

"一带一路"兼容并蓄，可与国际上现有的区域合作倡议有机连接，优势互补，实现战略对接。

一、区域合作倡议与中国"一带一路"倡议的对接

以推动区域合作和融合来促进社会经济提升是国际上广泛认同的发展战略，俄罗斯、蒙古国、土耳其、韩国、印度等许多国家都提出了自己的区域合作倡议或计划，成为与中国"一带一路"倡议对接的基础。当然，也有一些国家如美国、日本提出的区域合作方案主要出于其自身利益的战略考量，与中国"一带一路"倡议呈某种竞争态势，也需要我们密切关注。

◆ **俄罗斯：欧亚经济联盟**

欧亚经济联盟是一个由俄罗斯主导的区域经济合作实体，是俄罗斯谋求

大国复兴、成为世界一极的战略依托。2014年5月29日，俄罗斯、白俄罗斯、哈萨克斯坦三国签署了《欧亚经济联盟条约》，其后亚美尼亚、吉尔吉斯斯坦加入，欧亚经济联盟形成了总人口1.825亿、面积达2 000万平方公里的一体化组织，并与越南签署了自贸区协议。欧亚经济联盟制定了中期发展路线图，期冀2025年前实现商品、服务、资本和劳动力自由流动，在农业、工业、交通、能源等领域实施协调一致的经济政策。未来几年的具体规划包括建立统一的交通运输服务市场，并逐步形成统一的交通运输空间、建立统一的电力市场、统一的石油和天然气市场等项目。

中国的"一带一路"倡议和俄罗斯主导的欧亚经济联盟对接是区域合作倡议对接的样板案例。2015年5月8日，中俄两国共同签署了《中华人民共和国与俄罗斯联邦关于丝绸之路经济带建设和欧亚经济联盟建设对接合作的联合声明》，这一声明的签署标志着丝绸之路经济带建设与欧亚经济联盟建设的对接合作正式确定。欧亚经济联盟的出现对中国与各国经济合作有积极的影响，有利于丝绸之路经济带框架下的产能合作。特别是统一能源市场可为区域内缺乏能源的国家提供低价能源供应，有助于降低生产成本，吸引中国和其他外国投资者的项目落地。

◆ 土耳其："中间走廊"

2015年土耳其发起旨在促进亚欧区域经济合作的"中间走廊"倡议，主要是通过铁路建设把土耳其与欧洲、中亚和中国连在一起，沿途经过格鲁吉亚、阿塞拜疆、里海、土库曼斯坦、哈萨克斯坦、乌兹别克斯坦、阿富汗、巴基斯坦，最终到达中国。

2015年10月，中国政府与土耳其政府签署了关于将"一带一路"倡议与"中间走廊"倡议相衔接的谅解备忘录，加强铁路等基础设施建设、新能源、轻工业、通信等产业合作。以"东西高铁"为抓手，建设贯穿土耳其东西全境的交通大动脉，对"一带一路"建设意义重大。另外，土耳其作为高速发展的新兴经济体,能源供应缺口很大,同时土耳其有成为地区电力枢纽的意愿,近年来大力发展水电、风电、光伏乃至核电站。这为中国企业走出去提供了前所未有的机会,双方可以优势互补,各取所需。

◆ 蒙古国:"发展之路"

蒙古国在 2014 年提出了"草原之路"倡议,具体包括连接中俄的 997 公里高速公路、1 100 公里电气线路,以及扩展跨蒙古国铁路、天然气管道和石油管道。蒙古国希望利用"草原之路"倡议的落实来发挥其地处中俄之间的地理位置优势,利用跨境运输贸易振兴经济。为加强重视并更有效地与"一带一路"对接,蒙古国将"草原之路"发展战略升级为"发展之路"。2017 年 5 月 10 日,蒙古国政府召开专题会议讨论通过了"发展之路"国家战略规划,其宗旨是加强交通运输、电力能源、通信联络、矿产开发、观光旅游业基础设施建设等。

2017 年 5 月中蒙两国政府间签署了蒙古国"发展之路"战略与中国"一带一路"倡议对接的谅解备忘录。蒙古国"发展之路"战略对接中国"丝绸之路经济带"和俄罗斯"欧亚经济联盟"合作机制,重点落实贸易投资、互联互通、农牧业、产能、能源等领域合作,推进中蒙俄经济走廊建设,助力三方共同发展。

◆ 韩国:"欧亚倡议"和新北方政策

2013 年 10 月 18 日时任韩国总统朴槿惠正式提出"欧亚倡议",建立泛欧亚外交、安保、交通、能源、技术、文化等诸多领域的欧亚国家合作体系。通过交通、能源、信息网络的连接,贯通韩国、朝鲜、俄罗斯、中国、中亚、欧洲的铁路等交通物流网络,克服阻碍交流的物理壁垒,积极探索把它与正在开辟中的北极航线相连的方案;构筑区域内包括电力网、输油网、天然气网等欧亚能源网络,最终建立占世界人口 71% 的巨大单一市场,以此来降低物流成本，促进欧亚经济圈的形成。它的核心是以构筑欧亚国家同伴增长和繁荣为目标的国际综合交通物流体系，包括连接釜山、朝鲜的纵贯朝鲜半岛的铁路（TKR），TKR与西伯利亚横贯铁路（TSR）、中国横贯铁路（TCR）、蒙古国横贯铁路（TMGR）的连接以及中亚、欧洲铁路网的丝绸之路快速铁路（SRX-Silk Road Express）。

2015年10月中韩两国签署了《关于在丝绸之路经济带和21世纪海上丝绸之路建设以及欧亚倡议方面开展合作的谅解备忘录》，共同挖掘"一带一路""欧亚倡议"与两国自身发展的契合点，推进在政策沟通、设施联通、投资贸易畅通、资金融通、人员交流等领域开展合作，将地缘毗邻、经济互补、人文交流的优势转化为务实合作、经济增长的优势，使两国经济纽带更加牢固、人文联系更加紧密。2017年时任总统文在寅提出"新北方政策"，与中国"一带一路"倡议、蒙古国"发展之路"等构想进行对接，重点开发能源和基础设施，贯通朝韩跨境铁路、连接跨西伯利亚铁路与跨中国铁路，通过修建贯穿朝鲜半岛的天然气管道等方式将朝鲜纳入东北亚经济合作的轨道，长期目标是为朝鲜半岛和平统一铺平道路。

◆ 印度："季风计划"

2014年印度提出"季风计划"（Project Mausam），以深受印度文化影响的环印度洋地区以及该地区国家间悠久的贸易往来史为依托，以印度为主力，推进环印度洋地区国家间的合作，共同开发海洋资源，建立跨文化联系并复兴历史上的海洋文化和经济纽带。尽管印度官方没有明确"季风计划"的具体内涵和包括范围，但据媒体分析，"季风计划"向西穿过伊朗，经阿拉伯半岛至东非，向东则通过马六甲海峡延伸到整个东南亚地区，涉及39个印度洋国家，甚至包括中国在内。"季风计划"反映了印度政府的远大战略追求，莫迪政府的"印度制造"（Make in India）计划、"萨迦尔玛拉"（Sagar Mala）计划未来都有可能与"季风计划"整合，形成与中国"一带一路"倡议的战略竞争态势。

在"一带一路"共建国家里，印度是唯一对"一带一路"倡议明确表示消极态度的大国。但是，从"一带一路"倡议与"季风计划"的内涵来看，二者在推动社会经济发展的本质上并无根本不同，作为两个最大的发展中国家，中国和印度仍然有潜力实现相互对接和融合，促进两国之间的互信和合作，造福于印度洋地区国家。

◆ **日本："高质量基础设施合作伙伴关系"**

2015年日本提出"高质量基础设施合作伙伴关系"计划，旨在促进日本海外基础设施投资。按日本政府对"高质量基础设施合作伙伴关系"的解释，"基础设施"不仅包括铁路、公路、发电站等传统型项目，还涵盖石油、天然气、医院等广义项目，此外特别涉及人才培养、法治建设等，旨在加强日本与亚洲各国"人"和"制度"的互联。"合作伙伴关系"既强调日本国内的相关援助机构之间的合作，也强调日本与国际金融机构、相关国家和区域之间的合作。该战略以增强日本在海外投资的竞争能力建设和构筑良好的外部投资环境为主，倡导构建人、物与基础设施之间的多元融合的互联互通，倾向重点地区和新兴国家。日本倡导的"高质量基础设施投资"中的"高质量"包含两个要点：(1) 虽然初期投资费用较高，但包含之后用于维护和修理费用的总成本则相对合理；(2) 具有较好的安全性和抗灾害能力。

很显然，构建高质量基础设施合作伙伴关系是日本经济发展的需要，也是其外交、安全战略的一部分，含有与中国争夺在发展中国家基础设施建设主导权的目的。在这种情况下，中国的"一带一路"倡议与日本的"高质量基础设施合作伙伴关系"计划确实是竞争关系，但在客观上也为发展中国家提供了对比和选择。我们在关注日本"高质量基础设施合作伙伴关系"计划的同时，中国企业在"一带一路"框架下走出去也应努力避免"低质量""高污染"的形象。

◆ **美国："全球基础设施和投资伙伴关系"**

2022年6月美国推动七国集团（G7）正式宣布启动"全球基础设施和投资伙伴关系"（Partnership for Global Infrastructure and Investment，PGII）计划。① PGII 的前身是拜登政府在 2021 年提出的"重建更美好世界"（Build Back Better World，B3W），其目标是未来 5 年筹集 6 000 亿美元（包括美国 2 000 亿美元、欧盟 3 000 亿欧元、日本 650 亿美元），支持发展中国家基础设施建设。"全球基础设施和投资伙伴关系"计划宣称优先支持 4 个支柱产业：

（1）通过投资适应气候变化的基础设施、转型能源技术和开发清洁能源供应链，应对气候危机并加强全球能源安全。

（2）开发、扩展和使用安全的信息和通信技术网络和基础设施，以推动经济增长并促进建设开放的数字社会。

（3）促进性别平等和公平，改进水和卫生基础设施，通过确保不让妇女人口被排斥在外，促进全球经济复苏。

（4）通过投资卫生服务和医疗队伍、疫苗和其他基本医疗产品的生产，发展和提升卫生系统的基础设施并促进全球健康卫生安全。

这个计划表面上为了助力 G7 投资全球基础设施建设，实则为了制衡中国提出的"一带一路"倡议。PGII 虽然做出了宏大承诺，但其落实还面临巨大障碍。当前在俄乌冲突的影响下，G7 国家其实很难兑现其承诺的资金。而且 PGII 附加了政治条件，这种以输出价值观为目标的"居高临下"的基础设施模式，无法赢得发展中国家的认同。在失败的"重建更美好世界"倡议基础上进行再包装的"全球基础设施和投资伙伴关系"究竟是打着基础设施建设旗号的地缘政治工具，还是真正为了发展中国家人民的福祉，仍有待实践检验。

---

① The White House. Memorandum on the Partnership for Global Infrastructure and Investment [R/OL]. (2022-06-26) [2023-01-27]. https://www.whitehouse.gov/briefing-room/presidential-actions/2022/06/26/memorandum-on-the-partnership-for-global-infrastructure-and-investment/.

二、地区性国际组织的区域合作倡议与中国"一带一路"倡议的多边对接

在与"一带一路"沿线以及其他国家双边对接的同时,中国的"一带一路"倡议也需要进一步加强与各区域的国际组织倡导的区域合作计划对接,包括东盟的"互联互通总体规划"、亚洲开发银行发起的"中亚区域经济合作"、欧盟主导实施的"欧洲—高加索—亚洲运输走廊组织"、非盟的"非洲基础设施发展计划"等。

◆ 东盟:互联互通总体规划 2025

2010 年 10 月东南亚国家联盟(东盟)通过了《东盟互联互通总体规划》,促进东盟地区全方位联通,并为东亚地区互联互通铺平道路。2016 年 9 月 6 日,东盟通过了《东盟互联互通总体规划 2025》(Master Plan on ASEAN Connectivity 2025,缩写为 MPAC2025)。① 该规划主要关注五个战略领域:可持续基础设施建设、数字创新、物流、进出口管理和人员流动。在可持续基础设施建设方面,东盟每年至少需要 1 100 亿美元的投资以满足未来需求。

中国的"一带一路"倡议与《东盟互联互通总体规划 2025》战略契合、领域相通,协同发展潜力巨大。中国与东盟成立的中国—东盟互联互通合作委员会负责做好规划对接,就合作的优先领域和项目进行具体商谈,鼓励企业开展务实合作,支持东盟落实好《东盟互联互通总体规划 2025》,使得双方在互联互通领域合作持续向前发展,为人民带来更多实实在在的利益,进而推动中国—东盟关系再上新台阶。

---

① ASEAN. Master Plan on ASEAN Connectivity 2025 [R/OL]. (2017-12-17) [2023-01-25]. https://asean.org/wp-content/uploads/2018/01/47.-December-2017-MPAC2025-2nd-Reprint-.pdf.

◆ **亚洲开发银行：中亚区域经济合作**

中亚区域经济合作（Central Asia Regional Economic Cooperation，缩写为CAREC）是1996年由亚洲开发银行发起成立的区域性合作机制，其宗旨是以合作谋发展，通过开展交通、能源、贸易政策、贸易便利化四大重点领域合作，促进成员国经济发展和民生改善。成员国包括中国、阿富汗、阿塞拜疆、哈萨克斯坦、吉尔吉斯斯坦、蒙古国、巴基斯坦、塔吉克斯坦、土库曼斯坦、乌兹别克斯坦和格鲁吉亚，以及6个多边发展合作伙伴（亚洲开发银行、世界银行、国际货币基金组织、欧洲复兴开发银行、伊斯兰开发银行和联合国开发计划署）。目前CAREC制定了2030年新战略，重点支持交通、能源、贸易和经济走廊项目开发，同时也将有选择性地将业务范围扩展至新领域，包括：加强宏观经济稳定性，深化金融部门合作；提升农业贸易、食品安全和跨境价值链；改善跨界水资源管理；发展跨境旅游基础设施和服务等。

◆ **欧盟：欧洲—高加索—亚洲运输走廊组织**

1993年5月，欧盟与外高加索三国（阿塞拜疆、亚美尼亚、格鲁吉亚）和中亚五国签署了"欧洲—高加索—亚洲运输走廊"（Transport Corridor Europe Caucasus Asia，缩写为TRACECA）项目协议，计划将该运输走廊与泛欧交通网络（Trans-European Transport Networks，TEN）、泛欧公路（Trans-European Motorways，TEM）、泛欧铁路（Trans-European Railways，TER）联为一体，最终在欧洲和东亚、南亚主要市场之间建立起运输走廊。

30年来，欧盟的"欧洲—高加索—亚洲运输走廊"项目进展缓慢，与"一带一路"倡议对接可使该项目重现活力，二者形成良性互动。早在1997年，乌兹别克斯坦曾提出建设"中吉乌铁路"（中国—吉尔吉斯斯坦—乌兹别克斯坦铁路）的设想，但是由于中亚地区的地缘政治以及技术标准等因素，这一项目一直陷于停顿。自从"一带一路"倡议提出以来,在中国、吉尔吉斯斯坦、乌兹别克斯坦三方共同努力下,中吉乌铁路项目得到了实质性推进。2022年8月项目可行性研究工作全面启动,2022年9月中国、吉尔吉斯斯坦、乌兹别克斯坦有关部门签署《关于中吉乌铁路建设项目(吉境内段)合作的谅解备忘录》。按照初步规划,中吉乌铁路东起我国新疆喀什,经吐尔尕特口岸进入吉尔吉斯斯坦,再经吉南部卡拉苏抵达乌兹别克斯坦的安集延州,全长约523公里,中吉乌三国境内段长度分别为213公里、260公里和50公里。中吉乌铁路建成后,将形成一条从中国出发,经吉尔吉斯斯坦、乌兹别克斯坦、土库曼斯坦、伊朗、土耳其一直延伸到欧洲的"新亚欧大陆桥",其沿线分支还可以延伸到西亚、南高加索地区国家,从而使欧亚大陆中部形成新的更加高效的铁路网络,对于促进共建国家尤其是发展中国家间的经济合作和人文交流将起到积极作用。①

◆ **非盟/非洲开发银行:非洲基础设施发展计划**

非盟与非洲开发银行推动的非洲基础设施发展计划(2011—2040)旨在推动非洲大陆基础设施的互联互通,涵盖能源、交通、信息与通信技术、跨边界的水资源,在2011—2040年各类相关项目成本总额预计3 600亿美元。计划的实施将有效降低生产和运输成本,提高非洲国家企业的竞争性,吸引外国在非洲国家的直接投资,促进非洲国家的可持续发展。

但是,非洲基础设施发展计划提出以来,由于缺乏有效的协调机制,加上资金短缺,没有得到传统的发展援助伙伴的大力资助,未能取得实质性进展。2020年12月,中国与非盟签署了《中华人民共和国政府与非洲联盟关于共同推进"一带一路"建设的合作规划》,有效推动共建"一带一路"倡议同非洲基础设施计划对接。这是我国和区域性国际组织签署的第一个共建"一

---

① 中吉乌铁路取得实质性进展[EB/OL].(2022-09-25)[2023-01-26]. https://www.yidaiyilu.gov.cn/xwzx/bwdt/279464.htm.

带一路"规划类合作文件，为"一带一路"倡议与沿线各区域发展战略对接做了非常有益的探索，对中国与全球伙伴高质量共建"一带一路"具有重要的示范带动作用。

第三节 "一带一路"建设与发达国家的第三方合作

自"一带一路"倡议提出以来，习近平主席多次强调在"一带一路"建设中要秉持共商共建共享原则。2019年4月26日，习近平主席在第二届"一带一路"国际合作高峰论坛开幕式上发表主旨演讲时指出，"我们要秉持共商共建共享原则，倡导多边主义，大家的事大家商量着办，推动各方各施所长、各尽所能，通过双边合作、三方合作、多边合作等各种形式，把大家的优势和潜能充分发挥出来，聚沙成塔、积水成渊"。

一、第三方市场合作的理念

第三方市场合作是指中国企业与有关国家企业共同在"一带一路"发展中国家第三方市场开展经济合作，主要是中国与发达国家合作开发发展中国家市场，将中国的优势产能、发达国家的先进技术和广大发展中国家的发展需求有效对接，强调优势互补，照顾第三国需求，实现互利多赢，产生"1+1+1>3"的效果。与发达国家在第三国开展合作，有利于引导发达国家参与"一带一路"建设，降低中国企业进入部分"一带一路"共建国家的投资风险，消减少数国外人士对"一带一路"项目透明度、资金来源、投资回报的疑虑，为扎实推进"一带一路"建设营造良好环境。

第三方市场合作是基于利益共享和比较优势的市场化机制。这种合作模式以环境、社会和债务可持续性为核心，让所有参与方都能获益。对中国而言，发展第三方市场合作不仅可以帮助中资企业获得更多总包项目，也有助于其融资渠道的多元化，降低融资成本。同时，参与三方合作会为中国金融机构带来与国际金融资本对接的机会，有助于提升其风险评估和资本管理能力。

在"一带一路"建设中，中国参与第三方市场合作实践主要是与发达国家在第三国开展，这已成为中国与发达国家合作的新亮点。截至 2022 年年底，中国已与澳大利亚、奥地利、比利时、加拿大、法国、意大利、日本、荷兰、葡萄牙、韩国、新加坡、西班牙、瑞士和英国等 14 个国家建立了第三方市场合作机制（见表 6.6），通过举办论坛等形式共同为企业搭建合作平台、提供公共服务。

表 6.6　"一带一路"建设第三方市场合作

国家	签署文件	合作平台
中国—澳大利亚	关于开展第三方市场合作的谅解备忘录	中澳战略经济对话
中国—奥地利	关于开展第三方市场合作的谅解备忘录	中奥第三方市场合作工作组 中奥第三方市场合作论坛
中国—比利时	关于在第三方市场发展伙伴关系与合作的谅解备忘录	—
中国—加拿大	关于开展第三方市场合作的联合声明	—
中国—法国	关于第三方市场合作的联合声明 中法第三方市场合作示范项目清单	中法第三方市场合作指导委员会 中法第三方市场合作论坛
中国—意大利	关于开展第三方市场合作的谅解备忘录	中意第三方市场合作工作组 中意第三方市场合作论坛
中国—日本	关于中日企业开展第三方市场合作的备忘录	中日第三方市场合作工作机制 中日第三方市场合作论坛

(续表)

国家	签署文件	合作平台
中国—荷兰	关于加强第三方市场合作的谅解备忘录	—
中国—葡萄牙	关于加强第三方市场合作的谅解备忘录	中葡第三方市场合作工作组
中国—韩国	关于开展第三方市场合作的谅解备忘录	中韩共同开拓第三方市场联合工作组
中国—新加坡	关于开展第三方市场合作的谅解备忘录 关于加强中新第三方市场合作实施框架的谅解备忘录	中新第三方市场合作工作组 中新"一带一路"投资合作论坛
中国—西班牙	关于加强第三方市场合作的谅解备忘录	中西第三方市场合作工作组
中国—瑞士	关于开展第三方市场合作的谅解备忘录	中瑞第三方市场合作工作组 "一带一路"能力建设中心
中国—英国	关于开展第三方市场合作的谅解备忘录	中英第三方市场合作工作组

资料来源：国家发展和改革委员会．第三方市场合作指南和案例［R/OL］．(2019 - 09 - 01)［2023 - 01 - 26］. https://www.ndrc.gov.cn/xxgk/zcfb/tz/201909/W020190905514523737249.pdf.

二、第三方市场合作的案例

◆ 中国和法国的第三方市场合作

2015年6月，中法签署关于第三方市场合作的联合声明，首次提出了"一带一路"第三方市场合作的概念（见专栏6-2）。中法政府关于第三方市场合作的联合声明指出,在第三方市场合作中应遵循以下原则:首先,企业主导,政府推动;其次,平等协商,互利共赢,重点推动能够发挥专业能力和保障融资、对当事国或地区有重大影响的大规模项目;最后,互补、互利、开放、包容。中法将充分利用各自在生产、技术和(或)资金等方面的优势互补开展合作,鼓励双方企业以组建联合体投标、联合生产以及联合投资等新型合作代替传统分包的模式。

2016年11月,中国国家发展改革委与法国财政总署签署了《关于设立中法第三方市场合作指导委员会的谅解备忘录》,建立了由国家发展改革委和法国财政总署牵头,我国外交部、商务部和法国外交部参加的指导委员会,搭建了两国第三方市场合作平台。此后,两国政府、企业和金融机构积极开展工作,签署了四轮示范项目清单,克服疫情影响,在非洲、东南亚、中东欧等地促成一批重点项目落地,中法第三方市场合作也成为共建"一带一路"与发达国家合作的模板。

专栏6-2　中法第三方市场合作的领域

2015年6月,时任中国国务院总理李克强访问法国,与法方签署了第三方市场合作声明,鼓励和支持两国企业在第三方市场开展或加强合作。

中法第三方市场合作的主要领域为基础设施和能源领域,推动两国企业在第三方市场开展环境友好型产业合作,鼓励双方企业为欧洲、非洲和亚洲地区互联互通及私营部门的发展提供支持。在应对气候变化方面,中法加强在可再生能源、提高能效、灾害预警、防灾减灾等领域在第三国,特别是发展中国家开展合作。

中法两国企业在第三方合作中,遵循平等协商、互利共赢的原则,促进互联互通,支持区域一体化,充分尊重有关国家和地区自身特点、发展需要和经济发展战略及目标。中法第三方合作项目坚持"三国共同选择,第三国同意,第三国参与,第三国受益",提高本地化程度,充分利用各自在生产、

> 技术和资金等方面的优势互补开展合作。
>
> 中法双方特别指出，要加强与联合国、国际货币基金组织、世界银行等国际组织和各区域多边开发银行，特别是亚洲基础设施投资银行的对接和协调，共同参与在第三方市场的合作项目。鼓励两国企业积极探讨在国际招标中进行联合投标。
>
> 资料来源：中华人民共和国政府和法兰西共和国政府关于第三方市场合作的联合声明[R/OL]．（2015-07-01）[2023-01-27]．https：//www.mfa.gov.cn/web/ziliao_674904/1179_674909/201507/t20150701_7947588.shtml.

中法开展第三方市场合作以企业为主体、市场为导向，遵守东道国法律和政策，符合相关国家规划的发展重点，基于经济可行性、社会及环境可持续性，坚持互惠互利、协商一致、市场规则和公平竞争。从双方比较优势看，法国企业在先进制造、环保、工程建设等行业具有独特优势；中国企业在基础设施建设、能源、装备制造、互联网等领域积累了丰富经验。双方企业具有各自优势和较强互补性，开展第三方市场合作潜力较大。

中国港湾工程有限责任公司（简称中国港湾）与法国博洛雷集团（BOLLORE）和法国达飞海运集团（CMA-CGM）组成联营体共同运营喀麦隆克里比深水港，是中法第三方市场合作的一个样板。① 这个项目的建设和运营，既发挥了中国港湾在港口建设和维护方面的专长，又充分结合了法国博洛雷公司的港口运营、水陆物流的优势和法国达飞海运公司的航线及船货资源的优势，让中法的第三方市场合作倡议在喀麦隆得到落实。克里比深水港项目由中国进出口银行提供优惠贷款，由中国港湾承建，于2011年6月开工，2014年6月竣工，合同金额约为4.98亿美元。2015年9月，中国港湾与法国博洛雷集团和法国达飞海运集团组成的联合体——喀麦隆克里比深水

---

① 许华江．中法企业第三方市场合作分析——以喀麦隆克里比深水港项目为例[J]．国际工程与劳务，2019（10）：27-30.

港集装箱码头运营公司，中标克里比深水港集装箱码头 25 年特许经营权。2018 年 3 月 2 日，克里比深水港集装箱码头正式开港运营。克里比深水港是喀麦隆有史以来第一座深水港，该项目的建设和运营，不仅大大提高了喀麦隆集装箱港口的营运能力，促进了当地经济的发展，也有利于进一步促进区域内商品、服务和人员的流动，扩大区域内贸易量，促进各国经济发展，促进区域经济融合，将对非洲中部经贸一体化发展产生深远影响。中国港湾与法国公司合作，不仅共同开发了第三方市场，而且也延伸了自身产业链，实现了从项目承包商到项目运营商的转变，联合国际上具有优势产能的企业共同开发第三方市场，取长补短，实现共赢。

◆ **中国和英国的第三方市场合作**

2019 年 6 月，国家发展改革委与英国国际贸易部签署中英《关于开展第三方市场合作的谅解备忘录》。继法国之后，英国成为与中国正式开展第三方市场合作的又一重要的欧洲国家。经过与肯尼亚政府的充分协调沟通，2020 年 9 月中英政府共同确定山东高速联合体投资并承建的肯尼亚 A13 公路 LOT3 段升级项目为首个中英第三方市场合作示范项目。[①]

肯尼亚 A13 公路 LOT3 段升级项目采用 PPP（政府和社会资本合作）模式，总投资 1.8 亿美元，中方联合体负责项目总承包，与肯尼亚当地企业按照 60∶40 股比组建合资公司，并获得项目 10 年特许经营权；由英国政府支持的担保机构盖兰特公司为项目提供还款担保，这些债务融资由肯尼亚当地和国际银行牵头；肯尼亚政府提供主权担保和资金。此外，该项目还利用了世界银行集团下属的多边投资担保机构，以及英国、荷兰等国政府资助的非洲新兴基础设施基金等机构作为政治担保。

在项目建设阶段，中方联合体承诺严格按照国际环境和社会标准，高质

---

① 国家发展改革委推动首个中英第三方市场合作示范项目取得重要进展［EB/OL］.（2022 - 03 - 23）［2023 - 01 - 27］. https：//www.ndrc.gov.cn/fzggw/jgsj/wzs/sjjdt/202203/t20220323 _ 1320129.html.

量实施项目，遵守东道国的法律和国际贷款机构的"赤道原则"①。中方联合体将按照国际标准高质量实施项目，严把合规、环境、社会责任关。合规管理方面，践行契约精神，构建多方监管机制；构建符合 ISO 国际标准的项目合规管理体系，强化项目风险预控和过程管控，把合法合规性审查作为必经前置程序。环境保护方面，中方联合体遵循"赤道原则"，顺应自然规律；审慎评估施工对当地生物多样性的影响，制定污染物、废物管理制度，明确施工噪声、空气、水污染及废物治理措施；充分考虑沿线野生动物迁徙种类和迁徙路径，设置专门穿越通道。社会责任方面，构筑经营和谐环境；营地规划设计与本土生态、人文环境紧密结合，新构筑的水井、临时房建等工程尽量临近居民村落，以利于造福当地人民。项目完成后可大幅提升相关路段的运行效率、降低运输成本，对当地基础设施条件的改善和人民生活水平提升有积极意义。

◆ **中国和日本的第三方市场合作**

在中日两国政府第三方市场合作协议 2018 年 5 月正式签订之前，中日两国企业就已经开展了第三方市场合作。例如，2017 年 3 月，中国企业晶科能源和日本丸红株式会社与阿联酋阿布扎比水电公司签订了 1 177 兆瓦光伏项目协议，负责该项目的建设、运营和维护。2017 年 11 月，中国企业天合光能与日本三井物产株式会社合作，成功中标位于墨西哥萨卡特卡斯的单体 104 兆瓦光伏项目。该项目由双方共同开发和投资，成为中日第三方市场合作的经典案例。

2018 年 5 月中日两国政府同意在中日经济高层对话框架下建立推进中日第三方市场合作工作机制，重点推动中日在东盟国家的第三方市场合作。日本是东盟最大的外资来源国和第二大贸易伙伴，中国则是东盟第一大贸易伙

---

① "赤道原则"是一套在融资过程中用以确定、评估和管理项目所涉及的环境和社会风险的自愿性金融行业基准。"赤道原则"最初在 2003 年由 10 个国际银行采用，现已被世界各地 38 个国家约 130 个提供项目融资的金融机构在 100 多个国家使用。

伴和第二大投资来源国。中日这两个东盟市场重要伙伴的强强联手，可以实现互利多赢，造福三方人民。在东盟地区，中日双方遵循"企业主体、市场运作、政府引导、互信互利"原则，大力推动企业交流和项目合作。中国可凭借自身在基建设备方面的优势产能，企业投资和"一带一路"专项投资基金支持，与日本的高端精密设备、技术研发和先进项目管理方式相结合，加之东南亚国家所提供的政策、物流、人力、土地等要素支撑，通过联合融资以及总分包、联合竞标的形式合力推进基础设施项目建设。

例如泰国东部经济走廊发展计划，估计投资总额约450亿美元，旨在吸引外商直接投资于10个高科技产业，包括智能电子产品、新一代汽车、数码服务、高端医疗养生旅游、农业及生物技术、食品、工业机械人、物流及航空、生物燃料/生化制品，以及医疗服务供应。东部经济走廊跨越泰国东部沿海的北柳府、春武里府及罗勇府。东部经济走廊发展计划也会把上述泰国的三个府与缅甸的土瓦深水港、柬埔寨的西哈努克港和越南的头顿港联系起来，促进各地互联互通，推动泰国发展成为大湄公河次区域的交通运输枢纽。中国的国家开发银行和日本的国际协力银行已经同意为泰国东部经济走廊的投资项目融资，泰国东部经济走廊建设将成为中日第三方市场合作在东盟国家率先落地并实现早期收获的示范区。[①]

参考文献

联合国. 改变我们的世界——2030年可持续发展议程［R/OL］.（2016 - 01 - 01）［2023 - 01 - 26］. https：//sustainabledevelopment.un.org/content/documents/94632030％20Agenda _ Revised％20Chinese％20translation.pdf.

---

① 田继阳，卢光盛. 从"竞争"转向"协调"：中日在湄公河地区的第三方市场合作［J］. 南亚东南亚研究，2022（1）：78-92＋155.

联合国经济和社会部. "一带一路"倡议支持联合国《2030 年可持续发展议程》的进展报告:携手合作,共享美好未来[R/OL]. (2021)[2023-01-25]. https://www.un.org/sites/un2.un.org/files/progress_report_bri-sdgs_chinese-final.pdf.

国家发展改革委. 第三方市场合作指南和案例[R/OL]. (2019-09-01)[2023-01-26]. https://www.ndrc.gov.cn/xxgk/zcfb/tz/201909/W020190905514523737249.pdf.

张贵洪. 中国、联合国合作与"一带一路"的多边推进[J]. 复旦大学学报,2020(5):168-178.

朱磊,陈迎. "一带一路"倡议对接 2030 年可持续发展议程——内涵、目标与路径[J]. 世界经济与政治,2019(04):79-100+158.

UNDP. The Belt and Road Initiative: A new Means to Transformative Global Governance towards Sustainable Development[R/OL]. (2017-05-09)[2023-01-26]. https://www.undp.org/china/publications/new-means-transformative-global-governance-towards-sustainable-development.

终　篇　在新形势下"一带一路"可持续发展的新思维

在中美博弈的背景下，未来国际产业转移的动因不仅是追求低成本的全球化，同时会向着低风险的区域化方向发展，势将出现北美、欧洲和东北亚"三极化"的区域性供应链体系。准确把握和适应全球供应链的这种新趋势，有助于我国"双循环"战略的推动和实施。基于中国在国际产业转移中"转出国"和"追赶国"的"双向"定位，以及后疫情时代全球供应链的新趋势，可以开拓"一带一路"建设的新思路。

一、多维度看中国在全球供应链的位置

（一）从技术含量看，中国制造业仍处于全球供应链中低端

根据联合国贸易与发展组织的数据，2021年中国劳动和资源密集型、低技术类产品的出口占全球同类产品的27.6%。这类产品的特征是技术含量低、资本门槛低、劳动密集、供应链条短。随着中国劳动力成本的进一步提高，中国的低技术产品制造业面临产业转移的压力，但是潜力也很大。在中技术产品（主要是生产机械等生产资料）方面，中国的出口额占当年全球同类产品的19.1%。在中技术产品，特别是汽车、电机、机械设备等产品方面，中国制造业的竞争性、实用性、质量管理、自主品牌以及服务水平还有很大的提升空间。2021年中国的高技术产品出口在当年全球同类产品出口总额中占比18.6%，但是高技术领域链条长、技术密集、资本密集，中国主要处于供应链的中游、下游位置，缺乏主导权。因此，以技术突破带动而大力发展高技术领域供应链的上游产业，应该成为我国未来供应链布局的战略性发力点。

（二）从对我国的依赖度看，中国制造业在全球产业链所处位置可分为五类，其中高科技产品高度融入全球供应链

根据麦肯锡的分析，从国际市场对我国的依赖度来看，中国不同行业的制造业在全球供应链所处位置可分为五类：一是高度融入全球供应链，如计算机、电子和光学产品、电气设备等；二是全球高度依赖于中国出口的供应链，如纺织、服装和皮革、家具、安全、消防和其他非金属矿产；三是全球高度依存于中国进口的供应链，包括采掘业、化工、纸和纸制品；四是对中国的贸易依存度很小的全球供应链，比如制药、机动车及成品油等；五是中国自产自销的供应链，包括食品、饮料、烟草等。①

---

① 麦肯锡：中国与世界：理解变化中的经济联系[R/OL].（2019-07-11）[2023-01-27]. https://m.thepaper.cn/baijiahao_3908221.

（三）从产业转移看，中国处于"产业转出国"和"产业追赶国"的"双向"位置

由于中国在国际产业链中的位置，在全球化国际产能转移过程中，中国处在既是"产业转出国"也是"产业追赶国"的"双向"位置，反映了国内国外两个循环背景下的产业升级路径。一方面，作为产业转出国，中国主要是将劳动和资源密集型的中低端产业向发展中国家转出，目前主要是向周边的东南亚国家转移，并且开始通过产业园区建设向非洲国家转移。另一方面，作为技术追赶国，中国继续从发达国家吸收技术和资本密集型的中高端技术产业。中国不仅按照传统的产业转移路径接受发达国家在中国投资办厂，也通过反向投资在发达国家并购、参股等方式加快本国产业升级。

二、中美博弈和后疫情时代全球产业链重组的新趋势

（一）外有逆全球化干扰，内有要素成本压力，产业转移将呈"分散"之势

一是疫情前全球化趋势已受到干扰。近10年来，由于不满全球化收益分配，一些国家出现了贸易保护主义。联合国贸易和发展会议2021年发布的《2021年世界投资报告》显示，在世界各国新推出的投资政策中，对贸易的限制性政策占比从2019年的24%上升到2020年的41%。[1]

尤其是美国所采取的加征关税、科技禁令等贸易保护主义措施增加了中间品及供应链成本，一定程度上影响了跨国公司在世界范围内的生产决策布局，制造业投资不再集中在一个国家或地区。

二是疫情使各国提高制造业回流力度。一些发达国家鼓励制造业企业回迁，但是实际效果并不明显，主要是外资在华制造业投资已经融入国内产业

---

[1] 联合国贸易和发展会议. 2021年世界投资报告［R/OL］.（2021-10-20）［2023-01-27］. https://unctad.org/system/files/official-document/wir2021_overview_ch.pdf.

链，回迁的收益大大低于成本。但如果发达国家相关政策加码，势必在一定程度上影响未来跨国公司对中国的进一步投资，影响我国制造业产业升级的态势。

三是国际低端产业转移会呈现一定的"分散"趋势。由于一些国际企业面临的高关税风险加上中国劳动成本的升高，劳动密集型产业的梯度转移成为必然选项，包括向中国西部和向国外转移两条路径，其中外迁主要是面向东南亚、印度等地。

（二）新冠疫情不改全球供应链大格局，"先进技术＋中国制造＋中国市场"将成为中国吸引和留住跨国公司的制胜法宝

一是疫情对全球供应链形成严峻挑战。过去的金融和经济危机对经济的影响一般作用于需求方，而新冠疫情在全球范围内同时冲击了需求和供给双方。"准时制生产"[①] 不再准时，对全球供应链是一次大考，各国都在考虑提高供应链应对突发情况的能力。二是疫情不改全球供应链大格局。全球供应链布局上下游关系是经过长期市场供需匹配而形成的结果，疫情既不可能撼动全球供应链的既有结构，也无法削弱中国制造业的优势。2020年疫情发生后，中国率先复工复产，为其他国家提供了数量庞大的个人防护设备和医疗用品，也证明了中国制造业对于全球抗击新冠疫情发挥了至关重要的作用。因此，全球供应链的大格局和中国在全球供应链中的关键作用没有也不会发生根本变化。三是"先进技术＋中国制造＋中国市场"将成为中国吸引和留住跨国公司的制胜法宝。中国已超越美国、德国、日本等传统制造业大国，成为全球供应链上的核心环节，几乎所有行业都在一定程度上依存于中国制造。尤其是在电子、机械和设备制造领域，中国在全球供应链中既是"世界工厂"角色的供给方，近年来作为"世界市场"的需求方的角色也越发重要。

---

① 准时制（Just in Time）生产是指：在所需要的时刻，按所需要的数量生产所需要的产品（或零部件）的生产模式，其目的是加速半成品的流转，将库存的积压减少到最低的限度，从而提高企业的生产效益。

(三)疫情促使"分布式"全球化兴起,未来可能演变为"三极化"区域供应链

疫情加速了已经出现的供应链的重组,对于降低生产成本与保障供应链安全有双重要求,重组后的供应链对于未来突发的事件将具有韧性和抵御能力。一方面随着"高度集中式"的全球化的逐渐弱化,区域经济的融合将大大强化,"分布式"的全球化将会兴起,在北美、欧洲和东北亚将出现区域性的相对独立但又相互联系的供应链体系。北美的区域供应链将以拥有强大研发能力和制造业基础的美国为主导,而以自然资源丰富的加拿大和人力资源丰富的墨西哥为核心成员,并将南美国家纳入供应链。欧洲区域供应链以欧洲最大的工业国和出口国德国为主导,同属七国集团的法国、意大利等国为核心成员,扩及英国和其他欧洲国家。东北亚供应链将以拥有强大制造业和庞大市场的中国(包含港澳台地区)为主导,拥有高科技实力的日本、韩国为核心成员,并延伸到东南亚国家、南亚国家。《区域全面经济伙伴关系协定》的签订将进一步增强东北亚供应链在全球供应链的地位。另一方面,北美、欧洲、东北亚在各自区域内构筑坚强和智能化的物流体系的同时,三大供应链并非闭环运行,将会保持密切的贸易关系。但是,医药用品和器材等产品的生产将出现本地化和多元化,不会依赖单一或几个国家。

三、全球化新形势下"一带一路"建设新思路

在全球化出现新的变化形势下,"一带一路"建设也需要有新的思路,在继续优化产业结构的同时,保障全球供应链安全。

(一)优化产业结构,保障全球供应链安全

一是在国际层面推动保护全球供应链的机制安排,以多边平台开展政府与政府、政府与企业、企业与企业的广泛对话,防止基于政治因素割裂全球

供应链，维护全球供应链的安全和稳定。二是在继续推动失去比较优势的低端供应链产业转移的同时，加快产业升级、打造新的竞争优势，推动中国制造业在全球价值链上新的跃升。通过回顾中美贸易争端、新冠疫情以来凸显出来的供应链问题，全面梳理中国尚未掌握的核心技术和产品清单，有针对性地加强基础研究和开发，尽快在一些产业基础薄弱领域和产业链关键环节取得新突破，不仅要补齐高端供应链的短板，而且更要打造高端制造业的"新比较优势"，摆脱核心技术受制于人的困境。三是以人才促创新，绕过海外并购受阻难题，加快解决"卡脖子"问题。通过人力、技术、资本、数据等生产要素的市场化流动，以包容的监管环境和知识产权制度，激励研究机构、国有企业、民营企业引进与创新并进，特别是以全市场化的机制通过企业研发机构吸引高端人才。

（二）推动东北亚区域链的形成，扩大东南亚、南亚朋友圈

一是以 RCEP 的签署为契机，进一步与日本、韩国加强经贸联系，减免关税、取消壁垒、相互开放市场，为世界树立坚持多边主义的样板。特别是在健康医疗、智能制造、5G 等领域优势互补，进一步加强合作，提高投资、人员往来的便利化，让东北亚区域供应链成为全球供应链安全稳定的基石，以密切的经贸联系增强政治上的互信和合作。二是以东北亚区域供应链为基础，延展到东南亚、南亚国家（包括印度），鼓励中日韩协同向东南亚、南亚国家转移劳动密集型和资源密集型产业，提高区域内的物流绩效，让东南亚、南亚成为东北亚产业链的延伸。三是共同保证亚太地区的供应链安全和抵御风险的能力，并保持与北美、欧洲产业链的密切互动和联系。

（三）开阔"一带一路"建设的新思路

一是发挥我国西部地区的比较优势，融入国家区域发展和全球供应链。在国际层面，发挥西部地区"一带一路"驿站的特殊作用，加强与"一带一

路"共建国家特别是西部地区周边国家的合作,"引进来"和"走出去"相结合,共建有特色的边境经济园区,增强经济辐射能力,把西部地区由我国区域发展的"短板"转变为平衡我国区域发展和支持"一带一路"建设的新高地。二是综合考虑上游(基础设施)、中游(制造业)、下游(服务业)的链接,推动"基础设施+制造业+服务业(包括电商)"的市场化一揽子模式。在这个模式下,国有企业注重投资基础设施项目,而民营企业主要投资制造业、服务业。投资基础设施项目必须考虑制造业、服务业的市场潜力,而投资制造业、服务业项目以及园区建设也需要考虑电力供应、交通运力和产业供应链的配套。三是在对外投资和产业园区建设中,推动与第三方合作,优势互补。重点是争取与国际品牌的合作在园区落地,扩大国际市场,有效降低投资的风险。中国企业在园区建设和项目投资上争取国际多边开发银行的贷款、股权、担保,同时鼓励投资园区的企业利用国际商业贷款、境外发债、境外上市等方式进行境外融资。四是针对疫情之后的经济恢复,中国企业可以凭借国内的成功经验,在共享经济、数字经济等方面推广相关的技术和商业模式,建设"小而美"的项目,帮助当地老百姓脱贫致富,营造积极的舆论环境,实现多方共赢。五是在"一带一路"倡议框架下助力非洲建设产业集群,目标是达到基本的民生、保障区域内卫生健康用品的生产能力,为非洲国家未来参与全球性产业链布局做好准备。此外,相比其他地区,非洲不是地缘政治的热点,特别是在这一地区,英法等国在政治经济体制方面的影响很大,而中国的贸易和投资规模较大,有潜力在这一地区联手欧洲国家助力非洲国家的经济建设,有助于中国、欧洲与非洲在全球治理中加强合作。

每一个国家都有发展的权利,每一个人都有发展的愿望。在发展的道路上,一个国家都不能少,一个人都不能落下。因应各国特别是发展中国家面临的紧迫挑战,习近平主席在2021年9月联合国大会发出全球发展倡议,其核心要义是坚持发展优先,坚持以人民为中心,坚持普惠包容,坚持创新驱动,坚持人与自然和谐共生,坚持行动导向。重点推进减贫、粮食安全、抗疫和疫苗、发展筹资、气候变化和绿色发展、工业化、数字经济、互联互通等领域合作，加快落实联合国 2030 年可持续发展议程，构建全球发展命运共同体。全球发展倡议是继共建"一带一路"后，在历史发展的关键节点上中国提出的又一重大倡议，为破解发展难题贡献了中国智慧和中国方案，继续积极推动"一带一路"建设，落实联合国 2030 年可持续发展议程，共建更加美好的人类命运共同体。

后 记
postscript

我与新结构经济学

北京大学百年校庆那年,我入学就读本科,从大一下半学期开始在中国经济研究中心(CCER)辅修经济学双学位。那时印象最深的就是每逢林毅夫老师的"中国经济专题"开讲,大家就想尽各种办法挤进上百人的教室,宁可在过道上站着,也要酣畅淋漓地听完。2002年我本科毕业那年,法国政府有个经济学博士的奖学金项目,要求申请人会法语,同时学过经济学。得益于林毅夫老师和北京大学中国经济研究中心为我们提供的本科经济学双学位的机会,我正好符合要求,就幸运地去了法国,成了一名女博士,主要研究发展经济学,关注能源领域。2006年着手准备博士论文的时候,我跟导师说,我现在每天只看论文,难以掌握到一手实践数据,我需要回中国,需要去实践。导师很支持我的想法,于是我回国加入了埃森哲咨询公司,之后又加入国家电力投资集团(中电投)。一线的工作和对真实现象的思考,不仅使我获得了完整、详实的数据和资料,也大大增强了我博士论文的实践性,最终论文以优秀的成绩顺利通过答辩。这段亲身经历更加坚定了我对"知行合一"的践行。

作为林老师的学生,我一直关注林老师的各种著作。在中电投工作的时候,经常去非洲出差,我就把林老师的书带到飞机上看,一看就顾不上睡觉了。我觉得新结构经济学理论无论在宏观还是微观层面,都和我在项目实践中遇到的问题很吻合。我觉得这套理论是有用的，或者说，我信它。

2015年年底北京大学新结构经济学研究中心成立、举办第一届冬令营的时候，对外征集过实践案例。我就结合自己的工作体会投了文章，并且请了一周年假，以营员身份全程参加了冬令营。当时和研究中心各位老师交流，感觉林老师强调的"知成一体"的理念与我的实践经验及认知非常契合。冬令营后，我就开始在新结构经济学研究中心兼职，支持国际项目，当然也请光了所有年假。

第一个国际项目在吉布提。当时招商局集团在吉布提的项目负责人和吉布提能源部长沟通过几次后，反馈说这个部长"特别难说话"，每次都得不到太多有用的信息。因为能源是我的老本行，吉布提又是法语国家，所以我那次调研和部长交流得很充分，取得了很多关于吉布提能源项目以及未来规划的信息，团队都很兴奋，我也很有成就感。后来同事们说，你干脆正式加入我们吧！一开始我根本没想到会换工作，因为原来的工作真的很好，公司、领导、同事也都特别好，公司也不愿意我离开。但是，一来我有强烈的北大情结；二来我觉得，我一定要做我信的事，如果某件事我压根不信，条件再好，我可能也不愿意做。既然我之前认为新结构经济学理论是有道理的，那么机会来了，就试一试吧。

加入新结构经济学研究中心（2018年12月更名为研究院）以后，我负责国际智库的工作，陆续做了很多项目。起初，由于研究院刚成立，人手不足，海外项目是和合作伙伴共同开展的。等国际智库团队独立运转起来后，从最初签订项目合同到形成报告，再到招商、引资、落地，都是新结构团队独立完成。一方面可以通过这些项目不断地在实践中检验、完善新结构经济学的理论；另一方面，这些工作对团队成员而言，也是很好的锻炼和自身成长的机会。

在这个平台上，我们对话的大多是发展中国家政府部长级别的人物，甚至是总统、总理，这意味着我们提的建议一旦被采纳，会立刻见效。比如，为了解决就业和创汇，贝宁政府想通过建立特区招商引资，但是当时贝宁没有出台特区法，投资人没有参照依据，无法做投资回报测算，就很难真正投资设厂。基于贝宁当时的发展状况，我们提出了假发—服装—纺织业分步实施的发展规划。初期先启动对能源依赖少、大量创造就业、出口导向的假发行业，实现快速成功，然后再通过滚雪球的方

2016 年作者同林老师和学生们在贝宁

式，结合贝宁作为西非四大产棉国之一的比较优势，拓展到服装和纺织领域。政府采纳了我们的建议，"一把手"直接推动，专门设立了可以直接向总统汇报、有能力协调各部门的专门负责园区的投资促进机构，并且历时四个月，协助贝宁政府出台了第一部经济特区法，明确了投资的边界条件和鼓励政策。到今天，贝宁已经成为西非经济发展的新星，正吸引着越来越多的投资人前去考察、落地项目。我们坚信随着越来越多制造业项目的启动，贝宁的年轻人也将得到更多的工作机会，可以经由自身努力，使自己和家人过上富足、体面的生活。

我们对国际投资项目的衡量标准是，项目要实打实落地，投资人要实打实投资。投资人在投资前难免会有各种考量，即便他们的项目成功落地，后续还会遇到很多问题。我们的设想是，至少在项目落地初期，我们会陪伴这些企业，直到产品生产出来、出口了，它们适应当地环境了，我们才慢慢退出。

这是我们取得的一些进展，但我们也会遇到各种挑战和问题。在新结构经济学研究中心成立之前，没有机构做过这样的事，没有现成的经验可以参照学习，没有人能给出解决方案。我们也受到很多人的质疑，因为他们不相

信做学术研究的人能在非洲做招商引资、做园区。我们和很多专家聊过，人家也会善意地提醒我们"这件事难度太大"。可是，如果这件事不难，可能也轮不到我们做了。

我们做的事非常有挑战，但方向也很明确。整个团队的气氛、工作态度都特别好，大家都在为实现同一个目标共同努力。

加入新结构团队以后，我完全换了一种活法。之前的8年，我一直在央企从事海外的能源、矿业投资工作，做的是大手笔的、资本密集型的投资项目。当时我和非洲政府官员坐在一个谈判桌的两侧，我们的关系在某种程度上是对手。现在，首先我涉及的行业从能源矿业变成了制造业；其次，我的身份从投资人转变成了和政府、制造业民营企业一同工作的协调者。我要帮非洲政府出主意，也会带中国的投资人去非洲；在为政府提建议出台更多优惠政策吸引投资人的同时，也要平衡投资人的期望。

以前，作为央企的海外投资人出去开会，自我介绍后，大家都会追着我，一定程度上因为我背后的平台有项目、有资源。现在我出去开会，自报家门后，便会成为很多参会者询问的对象，压力确实比以前大很多。当然，有压力也就有了动力，或者说"斗志"。我觉得，新结构经济学是基于发展中国家，尤其是中国经验总结的理论体系，新的理论需要完善，我们不怕批评。把任何一个理论或一个人放在聚光灯下，一定会找出很多毛病，但是重要的是，我们敢于立起来，敢于站在聚光灯下。我们真的希望，有更多的中国学者可以提出自己原创的理论体系，推动中国的原创理论走向世界。站起来的理论多了，大家至少可以越辨越明，最后让中国的原创理论立足于全球的经济学平台上，让更多的发展中国家从中受益。所以，我现在反倒不怕被批评，甚至会主动通过各个平台和渠道，让更多的人理解新结构经济学。

2006年，我在美国咨询公司工作开启了我的职业生涯，把当时西方先进的最佳实践（Best Practice）管理经验引进中国；2009年我成为中国央企海外战线的一员，把中国的设备、技术和资金带到发展中国家；而今天，新结构团队已经开始带着中国的发展理念、中国智慧和中国方案"走出去",助力更多的发展中国家实现结构转型和经济腾飞。我自身的成长经历就见证了中国的快速发展,也很庆幸自己生活在这样一个大时代,更不能辜负这个时代。

我现在最大的希望是,我们能有更多的项目实打实地在"一带一路"国家落地;希望通过我们的努力,能给当地创造几千个甚至上万个就业机会,让当地政府、人民和中国龙头企业实现多赢:对当地政府而言,可以创造就业,提高出口,增加外汇收入;对中国龙头企业而言,可以转移到生产成本更低的地方,提高产品国际竞争力,出口到全球市场。对新结构经济学研究院而言,希望通过一个个项目的挑战锻炼出一支强大的智库团队,更希望通过这些实打实的、成功的案例,从实践侧支撑新结构经济学的理论,证明我们这一套理论不仅行得通,而且做得好。

致 谢

本书的出版得到北京大学南南合作与发展学院及北京大学学科建设经费的资助,在本书的成文过程中,还得到了林毅夫教授的鼓励和支持、王勇教授向北京大学出版社的引荐,以及国际智库小伙伴们的帮助,在此感谢莫小野、吴昕月、李晨妹还有北京大学出版社的张燕和闫静雅编辑。因为你们的鼓励和协助,这本书才得以在"一带一路"倡议提出十周年时正式出版,谢谢你们!

也期待与各位读者的交流,文责自负。